邱鸿钟◎著

性心理学

Sex Psychology

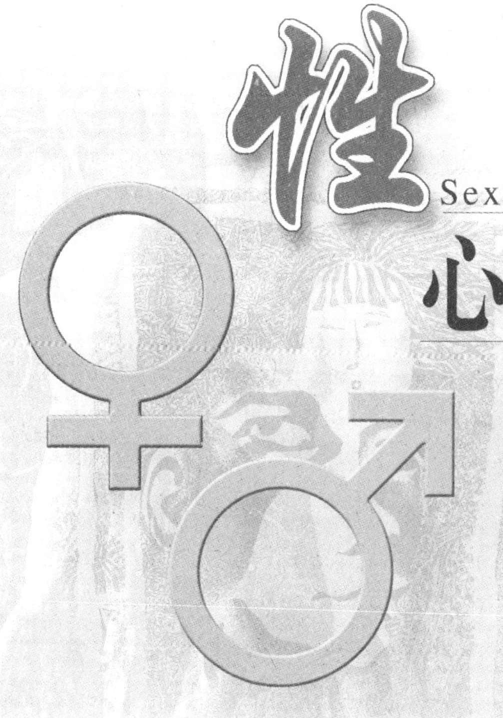

广东高等教育出版社
Guangdong Higher Education Press
广州

图书在版编目（CIP）数据

性心理学/邱鸿钟著. —广州：广东高等教育出版社，2014.2
ISBN 978 - 7 - 5361 - 5058 - 4

Ⅰ.①性… Ⅱ.①邱… Ⅲ.①性心理学 - 高等学校 - 教材
Ⅳ.①R167

中国版本图书馆 CIP 数据核字（2014）第 024171 号

Xing Xinlixue

广东高等教育出版社出版发行
地址：广州市天河区林和西横路
邮编：510500 电话：（020）87553335
网址：www.gdgjs.com.cn
广东信源彩色印务有限公司印刷
787 毫米×1 092 毫米 16 开本 16.5 印张 381 千字
2014 年 2 月第 1 版 2014 年 2 月第 1 次印刷
定价：32.00 元

前 言

为什么要探讨性心理学问题？性是人保留最本能的一个领域，也是最纷纭复杂的一种社会文化现象；既是最隐秘的私事，又是最流行的社会话题；是许多人自以为都知道的事，也是存在最多谬误的地方；看似一个激动人心和充满爱的地方，但也是一个暗藏变态和暴力的痛苦深渊。正如法国哲学家和心理学家米歇尔·福柯所分析的那样："性逐渐成为重点怀疑的对象，具有渗透在我们的行为与生活的普遍的和令人不安的意义，它成了罪恶的威胁向我们袭来的必经的脆弱之处，成为我们每个人都带在自己身上的恶的断片。"① 性，的确是一个被遮蔽和最虚伪的话语领域。福柯曾经将探讨过去300年来性知识形成的方式，以它为对象的话语增殖的方式，以及最终导致我们为这些话语想要产生的真相付出了极其高昂的代价的原因作为自己的一个研究任务。

何为性心理？广义上而言，性心理其实就是普通人的心理，因为人总是有性别的，人的心理特征和心理过程大多是具有性别差异的。性交行为虽然只是一瞬即逝的事，而与此相关的爱却是深沉久远的，所涉及的相关因素也是广泛多方面的。性行为的健康及变态与否根植于漫长的性别的塑造和性别角色的养成过程。因此，性心理研究不应只是局限于性行为的心理，还应包括性别的心理、性的发育、爱情、婚姻、性态度、性别角色、性文化等相关心理问题的探讨。

探讨性心理问题具有什么意义？从进化心理学的角度来看，性选择是人类进化的主要动力，但人类选择配偶有什么规律可循？配偶选择决定了婚姻的命运吗？从精神分析学派来看，几乎一切神经症都具有性的起源，一切神经症都具有性的含义；人的性格的强弱悬殊都与性的压抑和实现程度密切相关。从艺术来看，爱情与性是文学艺术创作的无穷无尽的活力源泉，是性力升华的花朵。从福柯的后现代哲学的观点来看，性是男人和女人之间、青年人与老年人之间、父母与子女之间、神父与俗人之间、政府与人民之间等权

① （法）米歇尔·福柯．性经验史［M］．佘碧平，译．上海：上海人民出版社，2003：52.

力关系中来往特别密集的通道。“在权力关系中，性不是最沉闷的要素，而是手段最高强的要素之一；适用面最广，而且对于各种最具有变化性的策略，它也能够提供支撑点和连接点。”① 我们也应该思考，性行为是如何、为何和以何种形式被构成道德领域的。由此可见，性，无疑是人性最核心的本质之一，性心理的探讨实质上就是关于人性的哲学、社会学、人类学和医学。儒家经典《中庸》中说得精彩：“君子之道，造端于夫妇，及其至也，察乎天地。”这等于说，从男女之道可以推及世间的一切道理，本书的写作正是基于这样的认识高度和这样的一种情怀。

2014 年春于广州白云山鹿鸣湖畔

① （法）米歇尔·福柯．性经验史［M］．佘碧平，译．上海：上海人民出版社，2003：75.

MULU 目录

MULU 目录

目录 MULU

目录 MULU

1　绪　　论

饶舌的性是我们社会的众多标志之一。性既受到约束，又急于表白，一旦我们碰上它和拷问它，它的回答就会滔滔不绝。终于有一天，一种有着美妙隐身法的机制逮住了这个多嘴多舌的性。它让性在快感与强制、赞同与审查的混同中说出了自我和他人的真相。

——法国哲学家和心理学家米歇尔·福柯

性心理学是性学的组成部分。所谓性学是指以人类的性和性态（sexuality）为研究对象的多学科研究。包括性解剖学、性生理学、性医学、性心理学、性社会学、性伦理学等分支学科。本章主要讨论性心理学的研究对象、研究内容、性心理学研究的历史发展、性心理学的目的与意义，以及研究态度和方法。

一、概述

现实世界中的人总是有性别的，性器官是个体机体组成的一部分，性别是人类基本的生物、心理和社会特征，性活动是人类日常生活不可缺少的基本内容，所谓“食色，性也”，性心理是人类本性的基本属性之一。因此，性心理学是人类心理学的有机组成部分。

（一）性心理学的研究对象与内容

在中国汉字中，“性”字的本义是指人的本性，如“天命之谓性”①。“生之所以然者谓之性。”② 性，还指事物的性质或性能，如“物性之不同”③。性，也指男女或雌雄的生物特质，如性别；性还指有关生物生殖的活动，如性交、性欲、性爱。在英语中，sex 的字义比较单一，一指性别，如男性和女性；二指色情；三指性交等性行为、性欲和性感。

性，可以与其他字词组成复合词组，如性爱、性交、性别、性感、性对象、性心理、性行为、性别角色等。因此，演绎出一门内容丰富的性学（sexology，1906）学科来。性心理学就属于性学中的一个分支学科。

在心理学中，将丰富多彩的人类心理现象分为心理过程和人格心理特质两个方面。因此，广义上，我们可以将性心理现象分为与性别相关的心理特质和与性活动相关的心理过程两个方面。前者通常指性别心理，后者指与个体性行为相关的动机、态度、情绪和认知等心理过程与行为反应。狭义上，按霭理士的观点，性心理是指个体完成积欲和解欲的性冲动的过程。依据对性心理的理解，本书将性心理学（sexual psychology）界定为：以性别心理和性行为过程为研究对象，研究性心理健康发展和性心理变异的病因病理、性心理问题的评估与诊断以及性心理治疗的学科。

从行为主义心理学的眼光来看，性心理是内隐的过程，性行为则是性心理的外显反应。性心理因人而异，因性别和年龄不同而不同。从个体性行为的过程来看，性心理包括：性角色的认知、性需求与欲望的产生、性动机的形成与目的、性的认知与态度、性对象的选择与审美、性能力的发挥、性交行为过程的完成等现象。因此，内隐的性心理问题或性心理障碍就相应表现为：性别认同与性别统合障碍、性冷淡或性欲过强、性指向障碍、性偏好障碍、非器质性性功能障碍、性高潮缺失等。从男女性差异的角度来看，男女双方在性活动中的感知觉、欲望、情绪和想象、冲动与生理反应、恋爱与婚姻中的价值观和表现方式等多方面都存在着很大的差异；从性心理的发展过程来看，儿童时期具有性别分化、性别认同、性别统合、同性敌对等性心理发展的问题；青少年时期则有性违常（例如恋物癖、露阴癖等与性别有关的行为违常现象）、性冲动等问题；而中老年人则有性满足、性卫生、性功能

---

① 《礼记·中庸》。

② 《荀子·正名篇》。

③ 《梦溪笔谈》。

障碍等增龄性变化的问题。因此，性心理学的研究内容主要包括以下 6 个方面。

1. 性心理发展与性健康心理研究。主要包括研究性心理在各个年龄阶段的发展任务和社会化过程，研究健康性心理的特征与标准，研究性别的认同与统合、性别角色等问题。个体的性心理源于对自己性别、体像、生殖器官和第二性征、性生理和性能力的认知评价，自信的性能力和正确的性态度和认知会直接影响当事人的人格发展、爱情与婚姻生活，以及心理健康。

2. 性变态心理学研究。主要包括研究个体的性心理问题和性变态的成因与病理机制，以及性心理障碍的评估与诊断标准和方法的研究。性心理问题和性变态的成因复杂，涉及个体人格、家庭教养方式、社会环境影响等诸多因素，性心理学要广泛吸收生物学、医学、心理学、社会学、文化人类学，甚至是经济学等多学科的知识来深入分析人类个体的或集体的反常性心理现象。性心理障碍比较隐蔽，目前大多也只能用自陈式问卷进行评估和诊断。性犯罪问题常常涉及性变态心理，因此，性心理学也研究性犯罪的成因、性心理的评估鉴定、性变态心理的矫治等问题。

3. 性别心理学研究。主要包括女性心理学研究和男性心理学研究。性别心理既是女权主义关注的话题，也广泛涉及教育心理、消费心理、恋爱与婚姻心理、职业指导、妇女工作等多个领域。性别心理学在了解人类心理规律的过程中应该成为普通心理学的重要的和必要的补充。

4. 性爱心理学研究。主要包括择偶心理、恋爱心理、婚姻心理、离婚、丧偶和单身的性心理问题，婚外恋的心理问题、性爱过程中的心理反应等相关研究。性爱在两性关系中是一个核心的问题，性爱心理的满足或压抑和扭曲是导致家庭的喜剧或悲剧，充满幸福感或是高发精神疾病，安逸或失眠、平静或焦虑的关键因素。

5. 性心理治疗研究。主要包括对性身份认同障碍等性变态心理、恋物癖、洁癖、强迫性手淫等性神经症、对心因性阳痿、早泄、性冷淡、性乐高潮缺乏等非器质性性功能障碍进行治疗的理论和方法的研究，例如精神分析疗法、行为疗法、婚姻治疗和性治疗等。

6. 性文化心理研究。主要包括性崇拜与性禁忌、割礼与去势、性习俗、性象征、与性题材相关的艺术等性文化研究。人是文化的创造者，也是被文化塑造的产物。每一个个体都从属于一定的文化类型，文化观念和文化信念、社会制度与文化习俗都对个体的性观念和性行为模式带来深刻的影响。

总之，与性别相联系的和以性为内容的感知觉、记忆、想象、思维、欲望、情绪、冲动、意志等各种心理过程，以及与性别人格特质相联系的对性的态度、评价和取向等性心理都属于性心理学的研究内容。性心理学的研究对象既可以是个体的，也可以是性伴侣两人之间的，还可以是男女群体、家庭与民族的社会文化现象。性心理学的研究对象既可以是人，也可以是符号、艺术与象征的事物。从某种意义上说，性心理学是现实世界中的心理学，是人类社会中男女人际关系的心理学。

（二）性心理学的研究目的与意义

1. 性心理学的研究目的。

（1）认识两性心理的发展规律，使个体获得与年龄增长相一致的有关性心理的发展水平。随着年龄的增长，人的性生理和性心理都会发生相应的变化，如果不知道这些正常的变化可能会引发不必要的焦虑与恐慌。奥地利心理学家精神分析学的创始人西格蒙德·弗洛伊德（Sigmund Freud，1856—1939）就这样主张，“一开始就要让儿童从容地或自然地对待性的问题，使之像儿童应该知道的其他一些问题一样，得到正常的理解和探索”①。

（2）考察男女两性心理的差异，帮助人们正确地认识两性差异，欣赏和理解异性的特质，学习与异性和谐共处的艺术。马克思认为，“人与人之间的直接的、自然的、必然的关系是男女之间的关系。因而，从这种关系就可以判断人的整个教养程度”。正如没有音符的差异就无法谱写出优美的乐曲一样，没有两性的差异就不可能创造出美丽动人的爱情故事。认识和发挥自己的性别特点是维持两性和谐共处的基础。

（3）性心理学研究认知、审美、需求、动机、情绪、认知等心理过程和人格、文化心理等因素对性生活过程、性行为和性生活质量的影响；建立性心理健康的标准，研究性心理变态的病因与病理；探索性心理障碍、非器质性性功能障碍的诊断标准与治疗方法，减少和避免某些社会文化刺激对性健康的不良影响。

2. 性心理学研究的意义。

（1）性是人的基本生物属性，性教育有助于推进对人类心理个体差异的进一步认识。早期的人类心理学研究是无性别的心理学，尤其是“无女性”的心理学。正像行为主义曾将心理学改造成没有“心”的心理学一样，普通

---

① （奥）弗洛伊德. 性学与爱情心理学［M］. 罗生，译. 南昌：百花洲文艺出版社，1996：17.

心理学也将个体当作一个无性别差异的同质的“普通人”来进行研究。因此，普通心理学、发展心理学、实验心理学、教育心理学、精神病学、心理咨询学和心理治疗学都很少注意到性别对于人的心理与行为的影响。虽然解剖学和生理学研究了男女性器官和性生理的差异，胚胎学研究了胎儿的形成，社会心理学涉及了爱情、婚姻家庭等与两性相关的社会现象，但它们大多并没有注意到两性的差异对人的感知觉、认知、情绪、行为和人格所带来的持久和深刻的影响。基于性别的不同，男女个体不仅在取名、玩具、社会化、工作岗位、经济地位、家庭权利分配、亲子关系、所遭受的生活压力等多方面显示出巨大的差异，而且男女在感知觉、情绪情感、思维和行为方面也表现出不同的特质，从这种意义上说，在生活中根本就没有超出性别的“普通人”，就像世界上根本就没有几何学中所指的没有面积的“点”和“线”一样，普通心理学研究的只是抽象意义上的心理属性，而不是真实生活中男女的心理特性。如果说学科从粗放到分化是一种进步的话，那么，从普通心理学到有男女差异的性心理学的研究就是一种认识上的进步。

（2）性知识不学不会。性教育有助于促进两性关系、爱情、婚姻与家庭的和谐，建立卫生文明的性生活方式。有人以为，性既是本能，所以“无师自通”，事实上，性知识不学不会，湖南马王堆古墓出土的 2 000 多年前的竹简《天下至道谈》中就说：“人生而所不学者二：一曰息，二曰食。非此二者，无非学与服。故益生者食，损生者色也，是以圣人和男女必有则也。”古人已经认识到只有呼吸和觅食吸吮是人生而知之的本领，而好色的性欲反而是损害健康和折寿的，需要约束和规矩。

（3）性爱是爱情和家庭幸福的基本内涵，性爱及其性爱质量是维系家庭幸福的重要纽带。经验表明，家庭夫妻性生活的和谐美满将有助于增进夫妻感情，抵制家庭之外那些求新好奇的性挑逗和性诱惑。所谓性生活的和谐美满就是男女双方配合默契，心领神会，顺其自然，完满美丽，身心满足的性关系。性心理学的研究有助于我们认识男女心理的差异，了解这种差异给日常生活中夫妻之间的沟通与性生活所带来的影响，有助于调节夫妻之间存在的性欲差异，消除因性观念、性态度、性兴趣、性行为方式等方面的差异所带来的矛盾、困惑和不和谐，促进建立文明、卫生、愉悦的性生活方式，提高性的审美情趣；避免婚内强奸、性暴力等不文明的现象，提高性生活的质量和性卫生水平。怀孕和避孕都有许多伴随的心理问题，性心理学知识还有助于优生优育，减少应激性心理反应，促进人口素质的提高。

（4）健康的性心理是人格健全的基本内涵，性教育有助于儿童青少年的

性心理健康教育，培养正确的性别角色行为，悦纳自己，防止性心理障碍和性行为违常，促进健康人格的培养。性心理问题常涉及个体对自己的生殖器官、第二性征的发育、形态与生理现象和功能障碍的认知与担忧，因此，性教育有助于青少年正确认识自己，克服性发育过程中的各种焦虑与恐慌。性变态的成因复杂，早教育预防、早发现和早干预是唯一有效的方法。诸如易装癖、易性癖、露阴癖、性爱对象倒错等性变态都与童年时期的性心理教育缺失或社会化错位密切相关。性心理学知识有助于父母重视和改善对孩子的性启蒙教育，减少性变态的发生。例如，给孩子取名、游戏、选择玩具、衣饰和发型、与伙伴的相处，以及断奶、大小便的训练、洗澡、分床睡觉等生活细节都是影响青少年性别认同的重要途径与环节。健康的性心理是人格健全的基本内涵。性欲的满足及其性心理活动是最基本的人性，这种人性的实现与否直接关系到人格的培养。弗洛伊德认为："人与人之间的性格之所以强弱悬殊，大抵与他们压抑性冲动的程度有关。禁欲不可能造就强大的、自负和勇于行动的人，更不可能造就天才的思想家和大无畏的开拓者及改革者；通常情况下它只能造就一些'善良的'弱者，他们日后总归要淹没在俗众里，非常痛苦地跟着那些具有坚强性格的开创者后面跑。"① 从神经症病因的角度来反观，弗洛伊德认为："神经症的症候不是性的满足就是性的制止的代替物，一切神经症均具有性的起源，并且其症候具有性的意义。"因此，"我们应当将破坏性生活、压制性活动、歪曲性目标的因素视为精神神经症的病因学原因"。性心理学研究对于个体如何更好地实现自己的性需求具有直接的科学指导作用。

（5）与性相关的伦理和法律问题日益增加，性教育有助于提高性道德，防范性犯罪。与性心理与性行为相关的伦理和法律问题日渐突出，且无处不在。如试管婴儿、精子银行、卵子银行、借腹生子、克隆人等技术对传统伦理道德形成巨大冲击。嫖娼卖淫暗流屡禁不止、女性频遭性骚扰已成为一个突出的社会公害。据对 100 名 20 ~ 35 岁女性的一项调查，65% 的女性曾遭受过不同程度的性骚扰。性虐待儿童案在世界各地亦大幅增加，在香港仅 1999—2000 年就收到 720 宗举报。据英国报道，有许多儿童在孤儿院和儿童医院曾遭受过性侵犯。色情网站，尤其是利用互联网交换虐待儿童录像片段的网站，对未成年人的性伤害尤烈。

---

① （奥）弗洛伊德. 性学与爱情心理学［M］. 罗生，译. 南昌：百花洲文艺出版社，1996：207.

(6) 全球性病、艾滋病形势严峻，性教育有助于性病的防治。至今全球总的艾滋病患者和病毒携带者已高达 3 610 万，并已有 2 180 万人死于艾滋病。中国境内艾滋病发生率虽然较低，但增长速度快，自 1985 年在中国境内发现首例艾滋病人以来，据统计，我国目前实际艾滋病感染人数已超过 65 万人，值得注意。影响性病流行的内外因素很多，但当事人的主观内因是最重要的病因。从某种意义上说，性病既是一种生物感染性疾病，也是一种因滥交行为引发的有成瘾特点的心理问题和有环境因素影响的社会病。

婚前性行为被列为全球青少年面临的四大危险行为之一（包括吸烟、饮酒、暴力和不安全的性行为）。全球 12 亿青少年中有 80% 生活在发展中国家。据统计，每年有 1 400 万未婚少女分娩和发生妊娠并发症，是发展中国家 15～19 岁女性死亡的主要原因；约有 450 万青年女性流产，不安全流产成为青年女性死亡的主要原因之一。绝大多数的性病的新病例发生在 15～24 岁人群中，这些状况与婚前性行为、多性伴、人工流产、艾滋病感染、非意愿妊娠、堕胎、滥用药物、酗酒、吸烟等不良行为有关。

(7) 性保健卫生用品消费市场需要正确引导。目前成人性保健卫生用品消费已形成一定的市场规模，安全套、提高性功能和性愉悦感的各种性保健用具和保健品琳琅满目，这些性用品对于满足残疾人、单身者、孤寡老人、离异者等特殊人群的性心理需求具有不可替代的作用，但是不安全的丰乳手术、五花八门的壮阳补肾保健品和阴茎延长术等广告和消费行为常易导致不良的心理暗示，甚至导致各种身心损害，这是需要高度重视的。性教育有助于帮助人们识别那些不科学的性用品广告诱惑，避免对自己性健康的伤害。

（三）学习与研究性心理学的态度

学习与研究性心理学尤其要注意端正自己的态度。所谓态度是指把个体的判断和思考导向一定方向的先有观念或心理准备状况。态度由个体对外界事物的内在感受（如道德观和价值观）、情感（如喜欢与厌恶、热情与冷漠、爱与恨）和行为意向（如谋虑和企图）等要素构成。态度具有指导和推动个体对事物反应的动力性的影响。端正学习和研究性心理学的态度之所以尤其重要，是因为性不仅是一个与道德和法律密切相关的敏感话题，而且是一个非常隐私的领域，性行为不容易被他人客观观察和听到当事人真实的感受。尽管性反应就像消化、泌尿、排泄等生理系统的功能一样是所有动物和人类的基本属性，人的性心理也如学习心理一样普通，可事实上，性的话语权却被封锁，性的真相被歪曲和隐瞒，性的研究被人嘲笑或鄙视，性的实践被经济、宗教和政治所异化，在性的知识领域有太多的认识误区和难以统一被认同的多元性习俗。

作为应用心理学专业，尤其是作为心理咨询和心理治疗研究方向的人来说，学习者和研究性心理学要注意如下几个要求：

（1）学习和研究性心理学要坚持实事求是和讲真话的态度。19 世纪德国哲学家弗里德里希·威廉·尼采（Friedrich Wilhelm Nietzsche，1844—1900）曾对人类社会在性问题上的矛盾态度和现象表示惊讶，他说："在大家闺秀所受的教育中，着实有许多令人惊讶和奇怪的事，也许再也找不出类似这样矛盾的事了。所有的人都同意，对她们在性爱方面的教育，目的是尽量使其懵懂无知和感到无耻。只要一提性爱，就叫她们不耐烦而关闭心扉。归根结底，女人的一切'名誉'全系于此，绝对不能把她们教坏了！她们应该对性爱一无所知，对这个'恶'应该既无眼睛、耳朵，又无言词、思想。懂得就是邪恶！可是，一旦她们结婚，就被抛进现实中，茅塞顿开，像遇到可怖的霹雳。她们有了挚爱和敬重的配偶，也就有了爱欲和羞涩的矛盾。是啊，狂喜、奉献、义务、同情以及突然感到的上帝和野兽比邻而居的恐惧，凡此种种，她们不得不悉数加以分析体验和感受！事实上，她们给自己增添了一个心灵上的难点！聪明而好奇的人情洞达者也很难猜出，女人们究竟是如何应付这谜一样的答案和答案之谜的，方寸大乱时，究竟会引起何等的恐怖和怀疑，女人最终的哲理和疑虑究竟如何在性爱这个难点上抛锚停泊的！她们婚后依然静默如故，对己默然，闭上双眼。"① 当代美籍德裔哲学家、法兰克福学派和弗洛伊德主义的马克思主义的重要代表人物马尔库塞（Herbert Marcuse，1898—1979）也注意到一个现象，那就是以官方文化口径或医生提出的每一次关于手淫等性行为有害或减低性活动重要性等告诫，色情文学也都会给予相应反对的回应，学习和研究者认识到这种无法相容的矛盾状况是十分必要的，因为真正的知识往往并不在其中任何一方，他们只是一种知识权利的斗争。例如金赛教授在为大学生准备性教育讲义时发现，他不仅在图书馆不能找到满意的参考书，而且当时的人们对人群中的性行为方式的真实情况并不了解，各种矛盾的说法众说纷纭，最后他只得通过自己所做的田野调查来认识男女性行为方式的真实情况。正因为出于性知识领域的缄默和掩盖真相的虚伪现象，福柯特别强调学习和研究性心理学要敢于说真话，讲实话，坚持研究的客观性和科学性原则。坚持讲真话就是坚持真理，是理直

① （德）尼采．快乐的知识［M］．黄明嘉，译．北京：中央编译出版社，2001：68．

气壮的，只有道貌岸然的假道学的虚伪才是不道德和可耻的。

（2）性心理学是对普通心理学、发展心理学、社会心理学、变态心理学等一般的、抽象的、理论性的心理学知识的重要补充，性心理学是关于性别差异的学说，是关于两性关系的生活心理学，学习和研究性心理学应该避免将无性别差异的心理学知识直接引入来解释和推理男女的性心理规律。

（3）在世界范围内，各民族和亚文化圈中的性习俗、性文化、性态度和性生活方式的差异之大，远远超出一般教科书上所描述的东西。因此，学习和研究者必须具备系统观察、跨文化比较的思考习惯，而不要仅仅将自己推崇的某个国家或民族的性观念和性态度来评价或要求其他的国家和民族的性文化。在当代世界，一夫一妻制和一夫多妻制、婚前性行为和伴侣性关系、婚内性关系和婚外性关系、严厉的性规制和性泛滥现象都同时存在，学习和研究者必须注意避免自己的刻板印象、本土立场、文化价值负荷等主观因素对客观认识的影响。

（4）性心理的确常常与道德与法律问题纠结在一起，它们既不是一回事，不应将两者混为一谈，但又要谨慎对待和严肃处理。性心理是个体在性行为过程中的感知、兴趣、动机、需求和满足的主观感受，是个体完成积欲和解欲的性冲动的过程，与性生理密切相关；性道德是个体对性行为的态度和评价，完全属于教育和认知领域，与性生理因素无关。弗洛伊德发现，从襁褓的童年时期开始，人就有满足性的快感的心理和相应的行为，从这种意义上说，满足性的需求，追求性的快乐是人的基本属性和正当需求，尽管性道德的取向对个体性心理的满足和性实践方式会带来很大的影响，但学习和研究性心理学应保持道德价值中立的态度，即不以自己的或某种文化的道德观和价值观来评价当事人的性态度和性行为。性心理学主要关心的是研究性心理现象和性心理规律，而不是评价哪种性态度和性行为更为合理和正当。

美国联邦政府大法官波斯纳教授在《性与理性》一书中阐述了“道德无涉之性模型”问题，指出应对性的私人领域和公共道德领域进行必要的区分的观点是重要的。尽管中国古人早就将进食与性行为进行同比，所谓“食色性也”，而且发展出了一整套完整的食礼，但却没有建立起对性的公开的完整的社会规制。波斯纳注意到，在西方社会恰好相反，很少有人认为吃饭是一个充满道德意义的活动，但每个人都承认饮食应适当注意健康、费用、时间以及得体等考虑因素。个人的性行为也应遵守与健康饮食同样的自律规则，一个明智的人应该知道在处理自己的一种强烈的欲望的时候，必须恪守其位，不能允许这种欲望支配或危及自己的生命。不应当由艾滋病来传授这一教诲。[1] 只有当性行为涉及影响他人的权利和健康，具有暴力或欺骗性等性犯罪的时候就需要公共政策、道德和法律的干预。

（5）学以致用，学习和研究性心理学不仅是为了认识两性世界，更重要的还在于完善和促进两性世界的和谐有序。弗洛伊德虽然被称为是一个用性欲解释一切的泛性主义者，但他却是一个坚决反对滥性的人，他主张让性的能量升华成一种文明创造的力量。不论社会实践是否成功或研究结论是否正确，马尔库塞则主张把弗洛伊德主义和马克思主义结合起来，试图在弗洛伊德文明理论的基础上，建立一种理性文明和爱欲协调一致的新的乌托邦，实现“非压抑的升华”的积极态度还是值得肯定的。他认为，因为生的本能与人的“存在原则”相一致，所以更能体现人的本质。在弗洛伊德将性欲作为生的本能的主要内容，实际上就是把性欲作为了人的本质，为了避免引起误解，马尔库塞在把人的解放具体化为“爱欲的解放”的同时强调爱欲的解放不等于性欲的解放，性欲和爱欲是两个不同的概念。他认为在人的所有爱欲活动中，劳动是最基本的爱欲活动，爱欲解放的核心和关键是劳动的解放，而劳动的“爱欲化”也就是劳动的解放；要使人真正获得幸福、就必须使人所有的活动，尤其是劳动的“爱欲化”。事实上，无论是对于以人为本、自我实现，还是家庭幸福、社会和谐的建设，性心理学的学习和研究都肩负有不可缺少的重要作用和责任。

二、人类的性史与性心理学研究

人类的性是有历史的，因此，人类的性心理和性行为也是随时间变化的。人类的性的心理始终贯穿和反映在生殖、婚姻、性关系等具体问题上的态度、情绪、行为、宗教、风俗习惯等文化之中，并随社会文化的变迁而演化，随不同的文化类型而不同。弗洛伊德认为，与性本能的发展过程相对应，整个人类性态度的发展过程可以划分为三个时期：在第一个时期，种种不导致生育的性行为，能够自由自在地进行；在第二个时期，除了导致生育的生殖性行为之外，其他各种性行为全部被压制；在第三个时期，只有合法的生育，才能作为性的目标，目前所流行的“性道德”就是这一时期的代

---

① （美）理查德·A. 波斯纳. 性与理性［M］. 苏力，译. 北京：中国政法大学出版社，2002：241.

表。[①] 事实上，在各个历史时期，人类的各种正常的和反常的性态、对性的自由与禁忌、开放与规制的多元文化和态度都一直同时存在，很难机械地划分为几个界限很清晰的历史阶段，而只能用当时的主流文化和性态特质作为代表进行描述。

（一）性的蒙昧与崇拜

人类的性心理随人类进化的历程而发展。在300万—200万年前的石器时代早期，人类还处在群婚制的时代，每个女子属于每个男子，同样每个男子也属于每个女子，孩子只知其母，不知其父，男女赤身裸体不知羞耻，人类还处在自由乱伦的蒙昧之中。弗洛伊德认为，人类乱伦的心理根深蒂固，即使到了文明法制的现代社会，仍可见普遍的恋父恋母情结和并非罕见的乱伦现象。大约到了距今100万年的旧石器时代中晚期，也许是由于不同年龄所显现的体能和智能上的差异，以及青年人在竞争力上显示的优势，人类的性生活出现了以辈分划分为特征的“班辈婚”和“辈行婚”制度，人类性生活开始出现了与动物性行为相区别的第一个特点。然而，与乱伦类似，今天仍可见那种“老夫少妻”或“老妻少夫”的心理返祖现象。近亲杂交的蒙昧“血缘婚姻”大约持续了100万年的演化。到1万年前，随着母权的确立，近亲繁殖带来的畸形和低能儿的事实启发了人类开始选择“族外婚”，建立了人类历史上第一部习惯法，即禁止近亲乱伦。非血亲婚姻带来了个体体质的强壮和人口质量的提高以及数量的快速增长。学者们认为，这一时期的性关系具有“自然的”性道德的特点，所谓“‘自然的’性道德乃是一种种族为保持该种健康的发展和旺盛的活力而对其成员施行的控制系统”[②]。

5 000 ~6 000年前，人类开始进入“对偶婚制”时代，通过“抢婚”而不再是血腥的战争来获取自己的配偶，与此相应的是，人类开始发展出性嫉妒和排他性心理。大约4 000年前，随着生产方式的改变和生产力的提高，母权社会被父系社会取代，从此，女性在家庭和社会中的地位下降，甚至成为男人的家奴和性奴，为此，解放女性，争取与男子一样的平等权利一直成为历代妇女努力的追求主题。

在漫长的古代蒙昧时期，人们尚不能理解男女各自在生育过程中的作

---

① （奥）弗洛伊德．性学与爱情心理学［M］．罗生，译．南昌：百花洲文艺出版社，1996：200.

② （奥）弗洛伊德．性学与爱情心理学［M］．罗生，译．南昌：百花洲文艺出版社，1996：194.

用，但对于男女交欢、男性阳具和女性乳房的功能却印象深刻，于是，全世界各地远古文化中都有主题鲜明的生殖崇拜现象。在法国和意大利北部的石器时代的洞穴壁画中可见有男人夸张的、勃起的生殖器，女人硕大的乳房、突起的臀部与夸张的外阴；在一些岩石画中可见关于性交的象征性符号，如卐（或卍）字符就是东西方石窟文化中广泛分布的一种符号。从古代关于卐形饰的刻文来推断，卐形符最初是一种性行为的象征，其中一个象征雄性，一个象征雌性。学者们从埃及的纸草画上推测，史前人类出于生殖崇拜的信念，存在着一些仪式性交和生殖祭礼的特征。

在古代，近东地区、古罗马等地区基于万物有灵论和交感巫术的社会文化背景，人类的性活动逐渐出现了与自然和神交通的仪式化特点。例如，女性的童贞一直伴有巫术的性质，处女的初次性交被认为具有特殊的意义，人们带着处女穿过田埂以使土地洁净，处女膜或被当作献给神的宝贵牺牲品而在神庙中被祭师或人造的阳具施行仪式性的穿破，将童贞献给生殖神；或出于对处女膜破裂出血的恐惧而由丈夫以外的他人来施行。在神殿后面，以诸神的名义从事的各种性交活动称之为“神圣的卖淫”，被赋予很高的地位和神秘的意义。据《汉谟拉比法典》和《中古亚述法典》等条文，在那个时代，与开放的原始巫术和宗教的性行为相反，世俗中的通奸行为却要受到很重的惩罚。①

远古人普遍的性心理的突出特征还有性禁忌（taboo），例如，对月经血、妊娠、分娩、处女膜出血、乱伦的禁忌等。“塔布”（taboo）一词有着两个对立方面的意义。一指“神圣的”（sacred）、“祭献的”（consecrated）；又指“怪秘可怕的”（uncanny）、“危险的”（dangerous）、“受禁的”（forbidden）和“不洁的”或“邪恶的”等意义。弗洛伊德认为，塔布禁忌既没有理由，也没有明确的来源。塔布的作用主要是保护首领、僧侣等重要人物，使事物不受伤害；保护妇女儿童等弱者不受首领和僧侣等魔力的伤害；防止因手触摸或碰到尸体或因吃了某种食物引起的危险；保护生育、胎儿和稚童、婚姻和性功能免受某些行动结果的伤害，使他们回避来自于食物的某些特性的不良影响。② 从性健康的角度来看，性禁忌文化让弱者远离或避免接触那些不洁的人或事物，对于胎儿、儿童、妇女来说是具有一定的保护作用的。

---

① （美）B. 萨多克，B. 卡普兰，A. 弗雷得曼. 性文化索秘［M］. 吴尤，译. 北京：作家出版社，1988：9.

② 车文博. 弗洛伊德文集：五卷［M］. 长春：长春出版社，1997.

（二）性的天放与爱的浪漫

人类的历史本身就是由各种声音、现象和矛盾交织的一部交响乐。人类的性观念和性心理一直充满着巨大的矛盾，对待性的态度与民族文化、社会阶层和人之间的社会关系密切相关。在一些社会关系中性的话题被禁止谈论，例如父母与孩子、教师与学生、主人与仆人之间，而性心理和性行为的描述却在宫廷、医生、艺术家和文人那里被仔细记录、夸张和赞美。事实上，性的享乐和性自由自古以来就与性的禁忌、规制同时存在。

在古希腊时期，人类的性观念是自然天放的和朴素尽情的。从古希腊的神话、雕塑和瓶画上可见，希腊人十分崇尚性的和美，他们在各种文学、绘画等艺术作品中随心所欲地描写性活动。胸部崇拜、亲吻、裸体艺术、性交前涂抹橄榄油都是希腊人独特的发明，是性心理在身体层面的进一步拓展。男性之间的性关系在古希腊似乎非常普遍，而且不会被认为是堕落可耻之事，甚至认为通过鸡奸和精液，成年男人可以将他们的智力和力量等优秀品质传递给少年男孩。雅典成文法记载，强奸、通奸、性攻击和性虐待都要受到严厉的处罚或判处死罪。希腊人将神秘的性还原为世俗的性，即使是希腊诸神都被描述成追求爱和性快乐的人。如希腊神话中的主神、众神之王、奥林匹斯山的统治者宙斯就以花心好色著称，奥林匹斯的许多神祇和许多希腊英雄都是他和不同女人生下的子女，因此宙斯又被称为天神和凡人之父。古希腊雅典家庭门口都有一座阴茎直立的赫尔墨斯雕像，因为在远古时期，赫尔墨斯（希腊文 Ερμηδ，拉丁文 Hermes）是自然界威力的化身，男性生殖器的表征，后来演化为畜牧之神、牧人庇护者、诸神的使者和传令神。经过弗洛伊德的解释，希腊神话中最有名的俄狄浦斯传说已经成为性心理学中最有深远影响的理论。弗洛伊德认为，年幼男孩普遍具有取代父亲占有母亲的俄狄浦斯无意识是人类的天性之一，弗洛伊德还将俄狄浦斯情结（Oedipus complex）的发现当作精神分析最自豪的发现。在另一则关于厄勒克特拉的神话中，我们可以发现一种女儿爱恋父亲而敌视母亲的倾向，即厄勒克特拉情结（Electra Complex），亦称恋父情结。在古希腊神话中，身上长着翅膀的爱神厄洛斯（Eros）成为具有世界性的爱情和情人节的象征，传说他的箭一旦插入青年男女的心上，便会使他们深深相爱。传说他是爱与美的女神阿芙罗狄忒（Aphrodite）与战神阿瑞斯（Ares）的小儿子。在古罗马，这位爱神被叫作丘比特（Cupid）。维纳斯（Venus）是古代罗马神话故事中的女神，她初见美男子阿多尼斯，便一见倾心，但阿多尼斯是永远年轻且容颜不老的植物神，对恋爱没有丝毫兴趣，只喜欢驰骋于山林之间打猎，维纳斯倾心阿多尼斯，向他倾诉恋爱的奇妙，用尽甜言蜜语，但阿多尼斯始终不为所动，阿多尼斯甚至用轻蔑的眼神望着爱神，维纳斯大受刺激而晕倒在地上。阿多尼斯翌晨在打猎时，被箭猪咬死。维纳斯见爱郎已死，不禁悲恸欲绝。后来，玫瑰花成了美神配爱神愿望的象征。阿多尼斯也成了西方国家“花样美男”最早的出处。结婚戒指的习俗也起源于古罗马，戒指象征女性，手指代表男性，在结婚仪式上，祭司将戒指分别戴在新娘和新郎的手指上，意味着婚姻内的性生活的开始。罗马人进一步发展了表示两性关系不同含义的三种亲吻，即吻在脸上（osculum）表示友谊，吻在唇上（basium）表示感情，吻在两唇之间（suavium）为情人专用。古罗马哲学家卢克莱修在《物性论》中第四卷“情欲”一节中非常生动形象地论述了性爱的心理现象。卢克莱修用诗情画意的语句写道：“疯狂的情欲所渴求的那个东西，肉体就去找寻那个用爱欲来刺痛心灵的对象。谁受了丘比特的箭所射——不管是一个姑娘样的少年射中他，或者一个从自己的整个身体上射出爱欲的女人射中他，受伤者总是竭力倾向那把它伤害的东西，而渴望和它紧贴在一起，向他体内灌注那从他自己体内吸取出来的液体，因为那无言的渴望预言着一种快感。”①

古人淳朴的恋爱心理在中国公元前6世纪到公元前4世纪（即西周到春秋中叶）期间的民歌和朝庙乐章总汇的《诗经》里得到了充分的反映。《诗经》首篇“关雎”里就描述了一个青年男子追求姑娘的心理过程：“关关雎鸠，在河之洲。窈窕淑女，君子好逑。窈窕淑女，寤寐求之。求之不得，寤寐思服。悠哉悠哉，辗转反侧。窈窕淑女，琴瑟友之。”“窈窕淑女，钟鼓乐之。”“雎鸠”是终身只找一个伴侣的一种鱼鹰，以这种被赞誉为“王鸠”的鸟来象征人类对爱情忠诚的追求与向往，并被冠于三百篇之首，历代史学家认为，这是有深刻寓意的。《史记·外戚世家》说：“《易》基乾坤，《诗》始《关雎》，《书》美厘降……夫妇之际，人道之大伦也。”《汉书·匡衡传》亦有匡衡疏云：“匹配之际，生民之始，万福之原。婚姻之礼正，然后品物遂而天命全。孔子论《诗》，一般都是以《关雎》为始。……此纲纪之首，王教之端也。”孔子虽然在《论语》中多次提到《诗》，但对其做出具体评价的作品却只有《关雎》一篇。他认为，《关雎》：“乐而不淫，哀而不伤。”（《八佾》）在儒家看来，人生的伦理不仅是从男女相爱成为夫妇开始的，而且《关雎》是表现中庸之德的典范。所谓“发乎情，止乎礼”。《诗经》里

① （古罗马）卢克莱修. 物性论［M］. 方书春，译. 北京：商务印书馆，1981：247.

还有“桃之夭夭，灼灼其华”。对青春少女的赞美，还喊出了“死生契阔，与子成说。执子之手，与子偕老”这种千百年来让人们一直传诵的爱的誓言。

在希伯来文化中，《旧约·雅歌》亦是一首长篇爱情诗，女人强烈而炽热的爱之心溢于言表：“求你将我放在心上如印记，带在你臂上如戳记，因为爱情如死之坚强，嫉恨如阴间之残忍，是火焰的电光，是耶和华的烈焰。爱情众水不能熄灭，大水也不能淹没，若有人拿家中所有的财宝要换爱情，就会被蔑视。”被称为世界三大爱经的文献分别是奥维德《爱的艺术》（公元前1世纪）、印度的《爱经》（约200）和突尼斯人所写的《芬芳花园》(1500)。

在11—12世纪，法国出现了一种男女性关系和婚姻关系的新模式，即基于纯洁之爱，摒弃纯粹性满足的所谓的“奉承之爱”。在这种男女关系中，女性得到了求婚者的尊重，男人需要经过一系列正式的和复杂的求婚步骤，才有可能得到女人的接受，认为放纵的激情与纯洁的爱是水火不相容的，男人需要克制自己的性欲的做法，至少培养了男人在性行为中的礼貌和文雅。史学家们认为，事实上，在那个时代基督教的性道德是理想的而非现实性的东西，“奉承之爱”也只是一种虚情假意的做作和只是在游吟诗人创作的赞美骑士浪漫爱情的抒情诗中的美丽幻想。

事实上，在美国人喊出“享受性生活的快乐”的口号之前，中国古人早就将性生活当成享乐和养生的方式。中国古人持顺其自然的性爱观，强调性生活应遵循“人法地，地法天，天法道，道法自然”（《老子》），“顺阴阳则生，逆阴阳则死”的阴阳哲学，认为上天赋予人的一切就叫作本性，依照本性去做就是正道，理解正道并发扬正道就叫作教化。主张性的自觉修养和节制，并认为这是学习做人的开始和养生长寿的秘诀。如《中庸》所说：“君子之道，造端乎夫妇，及其至也，察乎天地。”所谓“天地不交，万物不兴”。认为阴阳调和才能达到身心平衡。就主流文化而言，不主张寡欲和禁欲，而倡导节欲。“天生人而有贪有欲。欲有情，情有节。圣人修节以止欲，故不过行其情。”（《吕氏春秋》）中国古代，房中术的文献琳琅满目，在湖南长沙出土的2 000多年前的先秦竹简《合阴阳》《天下至道谈》，堪称系统观察男女性心理和性行为最早的文献。其中讨论了性交前的戏道、性兴奋的征候、性交的体位、性交中的运动和女子的性反应，以及性生活中的七损八益养生观念等。两汉时期，据考有《容成阴道》26卷、《务成子阴道》36卷、《尧舜阴道》23卷、《汤盘庚阴道》20卷、《天老杂子阴道》25卷、《天一阴道》24 卷、《黄帝三王养阳方》20 卷、《三家内房有子方》17 卷等涉及性学内容的文献已佚。两晋至隋唐时期有《玄女经》《容成经》《天门经》《内室经》《子都经》《彭祖经》《元阳子经》《六阴玉女经》《陈赦经》等文献。兼道家和医家于一身的葛洪在《抱朴子》一书中认为，人不可阴阳不交，坐致痴患。但若纵情恣欲，不能节室，则伐年命，提出了服药与内修相兼的性保健方法。唐代医家孙思邈在《千金要方・房中补益》中阐述了房中术的重要性、男女性交的技巧、性生活频率和性禁忌等问题。宋元时期有张君房辑《云笈七签》、朱瑞章的《卫生家宝产科备要》、陈自明《妇人大全良方》、李鹏飞《三元延寿参赞书》论及固精养生、节欲长生等，已经提出"治师尼寡妇犹不可与寻常妇人一概论"的观点，并介绍了因缺乏性生活而致病的个案，"色欲箴"中提出了节欲养生的重要性，认为"欲不可绝""欲不可早""欲不可纵""欲不可强""欲有所忌""欲有所避"等性事养生法则。明清时代，万全的《万氏家传养生四要》《广嗣纪要》，张景岳的《景岳全书》等书阐述了择偶应以有利于生育和优生为标准的主张，总结了使两性生活协调和谐的"十机"要则，论述了对阳痿、女子梦与鬼交等性心理疾病的治疗方法。中国古代不仅有许多关于性心理疾病、性保健的方剂和方法的研究文献，还有春宫图、木刻、木雕、性器陶具等五花八门的性乐文化。

（三）性的禁锢与规制

对家庭与性的规制（regulation of the family and sex）在世界上不同的民族和不同宗教中并不完全一致，或严厉或宽松。公元前 2 世纪，罗马统治者取代希腊人成为地中海和近东的征服者，犹太民族便成了罗马帝国的臣民；1 世纪，罗马帝王为了满足自己个人情欲的需要，通过立法，使"一夫多妻制"成为合法。392 年，罗马统治者宣布基督教为国教，同时下令禁止异教信仰，罗马皇帝君士坦丁也皈依了基督教，基督教一跃而成为统治者的宠儿，迅速发展为全欧洲，乃至世界性的宗教。基督教源于犹太教，古代犹太人认为人是按照上帝的面目创造出来的，因此具有一种准神性的尊严，而人的肉体是有原罪的和可耻的，应该用衣服包裹起来，以免产生诱惑和耻辱。《犹太法典》中明确表明反对神殿下的淫乱，不参与任何象征性的或仪式性的性活动，认为只有生殖是性活动的唯一理由，与生殖相违背的独身、避孕、婚后绝育，一切同性恋、兽奸等这些非生育的性活动都被视为犯罪而加以禁止。婚姻是合法性行为的唯一通道，即使是婚内生殖性行为，一切为了增加性快感的性交姿势和爱抚也被认为罪孽深重，教徒甚至发明了一种用于性生活的特制衣服，以减少性活动中男女身体的接触程度。史学家们认为，在近东古代各民族当中，与当时世界上普遍的带有神秘巫术意义的性文化不同，犹太人性观念的刻板是独一无二的。① 据公元前167年完成编撰的《圣经·旧约》的记载，当时与性规则和禁忌的律例典章涉及性器官的隐私保护、防止近亲结婚、性关系的规制、性犯罪的处罚等多个方面。例如，“利未记”中有“勿乱骨肉之亲”的许多规定，要求男人不可暴露自己骨肉之亲的下体，不准亲近他们。其中提到防止近亲乱伦的女性有母亲、继母、姐妹（不论是异母同父的，还是异父同母的；无论是生在家的，还是生在外的）、孙女、外孙女、姑母、姨母、叔母和儿媳等骨肉之亲。那一时期还发明了很多关于婚姻的规制，要求当“你妻还在的时候，不可另娶她的姐妹做对头，露她的下体”。不可娶自己的姐妹，不能娶妻子的同时又娶她的母亲，对违背这些规制的一律要予以治死。在这一时期，不仅与继母、儿媳、邻居之妻通奸的属于大恶，而且一切违反常规的性行为都被视为罪恶。规定男人不可与男人苟合，也不可与兽淫合，认为这不仅是可憎的，玷污了自己，而且要被处死。同理，对女人的要求也是一样的。对于祭司而言，要求不可从俗自污，规定只能娶本民众的处女为妻。

从5世纪西罗马帝国的衰落到文艺复兴的近千年的历史时期，史称为中世纪。这时期的罗马天主教竭力发挥基督教的禁欲主义和贞洁观建立了一种贬低性和性爱的文化。罗马天主教理论的奠基者圣托马斯·阿奎那认为，任何不是为了生育目的的性活动都是反自然的罪过，独身被看成是基督教信仰的主要美德，呼吁将婚姻中的性与情爱相分离，使性变得毫无乐趣，试图让人们从亚当和夏娃的原罪感中摆脱出来。② 基督教对待婚姻的态度充满矛盾。一方面，所有的婚礼都必须有神职人员的祝福，婚礼成为教堂中的圣礼；另一方面，又认为婚姻是人类的软肋、淫欲的手段，一些殉教的圣徒甚至提出，仅仅是禁欲还不够，应该根除性欲，他们甚至用皮带抽打等严酷的肉体苦行或自虐、破面削发或挥刀自宫表示自己对肉体欲望的蔑视，有些教士则经过一些特别的训练，达到精神性阳痿。据估计，14世纪在法国就有几十万自笞者。精神学家认为，自笞可能是躁狂症的一部分。以至于当时的教皇六世发布训令，宣布自笞者为异端，这种自残性的行为一直持续到15世纪才

① （美）B. 萨多克，B. 卡普兰，A. 弗雷得曼. 性文化索秘［M］. 吴尤，译. 北京：作家出版社，1988：9-13.

② （美）B. 萨多克，B. 卡普兰，A. 弗雷得曼. 性文化索秘［M］. 吴尤，译. 北京：作家出版社，1988：37.

被终止。

早期的基督教主张独身只是理想，教士可以娶妻；后来又创立了一种教士和妇女可以同居，但没有夫妻之实的精神恋爱方式。事实上，这种身心分离的禁欲主义很难做到表里如一。翻开中世纪法庭档案可知，不少教士偷吃禁果和越轨的现象屡禁不止，一些教士家中甚至子女成群，许多教皇也不愿意接受独身生活。总之，当时教会的官方教义和教士的个人实际生活之间表现出巨大的鸿沟。[①] 希腊籍的罗马医生盖伦（130—200）发现了歇斯底里症和性关系缺乏之间的关系，并指出手淫可以释放性紧张，性关系对该病具有治疗作用。[②] 在中世纪，男性对女性的性奴役达到了前所未有的地步。男人发明了许多检验女性的贞洁和防止女性红杏出墙的贞洁带之类的装置。在中国还出现妇女殉节的人间悲剧，甚至辩称之为一种畸形的美德。8—10 世纪，古代的性禁忌又在欧洲大陆沉渣泛起，新郎对新娘初夜处女膜破裂所产生的鲜血恐惧的心理再一次流行，新郎要请人帮自己“通关”或“开苞”，这种陋习直到 19 世纪才被彻底废除。

在中国漫长的封建社会里，男尊女卑的封建文化使得妇女守寡能为她们赢得贞节牌坊的荣誉，但压抑和牺牲了人的正常性心理需求。经过漫长的历史进程，羞恶之心已经成为一种人皆有之的普遍的人性。（《孟子·告之上》）

15 世纪，欧洲大陆鼠疫暴发，在欧洲人口骤然减少了约 1/3 的社会背景之下，一种对魔法和超自然的神秘力量的恐惧兴盛起来，而且认为那些莫名其妙的精神疾病或称为“魔鬼病”或“撒旦病”大多与性有关。1484 年至 1486 年间，按教皇八世的要求，由两个教士写成的宗教法庭教本《巫法的锤子》表现出男性阳痿等性功能障碍的焦虑和对女性的无意识的恐惧感和性挫败感，尝试为男人阳痿的超自然原因提供证据，认为阳痿和不育都是出于恶魔发作，而肉欲就是中魔的证据，既然女人引起了男人强烈的、神秘的和无法自制的肉欲和非理性的行为，所以女人就被看成是魔鬼的自然载体。在这种魔法的信念影响下，无数妇女被扒光衣服，剃掉毛发，寻找魔鬼的标志和人与魔鬼交往的可见证据（例如任何胎痣等），甚至接受检查官对阴道和直肠的检查。无数妇女因此受到了逼供的折磨和酷刑。中世纪的这种“厌女

---

① （美）B. 萨多克，B. 卡普兰，A. 弗雷得曼. 性文化索秘［M］. 吴尤，译. 北京：作家出版社，1988：40.

② （美）B. 萨多克，B. 卡普兰，A. 弗雷得曼. 性文化索秘［M］. 吴尤，译. 北京：作家出版社，1988：3.

癖”或“恐女癖”源于一种与性有关的观念，这种观念就是：好色的情欲是神秘魔法的总根源。①

（四）性的觉醒与反思

15世纪，在佛罗伦萨、意大利和欧洲其他地区开始了一场趋向世俗和个人主义观念的文艺复兴运动。宗教信仰开始衰弱，人文主义逐渐兴起，人们将自己拥有的感性、愿望和冲动都看成是自然的本性，人们从性的压抑中解放出来，公开地追求性的快乐和赋予各种情感的意义和色彩。画家波提切利用古代神话题材创作了代表文艺复兴时期精神象征的一幅绘画作品——《维纳斯的诞生》，它不仅复兴了古希腊的艺术价值观，而且表明了新时期的自由的性爱价值观。虽然那时，基督教的观念仍然存在，但佛罗伦萨的人认为，“上帝的手已经放松”。大多数人已经在心理上解决了实际的性行为与基督教观念的根本性冲突，坚持自己的道德评判，而人文主义只不过是让人们为现存行为的合理性找到了一种知识辩护而已。这时的人们认为，性是一个有积极意义的活动，而不必然是使男人和女人沉沦的东西。② 文艺复兴时的许多艺术家用他们炽热的情欲和审美情趣将那个时代的性观念用视觉形象表现出来。据1550年出版的乔吉欧·瓦萨利的《画家的生活》一书的记载，那时的一些著名画家，邀请了拉斐尔（1483—1520）以太太和妓女做模特，画了50多幅圣母像，事实上，他却是一个放纵情欲，毫无道德感，而被尊称为“道德神”的人。后来，金西等性学家在研究古代人的性观念的时候，认为拉斐尔和其他艺术家所画的裸体画中虽然没有任何性器官的描写，没有任何性活动的提示，但裸体本身却向观赏者呈现了一种肉欲的性感。文艺复兴时开放的性观念也投射在服装的改变上，在肖像和晚礼服上，女性胸部外露的区域不断增加。

文艺复兴时开放的性自由导致妓女职业地位提高的同时，也使梅毒性病开始泛滥，人们又转而用严厉的手段来限制卖淫和关闭妓院。性病的流行也促进了亚麻制作的安全套的发明和应用的普及。

梅毒的泛滥事件引起了当时教会的反思，德国教士马丁·路德（Martin Luther，1483—1546）是文艺复兴晚期著名的宗教改革家，他发动了一场宗

---

① （美）B. 萨多克，B. 卡普兰，A. 弗雷得曼. 性文化索秘［M］. 吴尤，译. 北京：作家出版社，1988：53.

② （美）B. 萨多克，B. 卡普兰，A. 弗雷得曼. 性文化索秘［M］. 吴尤，译. 北京：作家出版社，1988：60－62.

教改革运动，认为信徒都可通过祈祷直接与上帝沟通，强调圣经是信仰的根本，凡不符合圣经的礼仪、制度和学说，都可以摒弃，性和婚姻都是上帝造化出来的，它是事物的自然状态。无论是谁，只要他不结婚而又想结婚，那就必然会使自己行为不端。所以，圣·保罗宣称："与其让情欲吞噬自己，还不如去结婚。"路德也认为，教士独身的誓言，只能加快一个人犯罪的步伐。作为对宗教改革的回应，教会一方面接受了性驱力的客观存在，宣布婚姻是桩圣事，不能随意取消；另一方面又加强了对性行为的管制。1555 年，教皇保罗四世下令把米开朗琪罗所画的裸体画从梵蒂冈西斯廷教堂拿走，但受到抗议，只好改为将那些包括天使和圣母玛利亚在内的裸体人物画画上衣服。1559 年教皇又开始编纂禁止天主教徒阅读的《禁书索引》，其中包括巴尔扎克、大仲马、小仲马、司汤达等人的作品，直到 1966 年教会才停止出版这一索引。事实上，教皇和教士也遏制不了自己的情欲。亚历山大六世不遵循独身习制，与许多女人私通，甚至成为教皇后还继续生私生子；1481 年教皇英诺森八世被称为第一个承认自己有私生子的"诚实之王"；1634 年，法国卢登的一个修女遭到教区神甫格朗狄尔的性侵害，并被抛弃之后患上了噩梦般的性幻觉和假怀孕症的心理障碍，结果这位神甫被处以火刑。[①] 据美国学者伊丽莎白所编写的《美国性史》，直到 17 世纪，在北美殖民地，遵循《圣经》的训诫，兽奸和鸡奸长久以来被看作是反常的罪行而会遭到起诉和严厉的处罚。[②] 当时的兽奸案法庭记录显示兽奸者通常与相关的动物一起被处死，而且这种被处死的动物将被视为是不洁净的而加以掩埋。

（五）性文明与理性

17—18 世纪发源于英国的工业革命和科学促使欧洲进入到一个启蒙时代，以伽利略、开普勒、牛顿、波义耳和胡克等为代表的杰出科学发明给世界带来了更多的理性，科学为揭示自然界的秘密提供了新的解释工具，欧洲知识界摆脱了依赖于《圣经》的局面，1677 年胡克在显微镜下发现了精子，对生殖及其相关的性问题的解释已不再感到神秘，关于对超自然性的恐惧悄然冰释。

当用理性投射于两性关系的领域时，什么是理性的性活动？如何用头脑对心灵，用意志对情感进行有效的控制成为那一时期人们思考的一个重要话

---

① （英）史蒂芬·贝利. 两性生活史［M］. 余世燕，译. 北京：中国友谊出版公司，2007：267－269.

② （美）伊丽莎白·赖斯. 美国性史［M］. 杨德，等，译. 北京：东方出版社，2004.

题。那时产生了性教育学校和“沙龙”的社交形式，教授上层社会的女性将性与智慧结合于一身，学习做爱的艺术和性行为的行为方式，教授妇女以教导男人文雅的举止的责任，与其说这一时期的男男女女将自己的感情隐藏起来了，还不如说将直率的性变成了缄默的和规制的性，性活动成了处在冷酷理智绝对控制之下的一种工具。根据法国哲人和心理学家米歇尔·福柯在《性经验史》一书中的考证，从那时起指称性成了一件更加困难和要付出更高代价的事情，主要表现为禁忌直呼性，禁用表现性的词语。[①] 1749 年约翰·克里兰德的色情小说《臀部高地》出版，1821 年马萨诸塞州的一个法院宣布，美国出版商彼得·霍姆斯因出版这部小说而犯有散播淫秽作品罪成立。1920 年国际联盟组织了一次有 36 个国家参加的国际会议，讨论“打击国际贩卖淫秽物品”，但最后却无法达成对“淫秽”一词可行的一致认可的定义。

18 世纪随着欧洲航海家对南洋诸岛的发现，一些尚处于纯粹自然状况的部落，及其未受贞洁观念和婚姻限制的浸染的自然德性和性活动被报道。法国启蒙运动的代言人、历史学家，《大百科全书》的主编丹尼斯·狄德罗（Denis Diderot ，1713—1784）基于这些人类学的报道而批评修道院的隐居生活和教士的独身是非自然的行为，将必然带来人格的扭曲。[②] 狄德罗和同时代的法国人乔德罗斯·德·拉卡罗斯一道还是现代心理学和精神病学的奠基者，他把性活动看作是人类普遍的自然生存条件的一个组成部分，阐述了人类的性驱力，开创了对人类性活动研究的临床研究领域。狄德罗在《修道士》中阐述了对同性恋的详细的和临床性的研究成果，而拉卡罗斯则在《未知私情的危害》中描述了女性的性冲动，并已具有显著的精神分析学的敏锐眼光。18 世纪还有一位性行为偏离的性心理变态者马奎斯·德·萨德（Sade，1740—1814）以他个人的经历发表著作，宣传传统的道德是反自然的，基于他自己的性偏离行为，他认为，性偏离作为一种天然的存在也是自然的，性活动最自然和最强烈的形式是痛苦的，因此，“施虐狂”（sadism）这一术语与萨德的名字就联系在一起了。

1753 年一部新的法律《婚姻法案》颁布，婚姻的地位得以提高。1780 年，同性恋被全面禁止，或被惩以后抛入街头遭人们的嘲弄和咒骂，或投入监狱，甚至惩之以绞刑。史学家们认为，这一时期欧洲的性道德不再是强制

① （法）米歇尔·福柯．性经验史［M］．佘碧平，译．上海：上海人民出版社，2000：25.

② （美）B. 萨多克，B. 卡普兰，A. 弗雷得曼．性文化索秘［M］．吴尤，译．北京：作家出版社，1988：92.

的，而是因为随着理性的加强而对节制的观念产生了认同的结果。①

19 世纪，法国革命、工业革命和科学革命推波助澜激发了自由恋爱、计划生育、女权运动和婚姻改革等激进思想的涌现。主要由文学家、艺术家和社会变革家组成的浪漫主义者认为，婚姻应该是在互爱的基础上两个平等的人的结合。恋爱和婚姻中心理因素和生理因素具有同等的重要性，情感和谐与性的和谐才是理想的婚姻，情感第一似乎成了浪漫主义的性爱观。歌德的小说《少年维特之烦恼》中的主人翁由于单相思所感受到情感空虚的故事集中反映了那个时代青年人的情感吞噬一切的爱情观。浪漫主义总是倾向于将爱与苦难、不幸、悲怆联系在一起，结果激发了社会改革者对婚姻变革、自由恋爱、女权主义的呼吁。1792 年，玛丽·沃尔斯·克拉夫特出版了《妇女权利之剖白》一书，拥护自由恋爱，认为婚前和婚外性行为并不是天生就有罪的。英国诗人雪莱（Percy Bysshe Shelley，1792—1822）在他的充满批判精神的诗《麦布女王》中写道："约束使爱枯萎，爱的精粹正是自由；它既不与顺从、基督相容，也不与恐惧相容……恋爱是自由的：发誓永远爱一个女人比发誓信奉一种信条更为荒诞。"英国人威廉·戈德温认为，从某种意义上说，一夫一妻制的婚姻是一种垄断，认为夫妻不应该因一时的情感和看法而终身守在一起。受雪莱和戈德温的影响，英国实业家罗伯特·欧文（Robert Owen，1771—1858）提出了一个乌托邦社会模型，并于 1800—1828 年间在苏格兰自己的几个纺织厂内进行了空前的人本管理的试验，他还在长期的观察中，发现了资本家的利润来自于工人所创造的价值与他们所得部分之差额这一资本主义社会的秘密；法国人查理·傅立叶（Charles Fourier，1772—1837）认为，社会总是从低级向高级发展阶段前进的，而资本主义的文明是奴隶制的复活，必须加以改革，他提出了一种包括满足人类爱欲在内的供给制的乌托邦的空想社会主义理论，他认为来自人的本性的"情欲引力"是社会发展的动力，首次提出了妇女解放的程度是人民是否彻底解放的准绳的观点。欧文和傅立叶的学说深刻地影响了美国的乌托邦主义者，并在美国找到了理想的实践场所。到 1843 年为止，傅立叶主义者在美国建立了 40 个左右进行社会实验的联合公社，其中位于纽约州的欧奈达公社是 19 世纪最有名的一个，这些公社的社会实验的目的都是为了提高包括男女性关系质量在内的生活水平，用革命性的婚姻制度设计、优生优育，实现出生率的

---

① （美）B. 萨多克，B. 卡普兰，A. 弗雷得曼. 性文化索秘［M］. 吴尤，译. 北京：作家出版社，1988：100.

控制和儿童素质的提高。在19世纪的英国和美国，婚姻模式和性关系的社会实验呈现出多元化的现象，例如在印第安纳州建立的和谐公社内进行了独身者的婚姻；马萨诸塞州进行的裸体主义和性平等实验；纽约州尝试用摩登试验取代自由恋爱模式；等等。学者们认为，这些乌托邦的性冒险实验实际上是那时英美社会多元化的一个标志。[①] 1798年，英国教士托马斯·罗伯特·马尔萨斯（Thomas Robert Malthus，1766—1834）出版了《人口论》一书，提出了生育控制的观点；生育控制运动的创始人弗朗西斯·普莱斯（1771—1854）提出了一整套避孕的社会理论，在这一时期，避孕方法得以普及。性与生殖的分离是性享乐与性自由的前提。在人类历史上有如下几种做法：或虽有男女相拥，但男性避免射精（如道家养生）；或避免怀孕，或阻止生殖行为的后果（如堕胎）。据文献记载，在公元前1850年埃及的《祭司文献》中就介绍过多种避孕的方法，其中提到用蜂蜜、碱等多种材料制作的女用避孕栓；17世纪英王查理二世的御医发明了用小羊盲肠制作的男用避孕套，是当时轰动全世界的性事。许多学者认为，在人类历史上，避孕方法的发明与普及使妇女克服了对自然性活动危险的恐惧，在妇女解放运动中具有重大的意义。

19世纪德国哲学家尼采（1844—1900）曾对人类社会在性教育问题上的矛盾态度和现象表示惊讶，他说“即使像使徒保罗那样的人，对于情欲也以邪恶视之。他们从学习中只知道在自己身上有着不洁、偏见和不完整的心灵，因此，他们理想中的目标就是对情欲做一番剖析；而在神的身上，他们也看到了完全净化的情欲”[②]。可见，在那个时代，正常的性欲和性的知识为一种道德说教所压抑。

（六）性态的多元性与性心理学的兴起

尽管人类的性生活形态一直呈现出多元的状况，但大多数都被当作变态和反常的状况来看待。性心理学作为一门独立的学科研究，通常认为始于德国精神病理学教授，理查德·冯·克拉夫特-艾宾（Richard von Krafft-Ebing，1840—1902）关于刑事法庭性犯罪者的精神鉴定工作，艾宾因为司法鉴定工作而研究了大量的性变态者，1886年出版《性病态》（*Psychopathia Sexualis*）一书，该书中共收集了238个涉及性犯罪的性变态案例。这本书被

---

① （美）B. 萨多克，B. 卡普兰，A. 弗雷得曼. 性文化索秘［M］. 吴尤，译. 北京：作家出版社，1988：106.

② （德）尼采. 快乐的知识［M］. 黄明嘉，译. 北京：中央编译出版社，2001：68.

翻译成多国文字而对学界和社会影响深远。艾宾开创的性变态心理学研究不仅需要勇气、胆识，而且需要高度的社会责任感。他认为，医学尤其是精神病学，它必须直面生命的缺陷与痛苦，即使是任何生理或道德上的痛苦和恶劣的事情，也不应退避三舍，都应该勇于说出所有的真相。艾宾关于性变态心理学的研究主要还限于临床现象的描述为主，虽然也提出了关于性变态机制的一些假说，但仍尚未形成系统化的理论体系。艾宾描述了许多性反常行为的案例，无疑给人们带来了一些对性的恐惧心理，那就是掩盖在色情狂、强奸者、鞭笞者行为后面的令人恐惧的、厌恶的病态和罪恶。1897 年英国性心理学家霭理士·哈夫洛克（Ellis Havelock，1859—1939）出版《性心理研究》第二卷，但 1899 年被英国警察局没收，因为当时英国正处于一个以否定性和压抑性为伦理特征的维多利亚时代。霭理士认为，同性恋不是一种疾病，而是一种天生的异常状况；他认为手淫也不是一种疾病，也不必然会导致疾病，反而是缓解性压力的一种方式。因为这是一个对手淫充满困惑和误解的时期，即使是在英国维多利亚时代，大多数医学家也将手淫当作一种造成神经衰弱、阳痿、癫狂和儿童性早熟、发育不良等问题的病因。在 19 世纪后期，神经衰弱受到了英、法、美国医生们的高度重视，并认为性器官就是耗尽神经能量的主要场所，还发明了许多所谓促进能量恢复的治疗器械，例如将电振荡的电极插入直肠和尿道内，用以促进性力的恢复。弗洛伊德对神经衰弱的看法也受这一时期医学界的流行观点的影响，认为神经衰弱是性能量的不适当的排解或紊乱所致。

1900 年，弗洛伊德发表《释梦》一书，开创了对梦的意义进行解析的精神动力学方法，并提出了梦的无意识愿望满足理论。在梦的解释中，弗洛伊德不仅发现了自己对母亲爱恋的情感，而且逐渐扩展到对幻想和神经症临床后面隐藏的性动力的解释。先后发表了《性学三论》（1905）、《快乐原则之外》（1920）等论文，建构了泛性主义的心理学理论体系。英国性心理学家和文艺评论家霭理士也是西方现代性心理学研究的先驱者之一。他同情妇女对权利和自由的追求，反对宗教、道德和习俗对妇女的压迫和禁忌，他冲破重重阻力和克服多种困难，立志以进化论为基础，研究人类的性心理现象，解读人们关于性问题的迷惑。从 1896 年开始写作《性心理学研究录》第一卷《性逆转》，先后写作了第二卷《羞怯心理的进化；性的季候性现象；自动恋》、第三卷《性冲动性质的分析，恋爱与痛楚，女子的性冲动》（1903）、第四卷《人类的性选择》（1905）、第五卷《性爱的象征现象，解欲的机制，妊娠的心理状况》（1906）、第六卷《性与社会》（1909）。历时十几年写成的六大卷研究录成为当时学术界公认的杰作。1933年霭理士基于研究录，写成了一本《性心理学》（*Psychology of Sex*），这是第一本较为系统全面研究性心理学问题的专著，内容涉及性生物学、性冲动生理学、性的歧变、婚姻心理和恋爱心理等，该书在世界范围内被多次重印发行，影响深远。

德国医学家摩尔（A. Moll，1862—1939）在1913年建立“国际性研究学会”，主持召开国际性学研究大会（1926年和1930年）；1891年写了第一本有关同性恋的专著，1897年发表《人类性欲的本质》，1909年发表第一本关于儿童性问题研究的著作，1912年编写了第一本《性学手册》。

德国医学家和医史学家布洛赫（I. Bloch，1872—1922）把社会学方法引入性学研究，被称为现代“性学之父”，1906年他首先创用“性学”一词，1907年写作《我们时代的性生活》一书，他和赫菲尔德、摩尔等人一起为性教育、性改革而努力呼吁，指出性倒错患者是没有责任能力的。

美国生物学教授和性学家阿尔弗雷德·C. 金赛（Alfred C. Kinsey，1894—1956）在动物学家马丁、心理学家波默罗伊和人类学家吉布哈特的协助下，进行了大样本的个案（1.7万例）性生活史调查，写成《人类男性的性行为》（1948）和《人类女性的性行为》（1953），开创了对性行为的生态学研究。据金赛的研究，有过自慰经验的人比没有自慰过的人多，而且是最常达到性高潮的性行为方式，因此，自慰是人类的一种常态行为，而无需背负自责等恶名的困扰。金赛还发现同性性行为与异性性行为普遍共存于人类男女性群体中，因此，同性恋应视为是一种个人的选择，而不是天生的特质，更不应视为不正常或不自然、精神官能症或精神病。从科学的角度看，金赛研究的重要意义并不在于他所得出的结论，而在于依据实证调查才得出结论的研究方法。

美国心理学家、行为主义的创建者约翰·布鲁德斯·华生（John Broadus Watson，1878—1958）认为心理学应该以行为作为自己的研究对象，发展了客观的观察方法，1915年当选为美国心理学会主席，在1919年建立了世界上第一个性学研究所，1920年因为主持性心理学实验而与妻子离婚。

20世纪50年代，美国妇产科专家玛司特斯（W. Masters）和心理学家约翰逊（V. Johnson）开始了性反应的实验研究。从1954年开始，20多年的研究成果集中体现在三部巨著《人类的性反应》（1966）、《人类性机能失调》（1970）和《同性恋》（1979）中，对性心理学的生理机制和临床应用进行了突破性的研究。美国性心理专家朱莉娅·海曼（1927— ）著有《性心理研究》(1990)，发现情意绵绵的轻柔音乐有诱发性兴奋的作用，对女人的性唤起作用似乎更大。

美国性学家雪儿·海蒂（Shere Hite，1942— ）1976 年和 1981 年先后出版了大型性学研究报告——《女人篇》和《男人篇》，在美国引起强烈反响，迄今已被译成 18 种文字。之后，海蒂的研究继续深入，先后出版《情爱篇》《家庭篇》《职场篇》《海蒂篇》。为世界性科学研究做出了不可磨灭的贡献。1987 年，海蒂被《世界年鉴》评选为 25 位美国最有影响力的女性之一。她透过开放式性爱问卷调查，让女性表达了自己对于自慰、性高潮、阴道性交、阴蒂刺激、女同性恋等的看法，得出的结论是：女人及女性性高潮毫无过错，需要改变性态度的是社会自身。同样这份报告还涉及了男子气概、偷情、外遇、阴茎大小、性无能、早泄等令男人难以启口的问题。海蒂还倾听了 4 500 名女性的衷情吐露，让人们听到了在一种性别歧视文化之下的弱势女性受到的伤害和两性伴侣之间的“感情契约”的扭曲；海蒂依据 16 个国家 3 000 份儿童与成人问卷的调查详细叙述了儿童的性心理发展与父母教养之间的关系，童年被打屁股与成年施虐受虐幻想之间的联系，儿童性心理的认同对成年后的生活影响，儿童之间的性游戏等性心理学问题。无论是从研究内容的广泛性，还是田野调查研究方法的示范性来看，海蒂的性学报告的确是代表 20 世纪性心理学实证研究取向的一个代表作。

20 世纪 50—70 年代，随着整形外科手术技术的完善，变性手术成为帮助一些性别认同障碍和易性癖者满足个人心理需要的一种手段。据当时《纽约时报》关于通过外科手术易性的调查报告，变性手术使那些术前压抑、孤独、绝望，甚至想自杀的人，在手术后较为满足，心情也平静下来。① 从 20 世纪开始，无论是性功能障碍，还是性心理变态，都被纳入了现代医学家庭治疗、婚姻治疗和性治疗的范畴之中。

广义上，性心理学研究也应包括性别心理学的研究。1892 年美国心理学会（APA）成立初期，才有 2 位女性心理学家参与；但到 20 世纪中叶，女性会员已经发展到占 APA 会员的 1/3。从 20 世纪 70 年代开始，女性在 APA 中的领导角色逐渐突出，获得杰出科学贡献奖的女性迅速增加。

女权主义运动推动了女性心理学的研究。所谓女权主义（feminism）是指那些以女性争取更好权利为宗旨，研究性与性别问题的一种思潮或学派。

---

① （美）B. 萨多克，B. 卡普兰，A. 弗雷得曼. 性文化索秘［M］. 吴尤，译. 北京：作家出版社，1988：127.

包括五种不同类型的女权主义：①自由女权主义（liberal feminism）强调女性与男性的相似性，认为性别差异是由机会不平等造成的；主张改变对女性不公平的态度和法律，使男女具有公平的政治、法律、经济和受教育的权利与机会。②文化女权主义（cultural feminism）认为，男女性的品质是不同的，女性在养育、关心他人、合作性等方面的品质比男性的攻击性和缺乏情绪表达等品质有更多的优越性，主张通过提高人际指向的价值增进女性的能力。③社会主义的女权主义（socialist feminism）认为，性别的不平等源于经济不平等的态度，主张改革不平等的社会制度来消除对女性的压迫。④极端的女权主义（radical feminism）认为性别的不平等源于父权制，是男性控制、支配和压迫了女性；主张改革在工作场所、社会机构和家庭中的权利分配。⑤有色人种女性的女权主义（women of color feminism）认为，西方的女权主义运动只关心白人女性面临的问题，事实上，种族主义与阶层主义和性别主义一样，对男女性别的态度是有偏差的。主张不同的种族、阶层和性别的男女应该具有同样的权利。

1969 年在美国成立了心理学中的女性联合会，1973 年 APA 建立了女性心理学分会，出版了女性心理学教材，一些大学开设了相应的专业课程。据统计，今天在大学和其他非营利性服务机构中，女性心理学家占 1/3 以上，超过 2/3 的心理学博士学位授予了女性。[①] 关于性别的心理学、行为学、人类学和社会学的研究有许多研究值得称赞。如法国女哲学家和文学家西蒙·德·波伏瓦（Simone de Beauvoir，1908—1986）1949 年出版了使她成名的《第二性》（*The Second Sex*），她在书中将男性称之为第一性，女性称之为第二性，该书以其对女性状况革命性的研究而闻名，1999 年在巴黎召开了庆祝《第二性》出版 50 周年的国际研讨会，说明该书对改变全世界对女性的看法中的巨大影响，该书甚至被称为女性主义的《圣经》。1990 年发现了波伏瓦的日记和她给萨特的两卷书信，从中可知她一生曾有过数段同性关系，日记中的事实击碎了波伏瓦与萨特作为 20 世纪完美伴侣的神话。在这本书的第二卷中有一章“女性同性恋”，是波伏瓦关于女同性恋最直白的作品。她认为，“女人不是天生的，而是后天生成的”。所有的女性都是“天生的同性恋”等观点惊世骇俗，她用“拒绝男性”和“对女性身体的偏好”来作为区分女同性恋和异性恋的标准。贝蒂·弗里丹 1963 年出版《女性的奥秘》，

---

① （美）埃托奥·布里奇斯. 女性心理学［M］. 苏彦捷，等，译. 北京：北京大学出版社，2003：8.

1981 年出版《第二阶段》，20 世纪 90 年代出版《生命之泉》，从心理学的角度继承了波伏瓦的女权思想，展现出女权主义理论由社会变革向内心探索的转变。法国社会学家和历史学家让·杜歇在《第一性》与波伏瓦将女性称为第二性的观点相反，认为女性才是第一性，而男人是从属的第二性。她通过对多种文明中的性文化比较研究，认为在人类漫长的历史中，女性的统治时间实际长达十几万年，而女人并不总是被奴役，是农业革命和工业革命先后了颠倒了母亲女神的地位，使女人逐渐被生育和家庭所幽禁；性和婚姻问题在整个工业化走势的世界范围内并没有得到理想的或根本的解决，它们与社会文化、经济和政治问题纠结在一起，变得更为复杂。本书通过对印度、中国、埃及、巴比伦、伊斯兰世界、希腊、罗马等 9 个原始文明关于两性关系的态度和社会状况，使我们认识到人类两性关系呈现出多样性或多变性，如果武断地将某一种两性关系称之为最好的或最合理的类型，那只是对人类学无知的表现。让·杜歇认为，人类婚姻的稳定性因为授精和生育的分离、生育时间的提前、抚养后代时间的缩短和寿命的延长等社会背景的变化，将经受巨大的冲击。夫妻之间的相互性忠诚和排外性将走向一种更为深刻的，相互了解和接受的那种真诚。让·杜歇认为，所谓妇女的解放必然是与男性的解放同步进行的精神发展，她强调两性之间的相异性，主张女性应“更女性化”，发挥女性的创造力，促进自我完善，男女要学会理解接受并喜爱两性各自的暧昧一面，让两性相互满意；对妇女而言，无论是恋爱、结婚、生育还是居家、工作或传统与革新兼顾，都应该是自由地选择和不断更新地选择。

20 世纪，世界发达国家和地区的性文化和性心理都发生了很大的转变，正如心理学从关注变态心理学向积极心理学的转变一样，性文化和性心理学的主题不再是病态和罪恶，而是追求健康和美好。1953 年第一期《花花公子》杂志出版，之后还有《花花姑娘》和《迷人太太》等杂志问世，表明人们也可以将性作为一种积极有益的事物加以看待，性和裸体照片可以是美的和健康的。中国《人之初》杂志自创办以来一直坚持以青春活力的靓女做封面人物也备受读者青睐。1956 年，第一份关于口服避孕药成功限制排卵的研究报告公布，口服避孕药使人类将生殖功能和由心理和社会诸多因素驱动的性行为完全分离开来，从这种意义上说，人类性心理终于摆脱了身体的束缚而获得了彻底的自由和解放，尤其是对于改变妇女在性活动中一直所处于的被动状况和害怕受孕的恐惧具有重大的意义。1967 年，英国通过《同性恋法案》规定达到法定年龄 21 周岁的成年人之间的秘密同性恋行为为合法。

1969 年，丹麦政府承认任何明显含有色情内容的物品的销售和发行是合法的，事实上，这一开禁并没有像有些人预料的那样会导致性犯罪率的上升。20 世纪 70 年代一些关于追求性技巧和性快乐的书籍变得畅销，一些用于手淫激发和性关系补充，增加性快乐的生殖器模型和“震动器”在大多数药店的柜台上出售，这些市场上的微妙变化已经反映出现代社会对性观念和性行为更加自由开放的程度，可以接受的性态度和性生活的范围正在扩张。但是我们也应清晰地看到全世界范围内也出现的不少新的性社会问题，例如，婚前性行为发生率直线上升，合法化的人工流产增加，结婚率下降，离婚率急剧上升，青少年怀孕率和非婚出生率快速上升，世俗的色情出版物广泛传播，社会对非强迫的越轨性行为的宽容度已经增加，① 女性频遭性骚扰已成为一个突出的社会公害，性虐待儿童案在世界各地大幅增加，不安全的性行为被列为全球青少年面临的四大危险行为之一（还有三个危险行为是吸烟、饮酒和暴力）。全球 12 亿青少年中有 80% 生活在发展中国家。据统计，每年约有 1 400 万未婚少女分娩和发生妊娠并发症，是发展中国家 15 ~ 19 岁女性死亡的主要原因；约有 450 万青年女性流产，而不安全流产是青年女性死亡的主要原因。绝大多数性病的新病例发生在 15 ~ 24 岁人群中，这些状况与婚前性行为、多性伴、人工流产、非意愿妊娠、堕胎、滥用摇头丸等成瘾物质、酗酒、吸烟等不良行为有关。由此可见，性心理学的研究课题和热点永无止境。尽管人们普遍认为，性的快乐是人的生存中的一个正常组成部分，性的满足是人格健康和人的发展的至关重要的必要条件，但人类性态度和性生活方式的变迁历史告诉我们，性放纵的道德松弛的时期最终将让路于性节制的时代。②

如何看待人类的性态度和性生活方式变化的历史，法国哲学家和心理学家米歇尔·福柯（1926—1984）的《性经验史》三卷（1976 年、1984 年、1984 年）为我们提供了一个参考框架。福柯运用后现代批判分析的武器，站在知识产生发展的历史高度分析了自 16 世纪末以来，微观的性话语的变迁与权力控制的关系。其理论高度和深度使性问题的讨论超越了一个普通的知识问题。在福柯看来，人类的性经验史就是规制身体的权力机制的历史。福柯的研究使我们对人类性心理的认识上升到一个新的更恢宏的历史高度。

---

① （美）理查德·A. 波斯纳. 性与理性［M］. 苏力，译. 北京：中国政法大学出版社，2002：73 - 74.

② （美）B. 萨多克，B. 卡普兰，A. 弗雷得曼. 性文化索秘［M］. 吴尤，译. 北京：作家出版社，1988：132.

什么是正常的或变态的，什么是疾病或健康，什么是需要治疗的或自然的，什么是道德或不道德的，什么是需要控制的或属于自由的，等等，都是特定历史阶段的“知识”，而“知识”是与权力分不开的，任何“知识”就是一种社会规范，就是一种权力机制的实现。“精神病理学”就是从社会监视、规制大众和惩罚犯罪分子的实践中产生出来的学科，而这些学科的研究成果又强化和改进了社会权力控制。对于性来说，“欲望存在之处，权力关系早已经存在”。“要想寻找一种权力之外的欲望同样是妄想。”① “权力对待性的逻辑就是一种法律的悖论逻辑，这种法律可以表述为不存在、不显露与缄默合而为一的三重律令。”② 总而言之，如何在人的本能之性和社会之性、在快乐和道德之间取得某种平衡一直是贯穿人类性史的一条主线，减少性的变态与疾病，促进健康和积极的性生活是人类将一直追求下去的美好愿望。儒家认为，“天命之谓性，率性之谓道，修道之谓教”（《中庸》），用性教育来塑造人性之本能的优雅仍然将是一个永恒的课题。

三、性心理学的研究方法

性心理是个体一种隐秘的内心活动，加之个体因害羞、不好意思直接表达性等因素的影响，大多人不愿意在他人面前表露自己真实的性心理活动，因此，要研究个体的性心理活动并不是一件容易的事情。迄今为止，人类已经发展出自我观察与自我报告、访谈研究问卷调查、心理测量、个案分析、文献研究行为实验等性心理学研究方法。

（一）观察研究法

观察法（observational method）是指研究者直接观察和记录事先确定的被试的某些行为，并分析该行为与某些因素关系的一种研究方法。虽然性心理不易察觉，但性行为可以观察，进而通过行为推测内在的心理活动。观察可以分为参与观察和非参与观察，控制观察和非控制观察几类。如经由单向玻璃或视频观察自愿被试的性行为是非参与的控制观察；而个体对自己的性行为进行自我观察和自我报告属于参与观察。在自然状况下对动物之间的性行为或对儿童的性行为或对情侣亲密行为的观察属于非控制的观察，也可以

---

① （法）米歇尔·福柯．性经验史［M］．佘碧平，译．上海：上海人民出版社，2000：59．
② （法）米歇尔·福柯．性经验史［M］．佘碧平，译．上海：上海人民出版社，2000：61．

称为局外观察。在湖南长沙马王堆出土的2 000多年前的竹简中，就有许多关于古人对性行为自我观察的记录。在《合阴阳》中非常详细地描述了男女性交之“戏道”时身心变化的特征。“戏道：一曰，气上面热，徐旬。二曰，乳坚。三曰，舌薄而滑，徐屯。四曰，下液股湿，徐操。五曰，嗌乾，咽唾，徐撼。此谓五欲之徵。”人本为动物，但却有胜过其他动物的模仿能力，古人以动物为师，丰富自己的性行为方式，以下就是对动物性行为的观察：“十节：一曰虎游。二曰蝉伏。三曰尺蠖。四曰麕踣。五曰蝗蹶。六曰猿踞。七曰蟾蜍。八曰兔骛。九曰蜻蛉。十曰鱼嘬。”显然，古人对动物的观察法属于是在自然条件下对观察对象不加控制和干预的状态下所进行的自然观察（natural observation）。

观察法是人类学研究中最常用的方法。20世纪二三十年代玛格丽特·米德（Margaret Mead）是第一个公开在其著作《新几内亚岛成长》中介绍对其他文化人群观察和访谈所了解的性信仰和性习俗的人类学家；而克莱伦·福特（Clellan Ford）和弗兰克·比奇（Frank Beach）合作出版的《性行为模式》（1951）是最早对人类的婚配规则和性技巧等性行为进行跨文化现场研究的著作。对不同文化背景下的各民族的性态度、性习俗、婚姻制度、性别角色、生育模式、性行为模式的比较研究可以揭示出文化、社会结构、社会经济、政治、法律、传统道德对性的影响，有助于我们探究是生物因素，还是社会因素决定了人的性征和性行为。生物本能主义认为，是先天遗传和生理因素决定了个体的性别角色行为、性别气质和对异性的吸引；继而社会生物学引进进化论解释进化和环境选择在性行为上的作用；社会建构主义则认为个体的性取向和性行为是在社会文化环境影响下后天教养而成的。

现代性学中也有基于自我观察的研究，例如发表《第二性》这本被赞誉为女性“圣经”的法国女哲学家和文学家西蒙·德·波伏瓦是一位双性恋者，她不仅与哲学家萨特保持了终生的异性爱恋关系，而且也与多位同性发生过恋情。在这本书“女性同性恋”一章中波伏瓦所发表的所有的女性都是“天生的同性恋”等惊世骇俗的观点与她自己的亲身经历和性取向无不具有极大的关系。

观察法的优点是使用方便，成本低，观察领域广泛；而缺点是观察法只能证明两个或多个变量之间具有现象学上的连带关系，但不能确定变项之间的因果关系。观察研究的基本原则是坚持观察的客观性和全面性，但事实上，由于受观察者的意向受个体内隐的价值观、兴趣、好恶，某些期待心理、刻板印象等因素的影响，进而影响观察结果的客观性和全面性，而导致出现观察员偏差（observer bias）问题。

（二）访谈研究法

访谈法（interview method）又称访问调查（interview survey），是指研究者通过与受访人面对面地进行交谈来了解受访人的心理和行为的研究方法。根据访谈进程的标准化程度，可分为结构型访谈和非结构型访谈。前者是指研究者依照预先拟定的访问提纲或表格逐项进行访谈调查；后者是指访谈内容较为自由和开放，无需按照某种固定的提纲和程序进行访谈的方式。

在20世纪60年代，美国生物学教授和性学家阿尔弗雷德·C. 金赛就是依靠面对面的结构式访谈法研究了近16 000多个案例的详细的性生活史，积累了大量极为珍贵的第一手口述资料，写出《男性性行为》和《女性性行为》两本轰动世界的性心理和性行为调查报告。

美国在20世纪90年代开展了一项关于国民性行为的最广泛的研究——《全民健康和社会生活调查》（NHSLS），该研究选聘了220名访谈经验丰富的人员协助调查，最终在全国有3 432名被试接受了访谈，回收率接近80%。该研究采用了随机抽样，访谈问卷经过多次交叉确认，问卷的信度、效度较高，其研究结果被整理成《性行为的社会组织》和《性在美国：一项权威性的研究》（1994），该研究被认为是到目前为止反映美国国民性行为和性态度的信度、效度较高的数据。几乎在同一时期，美国儿童健康和人类发展机构也开展了对2万名青少年的性行为的访谈调查研究。

访谈研究的优点是具有较好的灵活性和适应性，可以与研究对象进行全面的接触和系统的观察，既可以听音，也可以察色，在谈话过程中既可以提问，也可以观察被访问者的反应。所谓情绪溢于言表，喜形于色，都说明访谈方法除了可以收集到谈话内容上反映的信息之外，还可以观察到许多问卷、实验等方法了解不到的个性化的信息。因此，尤其适合于态度、认知、生活史等个性化问题的研究。访谈法的缺点是研究者要获取被访谈对象的充分信任，要花费较多的时间成本；访谈也可能因为研究者的态度、知识和语言交谈能力，以及人格特质等因素而影响到被访问者的情绪和反应，从而出现访员偏差（interview bias）；访谈调查与问卷调查一样，最大的共性问题是如何保证研究样本的正确抽样。最好的样本应该是较大的随机样本，但实际操作上却不容易做到，如金赛研究采用的是“方便抽样”，即访谈的对象是主动参加调查的自愿者，与那些不愿意参加调查的人在性态度、性生活经历和性行为上可能有很大的区别，所以，不能认为其研究的结论就适合所有的

一般人群。

（三）问卷调查法

问卷法（questionnaire method）是指通过由一系列问题构成的调查表收集被研究对象的资料，运用设计的标准和统计分析以测量人的心理和行为类型的研究方法。问卷是研究者按照一定目的而编制的一种调查的工具，编制问卷需要遵循严格的方法程序，并需要检验其效度和信度。根据被调查者回答问题形式的不同，问卷法主要有如下六种类型：①开放式或自由叙述式问卷：即不提供任何答案，而是让被调查者按自己的想法自由回答。②多重选择式问卷：让被调查者从提供的备选答案中选择出一个或几个选项。③封闭式或是否式问卷：即让被调查者以“是”或“否”二择一的方法回答选择备选的答案。④评定量表法问卷：让被调查者依照一定的标准对备选的答案进行选择。⑤确定顺序式问卷：让被调查者对备选的答案按一定的标准（如好恶或赞同与否等）做出顺序排列。⑥对偶比较式问卷：把调查项目组成两个一组让被调查者按一定的标准进行比较。上述不同的问卷类型各有其优点和不足，研究者可根据自己的研究目的、任务和被调查者的特点进行选择。

20 世纪七八十年代，性学问卷调查热门起来，专业记者莫顿·亨特（Morton Hunt）依据某基金会在美国 24 个城市随机抽样的电话问卷调查，出版了《七十年代的性行为》（1975）一书，报告了 982 名男性和 1 044 名女性关于性生活史和性态度的数据。1976 年美国性学家雪儿·海蒂（Shere Hite，1942—　）运用开放式问卷调查方法，调查了 3 019 名女性和 7 239 名男性，了解了被调查对象关于自慰、性高潮、阴道性交、阴蒂刺激、女同性恋等方面的看法，基于问卷资料她先后出版了《女人篇》和《男人篇》等性学研究报告，在美国引起强烈反响，这些报告迄今已被译成 18 种不同的文字。

问卷法简便易行，节省时间、经费和人力，能较快地获得大样本的研究资料，但被调查者常由于自我防卫、理解和记忆错误等因素的影响而可能对问题做出虚假或错误的回答，有时还存在着问卷的回收率低，样本的代表性和填写质量难以保证等不足。在问卷调查和访谈研究中，研究者关于人类性行为的假设会直接影响问卷题目的设计和提问方式，也会影响被试回答的方式。事实上，并不是所有的人都愿意参加性学方面的调查，即使是自愿者参加，也可能会出现夸大或隐瞒自己的真实态度和想法，存在着自愿者偏差和实际的反应偏差。

随着计算机和网络的普及，依靠网络收集个体的性信息和数据所进行的研究正成为一个正在发展的方法。但是，如何保证网络被调查者的真实性别和年龄，如何保证个人敏感信息的保密，如何避免志愿者偏差，以及如何保证获得的个人信息的准确性也是网络研究存在的问题。

（四）实验研究法

实验法（experimental method）是指在对某种条件或自变量（实验变项）进行控制的情境下，观察另一些变量（因变量）发生变化的情况，从而发现或求证变量之间的因果关系的一种研究方法。

美国内科医师威廉·豪威尔·马斯特斯（William Howell Masters，1915—2001）邀请了一位离婚的母亲——弗吉尼亚·伊夏尔曼·约翰逊（Virginia Eshelman Johnson，1925—　）与他一起合作研究夫妻间的性功能障碍。从1954年下来的10年间，马斯特斯和约翰逊用彩色胶片记录了694人的性活动和近1万次的性高潮反应，并同步记录了自愿参与实验者的心电图和脑电图。依据这些实验观察材料，他们先后出版了《人类的性反应》（1966）、《人类性功能障碍》（1970）等性学著作。马斯特斯和约翰逊不仅仅是研究的合作者，而且后来两人结成夫妻。他们不仅开创了运用实验研究方法研究性行为之先例，而且发展出针对男女性功能障碍的临床治疗技术。

实验研究的优点是可以严格控制实验条件，检验自变量和因变量之间的因果关系，从而为检验假设提供了有力的佐证。实验研究常需要借助某些仪器设备，使观察和记录更准确、更及时和方便。如马斯特斯和约翰逊利用发明的人造阴茎技术发现了人类性反应经历兴奋期、持续期、高潮期和消退期的四个阶段的模型。

实验研究的缺点是需要特别的实验设备和自愿参与的实验对象，实验设计和实验耗时多，因为性实验研究常涉及伦理道德问题而不易实施。此外，在人类实验中，可能由于受实验者本人态度、情绪、表情和语言沟通等因素的影响，而导致参与实验者的行为反应失真，会导致实验者偏向（experimenter bias），甚至因为实验室强烈的期待而导致自验预言（self-fulfilling prophecy）效应。

（五）个案研究与临床研究法

对特定的或典型的个体进行深度研究称之为个案研究（case method），例如理查德·冯·克拉夫特－艾宾利用在刑事法庭从事性犯罪者精神鉴定工

作的机会，研究了238个涉及性犯罪的性变态案例，基于这些案例研究，他出版了《性病态心理学》一书。案例研究是一种质性的实证研究，根据研究的目的，案例研究可以分为探索性研究，重点回答是什么（what）的问题；描述性研究，重点回答是谁（who）的问题；解释性研究，重点回答为什么（how，why）的问题。纳入案例研究的案例大多具有典型性和示范性，案例的数量虽然不多，但却透彻深入，具有较好的说理性。弗洛伊德与布洛伊尔仅仅依据安娜·O小姐一个病例就深入探讨了癔症的心理机制。弗洛伊德还依据对自己过去的梦境，以及若干典型梦例进行分析，回溯分析了梦的心理机制。

案例分析的优点是生动、具体，便于全面了解和分析个案的成长史和所有影响因素，缺点是案例也许只是个别，在个案中的发现不一定具有普遍性。

临床研究方法（clinical research method）是指借助医学仪器设备和生化、免疫等实验方法对个体样本的性生理和性功能、性行为进行观察、诊断和验证假设的研究方法。如用阴茎体积描记器、多普勒超声和热像仪等生理学技术可以灵敏地探测阴茎或阴道在性活动中的变化，评估阴茎或阴道壁血管内的血流量的增减状况，为分析和鉴定性功能障碍的原因提供证据；利用阴茎体积描记器、海绵体造影和阴茎动脉搏动描记法，可以记录阴茎在性唤起或丧失性唤起时的周长变化，勃起程度，有助于功能性和器质性阳痿的鉴别诊断，评估男性对特定兴趣点的性取向，或用于确定某种性治疗是否成功；我们还可以通过检测血中垂体分泌卵泡刺激素（FSH）、黄体生成素（LH）以及血清中雄激素和雌激素的水平，为阳痿、性功能低下、性取向障碍等症的诊断提供依据。

临床研究法包括原始研究和二次性研究，原始研究又分为观察性研究和实验性研究。在临床研究中，最重要的实验性研究是临床随机对照试验（RCT）。相对于观察性研究，RCT通过随机、双盲、安慰剂对照等严格设计，能更好地平衡各种已知的和未知的混杂因素，使各实验组的可比性更好。RCT将被试对象随机分为试验组和对照组，由研究者随机分配研究对象的暴露因素，其论证干预措施与结局的因果关系假说的能力最强，因此，性医学常将通过RCT得出的结果作为论证假设的一级证据。

个案研究与临床研究具有一定的关系，个案研究更注重一个典型样本的“质”的深入研究，而临床研究更显出与众多样本质相关的“量”的统计学分析的特点。往往在案例研究中发现的一些有价值的线索会成为临床观察研

究的起点。

临床研究的优点是可验证性和证实性较强，尤其适合于有生理、躯体等表现的性心理问题的研究。临床研究的缺点是不适合于许多纯粹的性心理问题的研究。

（六）文献研究法

文献研究法（literature research method）是指根据一定的研究目的，搜集、鉴别、整理文献，并通过对历史文献的研究形成对事实的科学认识的方法。文献是指记录个体活动、事件的一切载体，包括图书、报刊、会议资料、各种文件、各种音像视听、图片、图画等。利用历史文献资料可以研究人类的性生活史、性心理发展史、家庭与婚姻发展历史。事实上，最早的性学研究也只能依赖于历史文献，因为关于人类的性行为基本上没有直接的数据可查。大约在 19 世纪早期，开始出现了一些研究古希腊和古罗马时代的人类性生活的文献，德国医生伊文·布洛克（Iwan Block）是第一位把研究历史作为了解人类性活动的重要基础工作的开拓者，他首次提出了“性学”的概念。

20 世纪初，弗洛伊德通过比较希腊剧作家索福克勒斯《俄狄浦斯王》与文艺复兴时代的英国剧作家莎士比亚的《哈姆雷特》，19 世纪俄国作家陀思妥耶夫斯基的《卡拉马佐兄弟》三部文学剧作，发现了男孩对父亲充满“既爱又恨”的心理矛盾，即“俄狄浦斯情结”存在的证据。此外，弗洛伊德还从小说《格拉迪沃》中研究了幻觉与梦、潜意识的关系，称赞“作者以他那灵敏的感觉，捕捉到了在人类历史上的一个孤立事件与个体特殊的心理过程之间所具有的某种珍贵的相似”。他还通过研究达·芬奇的日记、传记等历史文献和他的画作，试图解释在达·芬奇的性生活和艺术活动中的抑制，论证他关于“一个艺术家创造出来的东西同时也是他的性欲的一种发泄”的观点。

文献研究方法的优点是可以超越时间和空间的限制，通过对古今中外文献的研究了解广泛的社会和个体的历史发展过程，文献研究是一种间接的、非介入性调查，研究者不必也不可能与被研究者进行当面接触，因此既是一种非常方便、自由、安全、受外界制约少，又是省时、省钱、效率高的调查方法。

米歇尔·福柯也是基于古典文献研究写出了《性经验史》（三卷，1976）这本具有革命性的性哲学著作。他认为，没有超脱历史条件和权力控

制的知识、性和快乐的概念。

文献研究是通过对文本的解释来还原原初创造文本的主体的精神，因此，如何准确解读文献常存在着较大的歧义。文献研究的缺点是当文献数量大时，不仅需要甄别文献记录信息的真伪，还有文字记录本身表达的词不达意或书不尽言的不足可能会影响研究者对历史真相的了解。

 2 性心理的发育与健康的性心理

君子之道，造端乎夫妇，及其至也，察乎天地。

——《中庸》

性心理的发展是个体整个心理机能的重要组成部分，甚至可以说是决定人格健康最基础的心理层面。人的今天是昨天的继续。《易经》里说："善不积，不足以成名，恶不积，不足以灭身。"健康的性心理也好，变态的性心理也好，都是由点点滴滴的行为事件和强化逐渐形成和发展起来的，正所谓"习以成性。"

一、性心理的发育

人的性心理并不是一成不变的，而是一个随着生理和年龄变化而不断发展的过程。如《孟子·万章上》早就已经记载了古人对个体性爱对象在一生中正常变化规律的认识："人少，则慕父母；知好色，则慕少艾；有妻子，则慕妻子。"如个体随着年龄的增长其爱欲的对象仍停留在某一阶段而不发生转移的话，就会出现性心理的停滞或性心理的变态。

性心理的发育、发展对于人格的形成，乃至整个心理健康都具有极其重要的意义。按照弗洛伊德学说来理解，心理发展的动力来自于性本能，追求性欲的满足就是心理发展的内驱力。他把与生存本能相联系，并用于推动机体的性需要的心理能量称之为力比多（libido）。在人的不同发展时期，力比多投放或聚集于身体的不同部位并因此表现出不同的性需求与满足的形式，弗洛伊德以此为标准，而将人的性心理发展历程划分为不同的阶段，并认为每一个阶段都有其特定的社会化的任务，如果社会化过程出现障碍（如中断、缩短、变异），将可能导致人格发育障碍，以及成为神经症等心理疾病

的内在根源。

（一）口腔期

在婴儿1岁以内的这一时期，婴幼儿通过吸吮母亲的乳房不仅满足对食物的需要，还因此得到快感和安全感。这一时期性表现的三大特征是："性快感的来源同身体中维持生命不可缺少的寻食功能密切相关；它尚不知有性的对象，是一种'自体享乐'；它的性目的受快感区的直接控制。"[①] 这一时期最大的心理危机是断奶。婴儿能否渡过断奶期间所带来的心理危机对以后性心理的发展具有重要的基础性影响。这一时期个体建立对自己、他人和环境的信任感。

如果这一时期的社会化有问题，个体成年后易形成对世界、对人际关系的不信任和怀疑态度，有对爱拒绝的倾向，亦害怕失去爱和信任，难与人建立起亲密的关系。对于孩子来说，断奶是一件痛苦的事情，他们会长时间地哭泣、吵闹，有些母亲不忍心看到孩子对断奶的这种反应，采取了将孩子送至祖父母处等断然不见孩子的措施。其实，这种做法可能导致孩子日后产生"害怕失去爱"的情结。不少孩子在这一时期还常常会出现吸吮自己手指的替代行为。对此，一些父母认为这是"不卫生行为"，因此采取了"残酷"的剥夺行为，或用苦涩的黄连，或用辣椒水涂抹在小孩的手指上，以惩戒孩子。按照弗洛伊德学说来理解，孩子在这一时期吸吮自己的手指，是对断奶后缺乏的安全感的替代行为，吸吮手指当然不能获得营养，而可获得经由口腔动作所带来的快乐和安全感，并以对抗断奶所引起的焦虑。因此，与惩戒孩子相反，父母应该更加关爱孩子才对。

（二）肛门期

在儿童1～3岁这一时期，儿童的快感区转移到了肛门区，求取满足所需的肌肉动作从吸吮变为排便。这一时期儿童心理发展的重要任务是获得独立性，发展自律性，接受大小便的控制等生活技能的训练，学习如何表达敌意等负向情绪。由于父母过分关照，自律性发展和适应环境的能力将受到抑制。精神分析学说认为，那种故意控制大便的孩子是顽劣的。他们将粪便憋住不排，其潜意识一方面在于用来刺激肛门区，以达到自慰的目的；另一方

---

① （奥）弗洛伊德. 性学与爱情心理学［M］. 罗生，译. 南昌：百花洲文艺出版社，1996：57.

面，也因在马桶上耗费时间而不愿按照父母或幼儿园老师的指令行动。精神衰弱的人常常便秘，而一切心理症患者也都毫无例外地有着特殊的排便习惯和方式。[①] 这可能提示这些人在用幼儿时期习惯的心理反应方式来对抗压力。

（三）性器官阶段

在儿童 3～5 岁的学前期，儿童的性别认同开始形成，对生殖器格外好奇，既喜欢展示自己的裸体，也对别人的生殖器好奇，对两性差异有浓厚兴趣。对父母异性一方产生爱恋情结。这一时期诸如羞涩心、厌恶感和道德感尚未建立起来，如果教育不当或存在着某些外界的“诱导”作用，那么，将可能导致儿童多种性反常现象的发生，从而把他们的性活动引向任何一种变态。[②]在这一时期，将孩子安排与父母分床睡尤其重要。因为孩子如果睡在父母身边，很有可能会无意中看到父母做爱的过程，而这对于尚未成熟的孩子来说，既感到新奇，又感到困惑，他们不明白其中的含义，甚至有可能将其误会为父亲在“欺负”母亲。父母性行为的情景既可能诱发孩子的性早熟，也可能导致日后出现窥视癖等性变态，或对产生性行为的厌恶。

（四）潜伏期

儿童 6～12 岁的学龄时期，个体对性的兴趣下降，开始发展对学校、游戏同伴、体育运动等新的兴趣，在老师的鼓励和与同学的比较竞争下培养起勤奋感，乐于学习、富有好奇心、有坚强的毅力等特征。如果这一时期社会化过程不良，会导致个体出现自卑感等消极的自我概念；在学习方面出现不适应；对批评常采取防卫性反应；性别角色认同出现障碍，对父母的依赖性强、缺乏主动进取精神。

（五）生殖期

在青少年 12～20 岁这一个既依赖又想独立的矛盾冲突的时期。性别角色和性别认同的矛盾冲突迅速膨胀，可能会有一种惊慌失措的情绪体验。通过综合各种影响和压力，最后建立自我认同感，成为一个独立的人并接纳自己。否则可能出现认同混淆和认同危机，没有一种稳定的自我认同感。

---

① （奥）弗洛伊德. 性学与爱情心理学［M］. 罗生，译. 南昌：百花洲文艺出版社，1996：61.

② （奥）弗洛伊德. 性学与爱情心理学［M］. 罗生，译. 南昌：百花洲文艺出版社，1996：64.

弗洛伊德认为，“男女性特征的明显分化始自青春期。分化的结果对以后人格的发展，与别的因素比较起来，有着决定性的影响”。这一时期的青年人在经济上尚未自立，社会生活等多方面还尚未脱离对家庭的依赖，其个体的性心理发展呈现出以下特点：

其一，性器官和性生理迅速发展与性心理尚未成熟的矛盾。从青春期到青年期是人的性器官和性生理发育最迅速的时期，男孩有了遗精，女孩出现了月经。男女生理发育已经基本完善，可以完成性交、受孕、生育、哺育等生殖功能。然而，这一时期的男女青年的性心理尚不成熟，表现在对性器官和性生理过程还充满着无知的好奇感和紧张的恐惧感；对异性的爱慕还具有生理的本能性和朦胧性的特点，在对性冲动的自制性，对性的审美情趣，性爱的技巧等多方面还存在着知识的盲区。

其二，对恋爱的热望与对异性心理了解不深的矛盾。进入了大学，高考的压力解除了，远离了父母的监控，闲暇的时间多了，大学生与异性接触交往的热情日渐高涨，恋爱出现了低龄化。现在，有不少大学生从低年级就开始谈恋爱了。可是，长期习惯以自我为中心的男女大学生对异性心理的了解并不深，不能共情理解对方的心理需求，在恋爱期间，双方常争吵、生气、发生矛盾，乃至于轻生、他杀等恶性事件时有发生。有调查表明，大学期间的恋爱以失败告终的多，毕业后最终走向婚姻的并不多。究其原因，除毕业后的诸多不稳定的因素影响之外，亦与对异性心理认识不足、难以磨合有关。正因如此，将所有异性都有的特点视为恋爱对方致命的缺点，或将所有异性的优势视为恋爱对象才拥有的可爱之处都是一种认识偏见。

其三，性的身心需求与社会规范和道德责任之间的矛盾。一个人从性生理成熟到进入合法的婚姻生活，一般需要经历 10 年左右的时间，虽然对性欲的满足是人的一种本能的需求，但大学期间的校规、社会舆论和大众习俗并不赞成青年学生的婚前性行为。这就出现了需求与满足、个人与社会、身心需求与社会规范之间的矛盾冲突。作为恋爱中的男女青年独处时常会产生强烈的相互吸引，发生相互爱抚、接吻、性交等满足性欲的性行为，但这些行为与他们所接受的传统教育和道德责任相违背，在其内心可能会引发道德焦虑。

其四，情感依赖较重，心理承受能力薄弱。现在的青年学生很多都是独生子女，一方面在日常生活中习惯了家人的呵护和关爱，另一方面又比较容易产生孤独感。因此，在其恋爱过程中常常显示出依赖心理，缺乏独立意识。同时，对对方的要求较多，而为对方付出和着想较少。

其五，开放的性观念和表现上的文饰性的矛盾。随着对外开放的发展以及互联网的普及，国外一些“性开放”“试婚”等观念对青年学生有着不可忽视的影响，现代青年学生们已经接受了较为开放的性观念，“男女授受不亲”和“贞操”等传统性道德观念淡化，也已经不再具有很强的行为约束力了。学生所接受的教育使他们在性问题上的态度、情感和行为表现都具有较明显的文饰性。拘谨、羞涩、保持沉默、故作严肃正是性压抑、文饰的表现。青年学生也常常处于理智与感情矛盾的旋涡中，在理性认识上认为自身应该保持贞操或希望对方要遵守传统理论道德，但在爱的激情下，又不愿受传统观念束缚，压抑自己的性欲。

其六，注重恋爱过程，轻视恋爱结果。现在相当一部分的青年学生恋爱时不再以婚姻为目标，在谈恋爱时并没有全身心投入，恋爱的动机和目的有多种多样。例如，有的是为了减轻学业和就业压力，有的是为了证明自己的魅力，有的是从众心理，甚至有一部分大学生抱着游戏爱情的心态，只追求恋爱的感觉，并不看重恋爱的结果。虽然注重恋爱过程，有利于双方相互了解、加深认识，有利于培养感情、增加相互间的心理磨合。但如果抱着只重视过程，将恋爱当作一种感情体验，及时行乐，寻求精神刺激，满足精神享受，填补课后的寂寞和心灵空虚，把恋爱当作是一种消遣，那其实质只是强调爱的权利而否定爱的责任的一种自私的观念和行为。

（六）中年期

孔子说：“吾十有五而志于学，三十而立，四十而不惑，五十而知天命，六十而耳顺，七十而从心所欲，不逾矩。”① 由此可见，即使在孔子时代，中年期亦是一个走向成熟、承受多种压力和面对许多困惑的时期。在家庭、事业、子女等多重关系的压力之下和生活事件的磨炼之中，中年人对爱情、婚姻逐渐有较现实的理解和认识。在性心理方面，中年人对婚姻内的性事兴趣逐渐减弱，性功能从鼎盛走向平缓或可能出现多种障碍，尤其容易出现职业倦怠、婚姻倦怠、婚外情等现象。维护家庭和谐，提高性生活质量成为中年时期性心理教育的重要内容。

（七）老年期

一般认为，60 岁以后为老年期，但随着社会的老年化进程，这一年龄界

① 《论语·为政》。

线将逐渐后移。老年人退休，社会角色的中断，尤其是子女因结婚、工作离家之后，老年人进入一个空巢期（empty nest）时，将出现较大的心境转变。据美国的一项研究显示，60～94岁的老人中至少有一半报告还有性的需求，但老年男性有性伴侣的比例远远高于女性。恩爱的老年夫妻对性的态度更为肯定和开放，甚至对性生活有更高的满意度。尽管晚年性生活对老年人有促进血液循环、控制体重、减少紧张、帮助睡眠、增进幸福感、提高生活满意度情感等多种益处，但不少老年人仍因为心脏病、脑血管疾病等身体问题而会压抑性需求。因此，性咨询对老年人来说是必要的，而且应强调性关系的质量而不是表现可以使老年人的性体验更为愉悦。①

性关系是人与人之间最基本的自然关系，性需求是人最基本的生命需求，性心理的满足是生活质量的基本内涵。性心理的发展与变化是一生一世的过程。

二、影响性心理发展的因素

无论是原始的或是发达的社会，对男人和女人的气质或性别角色都有一个基本的文化定义，即所谓的男子气质（masculinity）和女性气质（femininity）。如认为男子应该具备刚健、粗犷、坚强、精力充沛的气质，而女子应该温柔、含蓄、有韧性，同时也软弱和敏感。违背这些主流文化的角色期待的人通常会被认为是反常的或性变异的。然而，男女气质和性别角色的区别究竟是什么因素决定的呢？是生物因素，还是家庭教养或社会文化因素？

（一）性心理发展的生物基础

两性的生理差别是显而易见的，如果从生理的角度来看性别，两性的性别可以从以下五个方面加以分析界定：①染色体性别：即XX染色体为女性和XY染色体为男性。②生殖腺性别：即卵巢和睾丸的区别。③荷尔蒙性别：即雄性激素和雌性激素的区别。④内部附属生殖器官的性别：即子宫、输卵管和输精管、精囊的区别。⑤外生殖器官的性别：阴蒂、阴唇、阴道、阴茎和阴囊的区别。在大多数正常情况下，这些生理因素都是内在一致的，如男

---

① （美）埃托奥·布里奇斯. 女性心理学［M］. 苏彦捷，译. 北京：北京大学出版社，2003：284－285.

性染色体 XY 决定了一个男人具有睾丸、阴茎、雄性激素、胡须等特点，而 XX 决定了一个女人具有卵巢、阴道、雌激素、发达的乳房等特点。但是，由于发育过程的多因素性和复杂性，许多偶然的因素或环境影响都会导致上述因素不一致的情况出现，从而表现出多样的生理性别类型。如染色体排列的错乱情况可以是：只有一条 X，表现为很矮小的女性身材，可是卵巢没有功能或功能完全退化，称为特纳综合征（Turner's Syndrome）；当染色体表现为 XXX 时，表现为正常的女性身体，但生育能力低弱，且发生精神障碍的可能性较大。XYY 型时，为男子体型，身高异常，一般不能生育，甚至生殖器畸形；XXY 型也发育为男性体型，但阴茎发育不全，睾丸萎缩，雄性激素分泌量低，女性化乳房多见。这时称之为克阑费特综合征（Klinefelter's Syndrome）。身体的这些异常变化肯定会影响当事人的性心理及其对性别角色的认同。

即使基因正常，在胚胎发育的过程中，多种因素也可以导致性器官的发育和性生理功能出现异常。如一旦男胎儿的睾丸开始发育，它就会同时开始分泌一种抑制女性器官发育的物质，如果因为某种原因而导致没有分泌这种物质，那么这个男孩除了有正常的男性内外生殖器官之外，还会多生出女性的子宫和输卵管来。如果在女性胚胎的发育关键时期，因为某种原因（孕妇患了某种导致睾丸荷尔蒙过度产生的肿瘤）而使血液中出现了较多的睾丸荷尔蒙的话，该女孩就会出现阴蒂特别粗大的雄性化现象，甚至长出一个阴茎和没有睾丸的阴囊，常被人误以为是男孩。直到青春期，当事人出现月经时，性别才被最终被确认。

生理因素是性别意识的基础或起源，弗洛伊德认为，女孩子很早就有了“阳具羡慕”（penis envy），男孩子则有“被阉割的焦虑”（castration anxiety）的心理情结，说明男女两性生理的外观差异对儿童心理的影响深刻。

据一些人类学家的观察，某地区的一些男孩生下来就没有明显的男性外生殖器官，以致被当作女孩子抚养，可是到 12 岁青春期时，他们的阴囊和阴茎突然从平缝处破芽而出，同时也开始表现出男性的第二性征。这些孩子的绝大部分最终都选择了与生殖器相一致的性别认同。这些例子似乎提示生理因素“纠正了”儿童早期社会对他的另一种期待和养育方式的影响，最终决定了个体对性别的选择。

人的性心理活动受神经与内分泌因素的影响最大。如大脑腺垂体分泌的性腺激素以及性腺分泌的性腺激素，在男性为睾丸分泌的雄性激素，在女性为卵巢分泌的雌性激素。性激素有促进性器官发育、刺激副性征发育、维持

性欲的生理作用。男性阴茎勃起功能的反射基本中枢在脊髓骶段，但神经系统的高级部位对它有明显的抑制作用，尤其在人类大脑皮层的控制作用最为明显。在女性，卵巢的活动亦受下丘脑和腺垂体的调节。

柏曼（L. Berman）曾以内分泌腺功能优势为标准，把人的心理发展分为胸腺期（幼年）、松果腺期（童年）和性腺期（青年）。性激素在青春期处于高峰，因此这一时期的性心理亦额外活跃。性腺对性心理的影响为实验和一些特殊的社会经验所证明。如男女性腺在成年之后再除去，便不会对这个人的性心理产生太大的影响，而在青春期之前除去性腺则将对性心理产生重要的影响。中国古时的太监和泰国的人妖都是由人为地改变其性激素水平所造成的悲剧结果。

人的性心理还受自我体像知觉的影响。临床上可见，一些男性对自己的身高、肌肉的强壮、性器官或副性征发育的情况很在乎，而女性则对胸、腰、臀“三围”比例以及相貌、乳房发育情况很在意，如不满意则会产生自卑，甚至劣等感，从而表现出不愿意与异性交往、惧怕结婚、社交恐惧等心理障碍。

（二）性心理发展的社会文化因素

生理性别的差异显然不能解释实际生活中的“大丈夫”和“弱女子”的性属行为模式和性别角色社会分工领域的不同。如果说性别主要是一种生理特征的话，那么，性属（gender）就是指体现男子气质和女性气质的个人特征，在本质上它是社会文化对男女个性心理与行为的一种约定俗成的规定，而性别角色则是男女在社会生活中实际表现出的行为模式和担负的社会责任和义务。

一个人对自己性属的认同是性自我意识中的主要内容。如一个男子可以把自己看成为一个雄心勃勃的商人，或者是一个温文尔雅的学者，一个柔弱娇气的小白脸，甚至幻想自己就是一个女人。同样，一个女人也可以将自己视为是一个温顺的小鸟伊人，也可以视为是勇敢的、容易冲动的“假小子”。对于大多数人而言，性别、性属以及性属的自我认同和性角色是一致的或同义的，也是与父母或社会的期望一致的。有不少学者认为，性属自我认同在出生时其实是中性的，完全受其后的社会化的影响。如果因为某种教养原因，导致个体对自己的性属认同产生困惑或困难，那么，就会出现性属焦虑症者（gender dysphoric individuals）的现象，如易装癖者、易性症和同性恋者等。可见，人类的性心理也受社会文化的塑造。人类的性与动物的性最大的不同是人类的性具有生物、心理和社会三个层面的丰富内涵。

性属自我认同与性别角色的内化主要起源于童年期社会化过程，与生物性别并无必然的联系。例如，在传统中国社会的主流文化中，“男主外，女主内”是一种基本的社会化模式，但如果某个家庭由于缺乏女性成员，一个男性成员可能在家会扮演家庭主妇的角色；相反，一个缺乏男性成员的家庭，女性成员也可能在外表现出一个男性的角色。在同性恋中，往往其中一方会异化并扮演为一个异性的社会角色。可见，男女的性别角色、性属认同可能出现与生物特征不一致的情况。

每个人都是被社会文化塑造的人，一定社会中的性文化观念、性道德、性行为方式对个体的性心理发展具有深刻的影响。例如，对待手淫、堕胎、避孕、同性恋等与性有关的事情，世界上不同时期的文化具有不同的态度。[①]不同的民族有不同的性文化传统，对本民族成员的性观念和性行为亦具有深刻的影响。

在社会文化中，传媒对人们的性态度和性生活方式具有重要的影响。黄色书刊和光碟作为一种不良的性刺激，常常是导致一些青少年性犯罪或罪错的诱因。但调查表明[②]，当代大学生中想看“性交细节描写”的文艺作品或光碟的人数比例还高达64%～78%。这提示当代大学生的性观念在相当程度上受到传媒和文艺作品的影响。性心理发展的本质是用社会文化的要求塑造、约束和规范生物本能的冲动，用理性约束非理性的艰辛过程。

（三）父母的教养方式与家庭环境

家庭教育对孩子的性心理发展具有关键性的影响。首先是父母对性的一般态度和相应表现出来的教养方式。如果父母对一切有关性的事物和行为的评价是自然的、非极端的，对孩子的性教育是民主和平等的，那么孩子的性态度一般也是平和自然的和正常的。如果父母对有关性的评价是批评、否定的，对孩子的性教育是严厉和保守的，那么孩子可能形成性是罪恶，对性产生敌视的态度。其次是父母对待孩子性别的态度对男女孩子的性心理发展的影响。如果父母具有浓厚的“重男轻女”的思想，女孩将容易形成自卑、自怜的情结；如果父母溺爱异性的孩子则又可能促使孩子形成依恋父母的俄狄浦斯情结（Oedipus complex）。不当的家庭教养方式还可能促使孩子的性早

---

① （美）布洛．性态度［M］．戚坚卫，译．台北：桂冠图书股份有限公司，2000.

② 潘绥铭，曾静．中国当代大学生性观念与性行为［M］．北京：商务印书馆，2000：210.

熟，而“性早熟则可能导致高级的心智能力在日后难以控制性本能”①。

（四）偶然事件的影响

弗洛伊德认为，在家庭和社会境遇中，“个人在儿童期和成年期内所经历的某些偶然事件，必定也会对性的发展产生一定的影响”。例如，性的游戏、遭受性强暴等性的伤害、偶然看到性交的场面、色情片的刺激、父母在性方面的罪错行为的影响等。经验表明，孩子的性早熟与成人的拔苗助长有一定的关系。如给孩子盲目进补保健品，可引起孩子血液中激素水平上升，孩子肥胖和性早熟；幼儿园、小学的老师给小朋友开“速配”的玩笑；在孩子面前讲小孩不宜听的“荤段子”；让孩子表演成人情爱节目或学唱情歌；让孩子跟随大人一起看成人电视等行为，都可能使孩子过早接受有关性内容的信息，促发孩子大脑促性激素和性腺激素的分泌，导致性早熟。

孩子在生活中的观察学习、受到的强化与惩罚，玩过的亲子游戏都可能对孩子未来的性心理发展带来不可忽视的影响。如一个男生小时候经常骑在妈妈的背上玩“骑马马”，以后渐渐迷上这种可以带来莫名快感的游戏。进入青春期后，在性生理迅速发展的基础上，性满足方式发展出现心理变异，即每当出现性冲动时便会想到小时候骑在妈妈身上的那种快感，并用叠高的枕头进行自慰，童年的嬉戏竟然成了成年后性生活怪癖的根源。

三、男女性心理的差异

男性与女性之间究竟在智力和社会行为上是否存在着本质的差异？一直以来就有两种完全不同的观点：一种观点认为，男性和女性在智力和社会行为上基本是相似一致的。即使存在着某些差异，也不是生物学的结果，而是由社会化引起的，这种取向称之为β偏差（beta bias）。另一种观点则认为，男性和女性的确存在着由个体内部生物学特征所导致的差异，这种观点取向称之为α偏差（alpha bias）。女权主义认为，男女差异是由个体应该怎样行为的文化期待所导致的。② 换言之，任何行为和角色的性别差异都不是与生俱来的，而是由许多人际的、文化的和社会的力量所建构的，可称之为性别的社会建构（social construction of gender）。无论对男女两性的差异的来源和

① （奥）弗洛伊德. 性学与爱情心理学［M］. 罗生，译. 南昌：百花洲文艺出版社，1996：107.

② （美）埃托奥·布里奇斯. 女性心理学［M］. 苏彦捷，译. 北京：北京大学出版社，2003：2.

本质有怎样不同的意见，但男女两性心理呈现出多层面的不同确是一个不争的事实。

了解两性的这种差异是性心理教育中的主要内容，是保持正常两性交往和建立良好婚姻的基础。据调查表明①，大约有 73% 的本科生对异性的性心理了解较少或者完全不知道。事实上，婚前对异性心理了解不够正是婚后家庭冲突的重要原因之一。就中国社会主流文化而言，对男女性心理的差异可以做如下概括性的描述：

（一）需求心理方面的差异

女性更需要被人关心、被人了解、被人尊重、被人认同和被人追求，希望异性对其忠诚；女人生病时爱呻吟，显得特别痛苦和脆弱，期望被人照顾和问候。男人生病时则倾向于隐瞒或淡化疾病的事实或严重程度，他们潜意识地想要证明自己面对困难的勇气，他们更需要被人信任，被人接受，被人（尤其是被女人）感激、赞赏和肯定，因为这样不仅能凸显男人在人群中的重要价值，亦是男人自觉比女人优越的地方。

（二）思维方面的差异

女性的思维特点是凭感觉、直觉来判断事件和人事，好似艺术家；女人动则喜欢分析，爱上纲上线，编造故事，好自比为侦探家或小说家，善于多变，喜欢具体事物，易依赖和顺从众人的意见，遇到困难时，因不知所措而需要更多的表达。男性的思维特点是讲求逻辑推理和论证，喜欢运用综合的方法来研究事件和人物，喜欢抽象事物的本质，自比作哲学家，喜欢事物的稳定和运行的规则，爱发号施令，统治别人，评论时事政治事件，自以为是政治家，遇到问题时不喜欢张扬而倾向沉默思考。

（三）情感和个性方面的差异

男性典型的特点是情感内向、务实、豁达、忍让、勇敢、果断、刚毅、易妥协，但较粗心大意、易冲动、态度粗暴。女性的特点是情感外向、爱叨唠、感情细腻、多愁善感、勤奋、有恒心和耐心、性格相对柔弱顺从，但情感脆弱、易哭泣，生气时希望被男人呵护。

---

① 潘绥铭，曾静. 中国当代大学生性观念与性行为［M］. 北京：商务印书馆，2000：249.

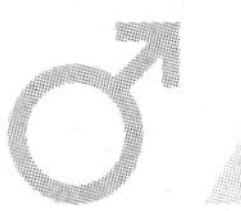

（四）生活习惯方面的差异

日常生活方式是个体心理需求与特征的投射。女性在生活中爱整洁、衣着漂亮、有秩序，抱怨丈夫不爱清洁是丈夫同样抱怨的2.6倍，在时装、美容上的消费相对男性较大；男性在生活上的随意性较大，对舒适的要求大于对形象的关注，在抽烟、喝酒、交友应酬方面的消费较女性为多，但一般而言，家庭中丈夫个人的消费大于妻子。

（五）恋爱行为中的差异①

1. 求爱定律：男人追求女人，如隔着一座山——艰难；女人追求男人，如隔着一层纸——容易。尽管如此，实际生活中男人往往能追到他喜欢的女人，而女人却不一定能得到她爱恋的男人，原因是：男人不怕翻山越岭，女人却怕伤了手指头。男人秉承了雄性动物对性伴侣的勇敢和执着的追求特性，而女人却进化出更害羞、小气的人性。

2. 初坠情网定律：女人姣好的长相，使男人迅速坠入情网；而男人的甜言蜜语使女人乐于被拉下爱河。男人之所以用眼睛来恋爱，是因为女人天生就更漂亮和更爱打扮，而女人之所以用耳朵来听爱的声音，是因为男人多产话语而又藏不住。

3. 初恋定律：男人是用火做的，所以热烈和阳刚，来得快去得也迅速，在燃烧中拥抱爱的烈焰；女人是水做的，爱得柔和，缓慢地渗透，在平静的流淌中品尝爱的甜蜜。

4. 热恋定律：男人热恋时为了要进入宝库有用不完的聪明；而女人热恋时却易变得愚蠢可爱，因为她的宝藏以为被人赏识才具有价值。

5. 情人定律：男人想当女人的初恋情人，因为他要第一个占有；女人想做男人最后的情人，因为她只想要最后的胜利。

6. 考验定律：男人考验女人的方法是远走高飞，因为他要看看这个伴侣能不能随他远征；女人考验男人的方式是约会迟到，她要看看他有没有耐心忍受她磨蹭。

7. 目的定律：男人为结婚而恋爱，因为这样就可以获得经济的、稳定的性；女人为爱情而结婚，因为这样才能有一个属于自己的家。女人为了与男人的关系而奉献性，以为这样才可以牵住男人的心，男人却因为有了与女

---

① 根据http：//joke. tom. com. 笑话论坛改写。

人的关系而得到性，以为这样女人才是心甘情愿的。女人产生性欲要有理由，因为她是为了满足情感，而男人只要有地方就行，因为他只需要解决生理上的饥渴。[①]

8. 结婚定律：女人想早点结婚，以为这等于提早买了保险；男人想迟点结婚，认为这等于炒股票，总以为可能还有增值的机会。男人结婚是因为无聊，因为他不想再东奔西跑；女人结婚则是因为好奇，因为不知道家里面还有些什么东西新鲜。结果双方都很失望：男人跑得更勤了，女人除了油盐酱醋什么也没发现。

9. 夫妻定律：父亲、兄长、弟弟；母亲、姐姐、妹妹，需要什么时就变成什么角色的样子来。因为家庭就是一个舞台，却只有两个演员，而那时观众还没有出生。

10. 婚前婚后定律：婚前男人说："你是我的一切。"女人会说："我属于你。"婚后男人会说："我是你的一切。"女人会说："你属于我。"这是出售商品时商家和顾客之间经典对话的复制品。女人怕离婚是因为已经付出的青春代价太高；男人不想离婚是因为吝啬付出的成本会很高。

如果说生理决定心理的话，那么，"男女之间只要结构上与生理上有一天不同，心理上也就一天不会一样"[②]。正是这种差异导致了社会普遍存在的性别刻板定型（gender stereotypes）。虽然如此，但我们不要以为男女性心理之间有什么本质上的不同，毕竟彼此遗传到的总是人类的基本共性，两性的差异也不是一成不变的。事实上，双性现象已经成为现代青年的一种新的时尚。

四、健康的性心理

人，不仅需要健全的性器官，完好的性功能，而且更需要健康的性心理和性行为。一般来说，健康的性心理需要满足如下标准：

（一）认同与悦纳自己的生理性别

健康的人应该高兴地接受生而如此的生理性别，即男性应具有男性意识，女性应具有女性意识，无性别认同紊乱，不怨恨自己的性别。易装癖、

① （美）史密斯．把压力当早餐［M］．江品轩，译．上海：上海译文出版社，2003：70－72．

② （英）霭理士．性心理学［M］．潘光旦，译．北京：商务印书馆，1997：469．

易性癖者即违背了这一条准则。从表面上看，我们大多数成年人都已经平静地接受了自己既成的性别，但是一项有趣的调查表明，有40%的人在上网与人沟通时却更换了自己的性别。还有一项调查的题目是这样的："假如有一项高科技方法可以帮助人更改性别的话，你是否愿意更改自己的性别?"调查结果显示，有相当多的人表示愿意更改自己目前的性别，提示他们并不认为自己的性别有何优势。

（二）为异性相吸并能与异性和谐相处

性爱对象如何是衡量性心理正常与否的重要指标。健康的人除非对人类相应年龄的异性外，不对其他生物或物品有性的兴趣和不与其发生性爱关系，亦不应是有血缘关系的亲属。恋兽癖、同性恋、乱伦即违背了这一条准则。此外，有些人虽然能与异性结合，但两人之间的年龄差距超过通常两代人的年龄，如一个20～30岁的女性（男性），嫁给或娶了一个60～80岁的男性（或女性）。虽然这种婚配并没有违反法律，但却有悖于人的生理、心理和社会常理。从心理学上分析，这类人常有较强的恋父或恋母情结，实际上，他们是不自觉地依照这种潜意识情结在寻找配偶。从弗洛伊德的观点来看，虽然每个人在幼年时期或多或少都有些恋父或恋母情结，但成年后应该摆脱这种情结，才能发展出健康的性爱。

据新华社报道，2008年4月奥地利警方破获了一起奇案：奥地利东部小镇阿姆斯太腾一名叫约瑟夫·弗莱茨勒的73岁的男子囚禁自己的女儿24年，并乱伦生下7个子女。据犯罪人供认，他之所以囚禁女儿是为了"保护"她免遭外部世界的伤害，后来想与她发生性关系的欲望越来越强烈。他虽知道自己正在伤害自己的女儿，但就像上了瘾一样不能停止。然而，这样一位可怕的乱伦者在邻居眼中却是一个有妻子、孙女，平时衣着体面、亲切友好、乐于助人的退休老人。由此可见，乱伦其实也往往隐含着某种心理变态。

（三）有与年龄变化相一致的性欲和性反应

人的性心理与性生理状况有密切的联系。在青春期，人的性生理处于蓬勃发展的阶段，性兴奋的阈值低，性冲动也因而频繁和强烈，能引起性冲动的对象广泛。但随着时间的推移，性对象的选择性或专一性越来越强。正如《孟子·万章上》所说："人少，则慕父母；知好色，则慕少艾；有妻子，则慕妻子。"

健康的人懂得如何在不违法的前提下有理智地满足和实现自己的性欲，而不是一味地压抑自己自然而然兴起的性冲动。随着卵巢功能或睾丸功能的衰退，男女进入更年期，人的性欲和性功能开始下降，男女性生活的活跃程度随年龄增长而下降，健康的人能接受这种自然的增龄变化而不会感到沮丧。

（四）有社会责任感地承担自己的性行为带来的后果

性行为可能带来怀孕、流产、道德、名誉、法律等问题，因此，成熟的成年人应该充分考虑到自己的性行为将带来的一切相关的后果，并能有社会责任感地承担和处理这些问题，尤其是男性应该有责任保护女性的权益。

（五）性生活符合双方自愿、平等、科学、卫生的原则

正确的性行为与和谐的感受来源于健康的性心理，而健康的性心理需要文明、科学、卫生的性爱方式与方法，是知、情、意的有机统一。成熟的性行为应该发生在婚姻前提下，而且是双方自愿的（而未经一方同意而强行的性行为可以称之为“婚内强奸”），正确和谐的性爱的方式应该是使双方都愉悦的，对性的享受是平等的；一般以性器官活动为中心，符合卫生要求的，没有传染性疾病，性行为方法和做爱频率不会有损于身体健康，相互的感受是和谐美满的。正如霭理士认为的那样，“凡属对于夫妇双方能增加满足与解除欲念的一切行为与方式，全都是好的、对的，而且是十足的正常的；唯一除外的条件是，只要这种行为与方式不引起身心两方面的创伤。”[①] 可以说，男女之间的性行为从求爱前的准备，到性行为的姿势和做爱的过程就是一种爱的艺术。

（六）性动机合法、合情、合理

食与色是人类及一般动物最初始的基本冲动。霭理士形象地说：“性冲动是一些强烈的酵母的作用所产生的一种动力。”“性爱的人格是建筑在一个三边有密切联系的三角上的，这三边是大脑、内分泌和自主神经机构。”[②] 从生理卫生的角度来看，健康的性心理首先是源自身体自然的性冲动的积欲，

---

① （英）霭理士．性心理学［M］．潘光旦，译．北京：商务印书馆，1997：479.
② （英）霭理士．性心理学［M］．潘光旦，译．北京：商务印书馆，1997：493.

而不是靠意志的或故意的或来自色情挑逗的行为，那可能是违心的或违背生理需求的。换言之，健康的性心理需求与健康的性生理需求是一致的。人的性行为的发动既受性激素等生理因素的影响，也是一个自觉策划的、有目的和受其他动机驱动的心理过程。简而言之，从积欲到解欲的过程中，合理的性动机应该是：性对象合法、性需求适度、性欲合情；性行为建立在爱情的基础上，是相互愉悦的，是相互忠诚的和符合社会道德，不伤害或奴役别人的；而且性行为不涉及任何利益交换。概而言之，正确的性行为是情、理、法三者的统一。嫖娼和卖淫都是违反这一性健康原则的行为。

（七）排他与忠诚

这一标准是指性爱在精神上的和行为上的专一性。不仅在性意识上要求爱不能“脚踏两只船”，在性行为上也要求不能有多个性伴侣和不洁性行为。此外在性行为环境上也要求保证隐秘性，确保不会被任何人打搅和窥视。滥交者、被窥视癖就是违背了这一性健康原则的变异。

五、人类性行为的特点

人类性行为是一个复杂的过程，其构成要素既有生物的动力因素，也有心理的满足因素和社会的制约因素。人类性行为的基本特点是：

（一）普遍性

现实中的人是有性别的个体，费尔巴哈说得好：“谁不属于任何的性，谁就不属于任何的类——性别乃是联结个体与类的脐带。”换言之，一个人只要承认自己属于人类中的普通一员，也就不会否认自己需要一种符合性别规定性的生活。“不婚的——一般地，禁欲的——生活，乃是通往不死的上天生活的捷径，因为，天国不外就是超自然的、摆脱了类的、无性的、绝对主观的生活。”①

人类的共性乃是人的本质。具有某些性行为模式、性心理和性行为的社会形式与规定性是所有民族和个体都是普遍存在的共性，性行为既是人类自身生产的需要，也是心理快乐与满足的需要，这是古今中外概莫能外的规律。人类学家认为，人类性文明进步的历史就是发明各种文化仪式来摆脱动

---

① （德）费尔巴哈．基督教的本质［M］．荣震华，译．北京：商务印书馆，1994：228.

物的野蛮状况的历史，“无论哪一个民族，不管多么粗野，在任何人类活动之中没有哪一种比起宗教、结婚和埋葬还要更精细、更隆重”。在文明历史上，婚礼“是一种贞洁的肉体结合，在对某个神的畏惧之下来完成的”。在婚姻形式下的人类性行为是人类文明建立的基础，也被认为是人类学的头等重要的原则。①

（二）功能的多样性

相信原始人类的性行为与动物没有什么区别，只是为了生殖、繁衍后代，壮大家族。随着经济与文明的发展，人类逐渐在性行为和婚姻中增加了感情、政治、经济的色彩，性行为成了经济、政治等利益交换的手段。为了性而恋爱，为表达爱情而讴歌；为了争夺或占有心仪的性对象甚至一掷千金或发生暴力；婚姻成了政治联盟的常见象征；为了生存和金钱不惜出卖自己的肉体和灵魂……性几乎成了无孔不入的、价值无限的、功能多样化的商品。

（三）排他性

在动物世界里，雄性动物为了争夺与雌性的交配权，常常会发生剧烈的搏斗，说明性行为具有排他性并非起源于人类文明，也非人类所独有。不过人类关于性文明发展的历史的确是将排他性放在首要位置的。据说禁止乱伦的习惯就是人类最早发明的法律规范之一，从某种意义上说，禁止乱伦除了优生学上的生物性意义之外，主要的就是社会上的和心理上实现对性对象独占性的满足。古希腊神话中男人拖曳女人的绳子变成了较文明的象征——结婚戒指，但它透射的是男人对女人的占有和婚姻排他性的心路历程。性经济学的观点认为，可以赋予爱情一种精确的经济学含义：“爱情就是为另一个人的独一无二的特点所吸引，这个特点根据定义就不可能在任何其他人身上发现并替代。”②

（四）隐秘性

与排他性紧密联系在一起的另一个特点是人类性行为的隐秘性。人类学家认为，在人类性行为演化的历史中，早期人类对天帝还有一种致命的恐

---

① （意）维柯．新科学：上［M］．朱光潜，译．北京：商务印书馆，1989：258－259.

② （美）理查德·A．波斯纳．性与理性［M］．苏力，译．北京：中国政法大学出版社，2002：155.

惧，不敢在光天化日之下发泄野兽般的淫欲，于是，“每一个男人就要把一个女人拖到他的岩洞里，让她留在那里和他结成终身伴侣。因此，人间爱情的动作是在遮掩下进行的，也就是说，是带着羞耻进行的。这种羞耻之心，次于宗教，就是保持各民族团结的第二条纽带，正如无耻和不虔敬会毁灭他们一样”①。罗马帝国时期，性行为的隐秘与害羞性遭到破坏，结果因此葬送了罗马帝国。当人类自我意识高度发达之后，人类的自尊维护着性行为的隐秘性，同样，谈论到或看到别人的性行为时也会感到害羞。对人类性行为保持隐秘与害羞是现代文明人必要的特征，无论对于性的美感、心理上的吸引力和避免对未成年人过早的引诱，保持性行为的隐秘与害羞都是非常重要的文明规则。

（五）责任与义务

性行为不是一个瞬间即逝的过程，而是一个将带来多种可能结果的开始。在古希腊神话中，天后脚上系的那块石头就象征着婚姻的稳定性，古罗马人说婚姻是“终身的不间断的结合”，夫妻是“命运的分享者”，因此，人应该对自己性行为所造成的一切后果和婚姻缔约的一生责任与义务负责。这不仅意味着要面对和承担从性行为开始的有关名声的、后代的、病患的、道德的、抚养的、教育的等各种问题的责任和义务，还意味着约定与对方走过一生一世。观察表明，不少动物在哺乳后代的期间，雄性和雌性也能做到同心协力，各负其责。因此，要求人类性行为和婚姻具有责任感并非过高的要求，而不像有些人认为的那样，责任与义务是对人性的压抑和束缚。人类应该提升这种责任与义务感，而不是找借口放弃。儒家经典《中庸》里说得好：“君子之道，造端乎夫妇，及其至也，察乎天地。”这与西方人认为婚姻是一座学校，人们在这里学习重大的德行的最初基础的思想是一致的。

（六）社会文化性

如果说动物的性行为只受自然环境影响的话，那么，人的性行为还受社会文化的制约和影响。马克思说，人类的本质是社会关系的总和，因此，人类的性行为不仅是生物性的，还应具有不能侵害他人利益和伤害他人感情的伦理性，遵守社会规范的社会性特点。为此，各民族和各种类型的社会都制定了规范人类性行为和婚姻的法律。不合法的性行为和婚姻是个体对社会规

---

① （意）维柯. 新科学：上［M］. 朱光潜，译. 北京：商务印书馆，1989：259.

范的越轨行为，当然会遭到社会的道德谴责和法律制裁。此外，人类的性行为方式呈现出的多样性并不是出于自然生殖的需要，而是受文化影响而形成以及由文化赋予和解释其行为意义的。

（七）意义与价值

虽然人和动物都有性行为，但只有人类才会对性行为和婚姻赋予美好的意义。裴多菲的诗句“生命诚可贵，爱情价更高”生动地说明了人类的性行为被赋予了浓厚的美感和价值负荷。如果说禁欲、制欲是宗教道德之律的话，[①] 那么，赋予爱情、性和婚姻以美好意义和神圣性的便是普通世俗人的伦理，虽然它世俗，但它却带来幸福和健康。

（八）持续性

动物性行为的目的几乎只是生殖性的，为了提高新生幼仔的生存率，动物只在合适的时候性交和生育，而人类在一年中的性行为频率几乎无季节性差别。这不仅可能与人类性行为的非生殖性目的和节育技术的发明有关，而且与人类性行为精神化和人类自己发明的各种性文化刺激有关。

（九）女性性高潮

与动物以生殖为目的的短暂性性交不同，人类已经将性行为变成了一种男女缠缠绵绵的精神享受的性文化，甚至可以称之为一种高深的艺术，如在中国古代叫作“房中术”。一方面由于男性延长了性交的时间，增加了对女性生殖器官的刺激，为缓慢激发的女性性高潮的到来提供了可能；另一方面，女性性意识的开放和对性爱过程的积极参与是女性性高潮出现的主观条件。因此，男性阳痿、早泄或女性压抑自己都不可能造就女性的性高潮。

女性性高潮是一种与男性射精体验对等的，存在与女性性交过程中的短暂的兴奋至极的快乐的高峰体验，并伴随相应的生理变化。女性性高潮的出现是女性充分享受到性快乐的可靠标志，是衡量女性性生活质量高低的主要指标。弗洛伊德甚至认为，女性长期缺乏性高潮体验可能是患焦虑症重要的病因学原因。

---

① （德）费尔巴哈．基督教的本质［M］．荣震华，译．北京：商务印书馆，1994：219.

（十）性生活中手的运用

“手不仅是劳动的器官，它还是劳动的产物。”① 人手的高度灵巧性“以愈来愈新的方式运用于新的愈来愈复杂的动作”，这些动作不仅包括绘画雕刻、弹奏钢琴，还有性的爱抚和性交行为，这是人类性行为发展出多样性的重要生理基础。

六、性生活的健康效能

古人说：“食色，性也。”性欲的满足是人的基本需要，是幸福生活的基本内涵。正常的性生活对于维持人的身心健康具有重要的作用。

（一）体能锻炼

性生活时心率可加快至每分钟 170 次，性生活 10 分钟可消耗体内能量约 200 千卡，相当于短跑比赛时的心率和热耗，不仅有益于心肌锻炼，对腿部、腹部、臀部肌肉，活动关节与四肢，也有很好的锻炼效果。

（二）延缓衰老和延长寿命

适度的性生活可以使女性卵巢功能和男性睾丸功能保持活力，推迟更年期的到来，而性激素的水平对于维持人的整体生理机能和精神面貌尤其重要。性生活可延缓胸腺的退化，提高老年人的免疫能力。观察表明，性生活正常的老人比独居的老人精力更旺盛，记忆力也较强。资料表明，夫妻生活不协调的男人寿命会缩短约 12 年，女人缩短 6 年；单身男女的寿命也比已婚者短 10 年左右。

（三）消除紧张和焦虑

性爱可以使人的一切躁动复归安静。尼采曾代表男性这样赞美性爱：“男人认为，他那较优秀的自我就安住在女人身上。在这宁静的温柔乡，喧嚣无比的魅力和至强的效应，用哲人的话来说，乃是向远处的辐射力。”② 性高潮过后，紧张激动的精神即可松弛，肌肉得以舒展，当事人感到非常疲

---

① （德）恩格斯．自然辩证法［M］．北京：人民出版社，1984：150.

② （德）尼采．快乐的知识［M］．黄明嘉，译．北京：中央编译出版社，2001：63.

倦，原先的紧张和焦虑一扫而空。相反，如果强烈的性欲望和性冲动得不到适当的满足时，或性生活常不尽兴，都可能会导致当事人会乱发脾气，焦虑不安，头痛烦躁，无心工作。

经验表明，和谐满意的性生活可以促进人的安然入睡，而缺少性生活或性生活不满意容易使人失眠，这种情况在女性中尤为常见。

（四）美容

经验告诉人们，性生活美满的人更美丽。因为性生活可以促进全身的有氧运动，爱抚可以刺激皮肤的毛细血管中血液循环加速，使皮肤变得更加柔软润滑，面颊因为兴奋充血变得红润美丽，效果与按摩相当，而且因为性生活调动了内分泌因素而与外部按摩不一样，因此这种美丽是从内而外的。另外，和谐的性生活可以提高女性的魅力和幸福感。

（五）减少某些疾病的发病率

据调查研究报告，性生活可以减少女性乳腺癌的发生率，性生活和谐的男女所患心脑血管性疾病、内分泌疾病、精神性疾病等的发病率都低于缺乏“性福”的人。精液在阴道内有杀菌清洁的功能，有助于女性生殖道的健康。有文献报道，终身不娶的或禁欲的男人，容易得前列腺癌。

七、性权利

性既是人和动物的基本天性，也是人的一项基本权利。性的健康发展和满足无论对于个人的幸福、家庭美满和个人与社会的和谐都是必需的。1999年国际性协会（World Association for Sexology，WAS）这个世界性的学术联合组织在14届年会议上通过了人类历史上的第一个性权宣言。这部宣言认为，既然健康是一项基本人权，那么性健康也是一项基本人权。性健康是人类所处的所有社会环境，认可、尊重和运用这些性权利的结果。性权利包括：①

1. 性自由权。性自由权是指个人有权表达自己的性潜能的权利，而不允许任何形式的性强迫、性剥削和性虐待。

---

① （美）格雷·F. 凯利. 性心理学. 8版［M］. 耿文秀，等，译. 上海：上海人民出版社，2011：205.

2. 性自主、性完整和性系统的安全权。这是指在社会道德和法律规范下，个人有对自己的性活动做出自主决定、自我控制和愉悦自己身体的权利。

3. 性隐私权。它指个体既有责任和义务不让自己的性行为暴露给他人，也不侵犯他人的性权利。

4. 性平等权。它指不能因为性别、性取向、年龄、种族、社会地位、宗教信仰、身体残疾等方面存在差异而有任何形式的性歧视。

5. 性快乐权。它指个体有权享受自体性性行为在内的性生理和性心理的快乐。

6. 情感方式的性表达权。它指个体有采取适当的形式表达自己情欲的权利。

7. 自由的性结合权。这是指个体有权结婚或不结婚，有权离婚和建立其他负责任的性爱关系的权利。

8. 做出自由和负责任的生育选择权。这是指个体有权决定生育或不生育的权利和使用生育控制手段的权利。

9. 基于科学探寻需要的性信息权。这是指个体有从正当途径获取性知识的权利。

10. 全面的性教育权。这是指个体有终身接受性教育的权利。

11. 性卫生保健权。这是指个体有采取各种措施预防和解决自己的性健康问题的权利。

从某种意义上，上述这些性权利只是一些人类的共性，但并不等于全世界人类的真实状况，因为各国和各民族的历史文化与社会条件的千差万别，这些基本人权的实现程度是有相当大的差距的。

 3 性 态 度

> 天命之谓性，率性之谓道，修道之谓教。道也者，不可须臾离也；可离，非道也。
>
> ——《中庸》

态度（attitude）是一种心理的或神经的准备状况，是一种把个体的判断和思考导向一定方向的先有观念或倾向。常见的基本态度有热情、冷漠、尊敬等，由于态度是一种内化的心理反应倾向，因此，态度具有指导和推动个体对事物反应的动力性的影响。个体对待异性和性事的态度直接关系个体对性活动的情绪和行为反应。

作为个人的态度并不是与生俱来的，而是通过社会化过程的学习而形成的。影响态度形成的因素有：社会文化环境、家庭、同伴和团体，以及自己观察和亲身经验等。

态度的形成一般具有三个阶段：第一，是模仿或服从阶段：父母或同伴是青少年模仿的主要对象，例如父母在家常常谈论性问题和观看三级片就有可能使孩子受到潜移默化的影响而导致性早熟；另外，父母和学校老师等权威人物与机构不准青少年手淫、婚前性行为的态度可使孩子的产生服从行为。第二，是同化的阶段：这时个体态度的形成已经从被动的和压力下的被迫状况转入为自觉自愿的阶段，个体赞同并希望自己成为与模仿者或施加影响者相同的人。例如一个耳闻目睹父母如何偏爱男孩的女孩会逐渐认同重男轻女的性态度。第三，是内化阶段：这时个体学习形成的新态度已经成为自己价值体系中的一个有机组成部分，他已经从认知、情感方面完全接受并在生活中运用了新的态度来影响自己的行为。例如一个接受与内化了重男轻女的性态度的女孩有可能成为一个易装癖和易性癖者。

社会态度，通常是指大多数社会成员所具有的一种普遍性的态度，它具

有协调社会成员之间关系的工具性作用；态度对于自己来说，具有表达自己内心状况的功能；而对于他人来说，则具有衡量其内部欲求、情感和意见的尺度。态度也具有认识和评价的功能，个体从他人和社会对待事物的态度可以知道一种行为是否被赞同或被反对，个体为了保持与社会环境的协调性，接受和认同社会的普遍性态度就是必要的和自然的。如果个体感到自己的行为与社会态度不一致时，就会感到很大的心理压力。

在人类历史上，不同的文化和不同的历史阶段对待性的态度有很大的差异，而这些传统的性态度至今还对人们的性生活和性心理产生深远的影响。下面从比较性学（comparative sexology）的角度来谈谈世界上主要文化类型对性别，以及由此而来的性生理现象和性事的性态度（gender attitude）。

一、性的崇拜与性的敌视

在民俗中，将雄性虎、牛、狗等动物的生殖器视为上等补品，可以视为性崇拜的文化心理的延续。浓厚的生殖崇拜和多子多福的生育观是导致中国人口迅速增长的重要社会文化原因。

中国儒家文化是崇拜性的，并视性行为是神圣的。《周易·系辞下传》中说：“天地絪缊，万物化醇，男女构精，万物化生。”事实上，人类的自身生产是人类其他一切生产和文化的基础，而生命起源于男女阴阳交合。性生活对于个体平衡身体阴阳也是非常必要的，所谓“天地不交，万物不兴”。（《易·归妹》）性生活是调和个体阴阳平衡的基本生活手段。儒家经典《中庸》将性的修养看作学习做人的开始，从这里可以体验天地间一切事物的道理：“君子之道，造端乎夫妇，及其至也，察乎天地。”儒家不仅承认“食色，性也”（《孟子》），也主张顺应自然的性爱之道：“天命之谓性，率性之谓道，修道之谓教”（《中庸》）。上天赋予人的一切就叫作本性，依照本性去做就是正道，理解正道并发扬正道就叫作教化。《吕氏春秋》中也说：“天生人而有贪有欲。欲有情，情有节。圣人修节以止欲，故不过行其情。”可见，儒家一方面肯定性需求的合理性，承认人的性生活的天赋权利，但主要看中的是性的生殖结果，甚至认为，“不孝有三，无后为大”（《孟子·离娄上》）；另一方面，儒家在生活中设置了许多关于男女交往的清规戒律，名为礼教，主张节制“非义之欲”。到了程朱理学，将“人欲”与“天理”对立起来，认为“天理存则人欲亡，人欲胜则天理灭”（《朱子语类》卷十三），主张“去人欲，存天理”的禁欲。

与只做少说的儒家相比，道家既说又做，视性活动为神秘的和极有养生价值的。《老子》第六章中说："玄牝之门天地之根。绵绵若存，用之不勤。"玄牝是指一切雌性动物的生殖器，道家视其为人类生命的摇篮。因此，房中术成了道家热心钻研的养生技术。东晋医家葛洪就说："夫天生万物，惟人最贵。人之所上，莫过房欲，法天则地，规阴矩阳，悟其理者，则养性延龄，慢其真者，则伤神夭寿。"认为房中术的作用是或以补救伤损，或以功治众病，活以采阴益阳，或以增年延寿，其大要在于还精补脑（《抱朴子·释滞篇》）。道家承袭战国时期的神仙方术，认为精液与阴道分泌物是一种稀奇的宝贝，具有养生、滋补、延缓衰老的作用，因此，积精可以成神，神成可以仙寿，希望通过男女性的交合技巧的掌握和性活动中分泌物的利用，达到长生不老的目的。

于西汉末至东汉初年时传入中国的佛教，经过逐渐的本土化，在南北朝时期迅速由上层扩展到了民间，到唐朝进入鼎盛，对中国世俗社会影响深远。在佛教看来，"一切烦恼，爱为根本"（《大集经》卷二十一），认为"女色者，世间之枷锁，凡夫恋著，不能自拔；女色者，世间之重患，凡夫困乏，至死不免；女色者，世间之衰祸，凡夫遭逢，无厄不至……"（《日月菩萨经》）"因爱生忧，因爱生怖，若离于爱，何忧何怖?"（《大涅槃经》）一方面，佛教对爱欲是否定的和诋毁的，主张戒除人类的本能需求，安于过清苦禁欲的生活，但另一方面，实际上佛门风流韵事却从没有断绝过。"送子观音"和"欢喜佛"在佛堂里普遍存在，并得到信众极力追捧的这一事实本身就表明，佛教在性事上的态度是"名"不副"实"、言行不一的。

儒、道、佛构成了中国传统文化的主流，对世俗社会中百姓的心理影响深远。这些学派对性的崇拜或敌视的态度直接影响国民的性态度和性行为模式。

在西方，至基督教诞生以降，受古希腊和罗马哲学的影响，形成了一种对性否定的文化。因为这种将世界划分为精神的和物质的二元论认为，尘世中的精神灵魂因囚禁于肉体中而遭受着惩罚，性活动就是肉体需要胜于精神需要的恶，而邪恶的情欲正是左右肉体的核心。这种文化认为，人不应该成为身体的奴隶，灵魂在本质上优越于肉体。因此，人应摆脱肉体的束缚，以拯救灵魂，而要解脱就必须戒绝性，过一种苦行生活。在柏拉图看来，人的爱可以分为神圣的精神之爱和受肉体控制的世俗之爱。他认为，肉体之爱只是野兽狂乱情欲层次的东西。德谟克利特也主张性的压抑，认为一个勇敢的男人"不仅能战胜自己的敌人，也能克服自己的快乐"。罗马时期的卢克莱

修认为，性欲望是一种病态，并奉劝明智的男人避免由爱衍生的疯狂。斯多葛哲学主义的一些学者也认为，即便在婚姻中，也只有以繁衍种族为目的的性行为才是正当的，而非欢娱。对基督教思想有深刻影响的斐洛和普洛提诺认为，亚当与夏娃的原罪就是性欲，性快乐是错误和违法的起因。人只有超离凡俗欲望，对性保持冷漠，斩断与物质生活的关联，才能使灵魂自由集中关注理智世界，发现通往神圣真理的道路。到了奥古斯丁时代，独身生活被基督教视为是最高的德行，贞操是完善的境界，婚姻中的性交被宽容，但只能以生殖为目的，这是一种能导致生殖的必要罪恶。长久以来，这些信念塑造了西方的主流性态度。①

古希腊和犹太神秘主义的性态度后来演变为基督教的神学概念，教会神父又将这些“非本然的”性行为归结为非法的，继而教会法规进入世俗法律中，“非本然的”性行为演变成刑事罪行。所谓“非本然的”也即“反本然”（contrary natural）罪，是指反常的性行为方式，或对未被允许的对象所施加的性交。包括限于以下条件之外的性行为方式：除女性躺式下位以外任何体位的性交、以抑制逃避受孕的任何企图、禁用除阴道以外的任何孔道、阴茎以外的任何器具。② 根据这一定义，举凡鸡奸、口交、肛交、手淫、梦遗、股间交、性交中断、兽奸等都属于“反本然的”性反常。“反本然的”性行为方式曾有一些与典故相关的别称，如索多玛（Sodomy）、俄南（Onan）、保加里（Buggery）之罪等。英美早期法律也深受上述基督教教会法规的影响。在当时“反本然”罪的特点不仅是模糊歧义，而且认为每提及一次这种罪，就是对人类本性的一次玷污。因此，英格兰等法律甚至把它作为一种不宜明说的罪加以论处。借用哲学家罗素的话来说，所谓反常性罪是一种尤为恐惧的罪，令基督教噤若寒蝉。

在受印度教影响较大的印度次大陆，性典被认为是神的创造，性除了意味着生殖之外，还是欢娱、权能，甚至是魔法的源泉。认为爱欲意识的深层之处是神圣的区域，性行为中男女精神的自然、纯朴和真实的交融被当作神灵交感的一种象征，快感可以产生可能的救赎，是发现隐秘的宇宙真理的途径。男女双方在性交的过程中要把性伴侣想象为膜拜的神，并且超越性行为的感官状况，使两人达到身心上的合二为一。在印度教中，对性的神秘意义的解释五花八门，几乎所有的性行为都有某宗某派教徒所为或所助长。20 世

① （美）布洛．性态度［M］．戚坚卫，译．台北：桂冠图书股份有限公司，2000：1－22.

② （美）布洛．性态度［M］．戚坚卫，译．台北：桂冠图书股份有限公司，2000：54.

纪杰出的印度教领袖甘地向他的门徒提倡节欲，从此以后，在正统的印度教义中对性事存在着一种双重的态度与行为准则。①

在当代中国世俗生活中，性崇拜、生殖崇拜的态度可能引发的行为有：①多子多福观与多胎生育。②性爱观及其对性感魅力的追求。③“性福观”及其对性能力的追求。④女性对乳房和男性对生殖器大小的高度关注。⑤补“肾”观念与补肾药物盛行。⑥对性快感与性技巧的追求。⑦对手淫和遗精后果的恐惧。

在当代世俗生活中，性敌视的态度可能引发的行为有：①对手淫行为的绝对禁止。②对求欢的性爱受到谴责。③婚前性压抑及其导致的不射精病。④对异性的仇视与对婚姻的不信任感。⑤性被贬低为兽性，视性冲动和性快感为罪恶。⑥婚姻的唯一正当理由是繁衍种族，视避孕与堕胎为犯罪。

二、关于手淫

关于手淫（masturbation）一词源自拉丁文，但它到底派生于哪个词根却有不同的意见，这也涉及对手淫的定义。一种意见认为，它是由 manus（手）和磨损两词合成的，意即用手去玩弄；一种意见则认为是由 turbare（激发、搅动）和 manus 合成的，表示用手来搅动和刺激；还有一种较新的意见认为，本词可能是希腊词根 mezea（生殖）和 turbare 的混合字，表示激活生殖器。

综上所述和对手淫经验的考察，可以将手淫简洁地定义为：“手淫是一种导致性兴奋的刻意自我刺激。”②对这一简洁的定义需要补充说明的是：手淫一般是自为的，但并不限于一人所为；手淫虽是导致性兴奋的刻意刺激，但也可以不达到性高潮为最终目的；手常是手淫的工具，但手并不是唯一的工具。

各种传统文化对待手淫的态度并不一致。印欧—基督教传统视梦遗、手淫、体外排精都是不洁净的行为。在一本《塔木德经》（*Talmud*）中，手淫常被判为有罪。正统犹太教徒青年从小被告诫，即使小便时也不要用手触及自己的生殖器。女人被禁止饲养宠物狗，不得使唤男性佣人，以防止利用其来从事性活动，但对独居女性的手淫保持缄默的态度。

---

① （美）布洛．性态度［M］．戚坚卫，译．台北：桂冠图书股份有限公司，2000：32.

② （美）布洛．性态度［M］．戚坚卫，译．台北：桂冠图书股份有限公司，2000：69.

18 世纪瑞士医生泰索特（S. A. D. Tissot，1728—1797）出版了一本影响广泛的著作《手淫行为——论手淫产生的病态》，将奥古斯丁的性观念引入到医学中来，从而使一种神学的观点转换成为病理学的解释。认为手淫是许多疾病的病因，手淫可以使青少年成瘾，造成不可恢复的神经损伤。受泰索特观点的影响，18—19 世纪有连篇累牍的论文在指证手淫的危害，似乎手淫不仅造成了心理疾病，还是各式各样疾病的病根和早死的原因。有人甚至将那个时代称之为手淫性精神错乱（masturbatory insanity）的年代。

在那个视手淫为罪恶的年代，家长都在忧心忡忡地检查和监视着孩子任何可能的手淫迹象。早熟和发育不全、虚弱、情绪无常、失眠、咬嚼指甲等等都被认为是手淫者的可疑迹象。于是，各种防止男女手淫的装置或器具被发明出来。如防止小孩触摸生殖器，保护贞操的褡护或防止男性阴茎勃起的装置，一些装置甚至还申请了专利。一些医生甚至主张用切除或烧灼阴蒂的手术来断绝女性的手淫，用包皮环切术来阻止男孩的手淫，以后环切逐渐形成了一种广为流行的风俗，以致男孩无包皮成了美国男性的一大特征。当然这一直是犹太男人的一个特点。虽然这种手术也带来了减少阴茎癌的发病率等好处，但习俗一旦形成就成为一种强大的传统势力，每一个有男孩子的父母害怕自己的孩子与众不同而从众。

对手淫进行客观考察的首推英国性学专家霭理士，他在《性心理学研究》一书中研究了发生在生活条件下的各种族人的手淫行为。当时已经有医生对流行的手淫会导致精神错乱的观点提出质疑：“手淫并不比性伴侣之间的交互行为更有伤害性。为什么是有害的呢？如果真是这样的话，种族本该在很久以前就灭绝了。从生理学角度来看，该种行为作为一种生理功能，绝不是一种罪行。”①

尔后由金赛（Kinsey）等人的性学调查报告证明了大多数男女在一生中都曾有过手淫行为，手淫并不是一切疾病的病根。社会对手淫的态度进入一个宽容和肯定的时代。

三、性和性属

人类对两性的态度不仅不相同，而且对其角色行为的期望也不一样。性学家认为，男女的区别可以从性属或性别（gender）和性（sex）两个不同

---

① （美）布洛．性态度［M］．戚坚卫，译．台北：桂冠图书股份有限公司，2000：83.

的方面加以界定。性是作为男性、女性或两性人的一种解剖和生理状况，性属则是指体现男子气质和女性气质的个人特征。无论是一个原始的或是发达的社会对男人和女人的气质都有一个基本的文化定义，即所谓的男子气质和女性气质。如认为男子应该具备刚健、粗犷、坚强、精力充沛的气质，而女子应该温柔、含蓄、有韧性，同时也软弱和敏感。认为女性应该从事同情和温暖一类的亲和性（communion）行为，而男性应该从事成就取向的行动性（agency）行为。违背这些主流文化的角色期待的人通常会被认为是反常的或性变异的。

在西方文化中，对易性装扮行为的敌意源远流长，如基督教经典《申命记》中就有禁律："妇女不可穿戴男子所穿戴的；男子也不可穿妇女的衣服，因为这样行为都是耶和华你的神所憎恨的。"也许由于认为男人有比女人更加优越的地位，所以，西方文化对女人穿男装，采取男性角色的女性要比男人的易性癖更宽容一些，以为她们是在仿效优越的性别。相反，对于男性易装行为一般都会被认为是散失优越性，缺乏理性的行为而被禁止。

随着女权主义的兴起，女性的自我意识更加凸显，传统的漂亮已经不足为奇，个性化的，甚至有些另类的美就成了新的审美标准。在发达地区，女性穿着男装和"男仔头"实际上已经见多不怪，中性服装（unisex-clothing）和中性或双性（androgyny）气质甚至已经成为现代女性的一种流行特征，具备男孩气质的女生似乎越来越混得开。女生们喜欢她们个性开朗，幽默会搞笑、表情丰富，不怯场，不施粉黛，不在意漂亮不漂亮，她们可能不温柔，但配饰够个性化，穿着宽松自在。男孩中意她们好打好闹不麻烦、不娇气、可以称兄道弟不用哄。她们兼具有男子的豪爽洒脱和女孩的细腻，既可以陪姐妹们逛街，也愿意陪兄弟抽烟喝酒，她们可以任意在男女两个群体之间自由穿梭，在两个性属中同样具有很高的人气。

承认性别的差异是一回事，由于性别的差异而导致的文化偏见则称之为性差别主义（sexism）。虽然偏见可能指向女性，也可能指向男性，但大多数情况下女性是性差别主义的目标，而处于不利的地位。例如一种占优势的观点认为，男人是第一性，而相反的观点则援引动物界雌雄关系的生物学事实，以及女性统治前后长达十几万年的历史，认为男人的创造力历来依靠女人的滋养，女人才是真正的第一性。只是因为农业革命才颠倒了母亲女神的宝座。① 人类对待两性态度的差别突出地表现在性的双重标准问题上。所谓

① （法）让·杜歇. 第一性［M］. 周征凌，范倍思，译. 深圳：海天出版社，2001：18.

性的双重标准是指社会对男女性行为的态度并不一致。一般来说，社会对男性婚前的性行为、婚外的性行为、性的挑逗行为的容忍度远远宽于对女性苛刻的要求。对女性而言，只有在严肃的婚姻关系的前提下的性生活才是被允许的。

性差别主义可分为敌意的性差别主义（hostile sexism）即对女性有负面的刻板印象，如认为女性是脆弱的和依赖的等；善意的性差别主义（benevolent sexism）是指对女性有正面的印象，如认为女性是单纯的或应受到保护的等。随着时代的变化，反性别歧视法的立法，大量妇女进入劳动市场，公然的性差别主义正在逐渐减少，取而代之的是新性差别主义（new sexism）或现代性差别主义（modern sexism）的出现。这些思潮表现出一些新的特征，如既不赞成鼓励性别平等的政策，也主张不怀偏见地对待女性。也许承认差别，公平对待差别，互相尊重，互补互助，才是我们对待性别差异的正确选择。

四、月经和遗精

月经和遗精分别是女性和男性的性生理现象，不同的民族和历史时期的文化对此有不同的评价，因而也有不同的社会心理和个人心理体验。

（一）月经

妇女的月经（menstruation）一词源自拉丁文月份之意的 mensis，因为其 28 天的周期与月相变化相一致，从环境医学和生物钟理论看来，人类与少数灵长类动物雌性之所以有月经可能与月球—地球之间的天文关系有关，月球是地球最大的也是唯一的卫星，它的引力既可以引发地球的潮汐现象，当然可能对人体内的（体液）环境带来某些影响。中医典籍《黄帝内经》中早就这样描述过这种影响："色以应日，脉以应月。"（《素问·移精变气论篇》）"月始生，则血气始精，卫气始行；月郭满，则血气实，肌肉坚；月郭空，则肌肉减，经络虚，卫气去，形独居。是以因天时而调血气也。"（《素问·八正神明论篇》）因此，中国古人认为，女性月经是应天时而下的自然生理现象，并不觉得什么神秘。"女子……二七而天葵至，任脉通，太冲脉盛，月事以下，故有子。"（《素问·上古天真论篇》）根据中国的阴历计算，28 天为 1 个月，每 7 天变更一次晦朔弦望，而女性月经周期与月亮同步，妇女妊娠开始胎动的时间为 126 天，从受孕到分娩的天数是 280 天，女性生理与月亮周期如此惊人的巧合使古人对月亮顶礼膜拜，月亮被尊奉为生育之神。

当然，从现代生理学来看，月经周期与人体内雌激素、孕激素和排卵等生殖周期密切相关，月经的出现意味着本次周期内的排卵没有发生授精，新增厚的子宫内膜因为没有受精卵的植入而发生脱落、出血。其实，天文学的解释和生理学的解释并不矛盾，对于个体来说的生理现象可以是生物长期进化的结果。像其他生理现象一样，月经的出现有一个漫长的历史，而只有一个短暂的生理周期。

古典西方社会对月经的看法带有明显的贬义。《圣经・利未记》里说，行经期的妇女必然要污秽7天，在这期间被她触摸过的任何东西都被看成是不洁之物或不吉利的。基督教徒甚至认为，月经是由于夏娃的罪过而施加在女人身上的一种天罚。民间俚语称月经为 curse ，语出“夏娃的天罚”（the curse of Eve）之成语。

女孩第一次来月经叫作“初潮”（menarche）。在许多社会中，初潮被看作是少女和成年女性的分界线，因此要举行一些成人仪式。在伊斯兰国家，在女孩有月经之前与之发生性关系是一种犯罪行为。

妇女在行经期遭到隔离或禁闭，不许劳作和交往的待遇除了与人们的态度有关外，还可能与早期女性对月经处理方法的原始笨拙和身体的不适反应有一定的关系。那是第一次世界大战中一家叫金百利—克拉克公司用木质纤维代替棉花来生产手术用纱布时，偶然发现了可以用这种吸水性很好的产品来做月经垫，取名为“靠得住”（Kotex），从而解放了行经给妇女带来的束缚。

人们对月经的态度可能影响着女性在经前、行经期间的一些主观感受。例如，一些民族的女性在月经来临之前表现得有些抑郁、易躁发怒，可伴有一些乳房膨胀感等症状，此症候群称之为“经前期综合征”（premenstrual syndrome）。按照生物医学的理解，使用孕酮激素等药物进行治疗，其效果并不显著。一些人类学家观察到，并不是所有民族的妇女都表现有经前期综合征，一些民族的妇女在行经期间照样下水田劳作，而且没有表现出任何特别的不适。而在中国汉族妇女长期受到一种代代相承的养生教育，即在行经期间不要下冷水，不要洗头，否则就会出现头痛、腰腿痛等毛病。结果，在汉族妇女中经前期综合征最为常见。由此可见，对待月经的态度和看法直接影响着女性对自己经前期、经中期身体变化的体验。

19世纪后叶，即使是西方医学界对待月经的看法仍然非常愚昧落后，例

如有一位哈佛大学的药学教授克拉克（Edward H. Clarke）写了一部《性别教育：女性有平等好的机遇吗》，在书中认为，女性在 12～20 岁期间要专注于自己的生殖系统的发育上，甚至为此应该放弃脑力劳动，以免因脑力劳动过度而影响正在发育的生殖系统，干扰排卵，使月经不调。克拉克的书在其后的 13 年内发行了 17 版，他关于教育摧残女性功能，月经使妇女不能从事脑力劳动的错误观点流传甚广。其实，上述错误的论述源出当时的一种偏见，即女人是一种“神秘的存在，一半是癔魔，一半是天使”。

在历史上，人类社会对月经的种种误解最后还是由女性学者自己站出来挑战并反驳了这些观念。

（二）遗精

男性的遗精是指在睡眠中出现的射精现象。遗精为何会发生？解释各异。如中医认为，“精满自溢”，也就是说由睾丸产生的储存在附睾之中的精子数量已经超过它能储藏的容量了；心理学的解释可能是当事人在梦境中与某性伴侣在进行性交，或因长期缺乏性生活而有性压抑，或睡前观看了有关部性题材的影片或书籍引发的性联想；生理学的解释是睡眠中可能采取了俯卧体位，或将生殖器压迫在棉被等物品之上所产生的快感刺激。然而，不管遗精由何种机制引发，它都是睡眠中自发的一种生理现象，既与意志控制无关，也与道德无关，大可不必惊慌失措。但在传统中医那里，认为过于频繁地遗精可能意味着某些病理问题，需要加以调理。

五、避孕与堕胎

按照人类的自然生殖周期，一个妇女在月经初潮之后到绝经之前（15～45 岁）大约每隔一年都可以怀孕一次，平均一生中可以生育 15 个孩子。事实上，由于经济负担和生存等问题，大部分妇女一生中并没有生育这么多的孩子。据文献研究和人类学观察，历史上只有极少数妇女的生育胎数达到 10 个以上。影响人类生育能力的因素很多，例如经济贫困、营养不良、婴儿的高死亡率、独身、婚龄延迟、较长的哺乳期、性病等。

与自然影响因素相比，避孕是指人类有意发明的一种旨在阻止怀孕的人工技术。并且，避孕成为人类自身生产和社会发展的一个特殊的重大问题。据文献资料，自古以来，人类就发明了各种方法和仪式来达到避孕的目的。2 000 千年以前的古埃及草纸书上已经记载有避孕处方，即将鳄鱼粪、蜂蜜和某种胶状物质（可能是从洋槐树中提取的一种含有乳酸成分的东西）填塞入阴道，以阻止精子的运动。古希腊人填塞所使用的橄榄油也有阻力作用。此外，文献上还记载有使用浸醋、柠檬汁或其他海绵栓塞等传统民间避孕方法。

在射精之前将阴茎从阴道拔出来的做法，称为“性交中断术”，是自古已有的最早的简便的避孕方法。由于在射精高潮即将到来之际要将阴茎从阴道拔出来，这对于男性的意志来说不能不说是一个严峻的考验。有一种称之为“自然的计划生育”方法是唯一不被天主教会反对的生育控制方式，即根据计算或观察排卵的周期性规律，避免在排卵前后过性生活的方式。

避孕不仅是一个方法或技术问题，也是一种态度和文化问题。在传统的犹太教、基督教和伊斯兰教文化的国家，男性之种被认为是宝贵的，避孕等生育控制都被视为是违反“上帝”和“主”的意志的或犯罪的行为。

19 世纪的饥荒促进了人类真正认真地思考了生育控制问题，并催生了马尔萨斯（Thomas Robert Malthus）的《人口论》（1798）。他认为，人口数量以几何级数增加，而食物供应只能以算术级数增加，因此人多食少的饥荒是必然的，提倡人要控制自己的性本能，尽量晚结婚，但他并不主张任何人为的避孕措施。据统计，从 1650 年到 1850 年，全球的人口数量从 5 亿增加到 10 亿，大约增长了 1 倍；从 1850 年至 1950 年的 100 年里，人口数量又增长到了 20 亿；自 1950 年以来，世界人口一直在以更快的速度在增长，不久便会达到 40 亿。尔后，那些既采纳马尔萨斯的人口理论，又提倡避孕措施的人被称为新马尔萨斯主义者（Neo-Malthusianism）。在生育控制的宣传热潮中，各种避孕方法得到发明和普及。

到目前为止的避孕方法大抵上有：性交中断（coitus interruptus）、保险套（condom）、避孕隔膜（diaphragms）、子宫帽（cervical caps）、杀精药物（spermicides）、子宫内避孕环（intrauterine devices，IUDs）、合成荷尔蒙避孕药（如孕酮激素）、绝育法（contraceptive steriltzation）等。在诸多避孕措施中，大多数措施都需要在性交前或中及时采取，只有服用避孕药的时间可以与性交无关（之前或之后均可以），避孕药物使妇女第一次有权自主是否要怀孕或何时怀孕，对妇女获得某种程度的性解放和怀孕的自由权具有不可估量的影响。

事实上，施加于男性的安全套和输精管结扎术等生育控制技术要比妇女使用的方法更加简便、安全，但是一方面由于男性对于阳痿的恐惧感和精液的神秘感，另一方面由于传统文化所形成的男人优越感和男性对女性的权

势，使得男性接受绝育术的人数远远低于女性。

随着输卵管结扎术、皮下植入、疫苗避孕等生育控制技术的进步，在生育控制上，妇女最终获得与男性一样的驾驭自己身体的自主权。

堕胎（abortion）行为虽自古以来就有，但在不同的文化之间对有关堕胎的应对方式及其态度有积极和被动之分。基督教文化是持反对堕胎态度的，但不同时代的神学家对什么是合理的堕胎提出了不同的时间范围，到1869年，教皇九世（Pius Ⅸ）宣称在任何受孕时间堕胎均视为谋杀犯罪行为。在19世纪，在堕胎问题上，医生与接生婆之间发生了一场争论，医生们利用他们在妇产科知识上的权势，将接生婆及其技能宣布为非法，而最终被立法机构接受而对接生婆加以封杀。到20世纪，堕胎及其接生婆工作在英国等大多数州被视为非法，但在具体内容上，各州规定有所不同。

美国社会对堕胎的态度也经历了一个历史过程的变化，20世纪60年代以前，一般是禁止堕胎的，除了当妊娠是由强奸、乱伦或其他严重的性犯罪所导致外，或当母亲的生理或心理健康受到极大的伤害时，堕胎才是允许的。直到经历了一些典型案例的公开讨论和堕胎法废除运动，美国才出现了堕胎和妇女生育自主观念的多元化局面。20世纪70年代初，美国最高法院否定了各州对孕后3个月内堕胎的禁止，裁定在怀孕的前3个月，孕妇可以自己决定是否要堕胎；各州主要可以对第二期的3个月的堕胎做出有关规定，以确保堕胎的合理性；只有在最后的3个月内的堕胎才有可能涉及违法问题，如果是为了救治的需要而进行的堕胎也是合法的。这个裁决引发了不少具有宗教背景和伦理人士的强烈反对。主要焦点集中在胚胎的人权问题上。保守派认为，从精子进入卵子的那一刻，合子就应该具有人权而不容侵犯。而自由派则认为胚胎不是人，没有人权，或者用母亲的隐私权否定胚胎的任何权利。此外，还有折中派，赞成在某些条件下的堕胎。事实上，在美国反堕胎的浪潮从来也没有停止过，而且现代有愈演愈烈的趋势，为妇女做堕胎的医生甚至成了反堕胎分子的眼中钉。如1998年美国纽约州一名为妇女堕胎的斯莱皮恩医生在自己的家中被反堕胎分子枪杀，在欧美这样类似的案件已经不止一起了。也就在这事后的一星期，美国3个州的4间堕胎诊所同时收到了声称含有致命炭疽杆菌的信件，最少有33人被紧急送至医院接受了预防性治疗。虽然如此，美国仍然是世界上堕胎率最高的国家之一，大约有1/3的怀孕（29.7%）以堕胎告终。①

---

①（美）布洛. 性态度［M］. 戚坚卫，译. 台北：桂冠图书股份有限公司，2000：187.

尽管在许多地区和国家里，堕胎被视为是非法的，但在经济贫困的阶层，由于经济压力对抚养孩子的影响，不少妇女还是会去寻求非正规的打胎渠道处理那些不期而遇的怀孕。根据20世纪金赛的调查，约有1/4到1/3的妇女自陈曾有过一次的堕胎经历，而且愈是贫困的人就愈可能采取老式的不安全的民间堕胎方法。

20世纪20年代使堕胎合法化的第一个国家是苏维埃联盟，但斯大林执政期间，又曾一度禁止堕胎。直到1955年又重新合法化。1934年冰岛批准了第一部现代的堕胎法，1939年丹麦也通过了堕胎法，1948年日本是第一个明确提出以控制人口增长为目标而使堕胎合法化的国家，并使出生率很快得到控制。

在中国对待生育控制的态度经历了巨大的变化。新中国成立早期以“人多力量大”的信念批判马尔萨斯的人口理论，人口急剧增长，对经济、教育和社会的压力骤增。于是，从20世纪80年代开始，避孕和堕胎成为国家鼓励的一种政策性行为方式。自实行计划生育政策以来，30年来全国少生了3亿~4亿人，家庭少花抚养费7万亿~8万亿元，为国家节约少儿扶养费1万多亿元。可见，计划生育所带来的政治、经济和文化效应是巨大的。但也可能带来人口老龄化加速和性别比例失调等问题。

从人性的最终实现来看，自由流产也许算不上是进步，自由生育才是真正的进步。因为，人工流产只是补救了“出事”的女人，却伤害了其他人，这等于放弃了她的自由，宣告了自己是没有责任的人。事实上，避孕才是明智的，事先采取相应的措施才是道德的和负责任的。①

六、黄色和淫秽作品

黄色作品（pornography）或淫秽作品（obscenity）或色情文艺（pornography）是一个在历史上从来没有停止过争议的社会问题。其一，争议的是究竟什么是黄色作品？如何界定性爱作品和黄色作品？其二，黄色作品有何社会危害？其三，黄色作品为何又那么长盛不衰？其四，黄色作品要不要禁止？如何禁止？

按照一般的理解，黄色作品以宣扬一些人们普遍不认同的性行为方式为特点；淫秽作品则是指那些以诱发人的荒淫之念的作品。然而，在不同历史

---

① （法）让·杜歇．第一性［M］．周征凌，范倍思，译．深圳：海天出版社，2001：409.

时期和不同民族文化中，对性的描写作品的态度既有共性也有差别。在中国儒家礼教文化下的封建社会，连描写男女之间恋爱的作品都被视为与礼教相悖的祸害而被加以禁止。明代出现的《金瓶梅》虽世情描写颇为深刻，但赤裸裸的性描写无处不在，一直被认为是中国最出名的也是毒害最强的淫秽小说。在西方也有一些如《一个女人的快感回忆》之类的色情作品被查禁。无论何种社会都害怕色情作品会破坏家庭和社会的安宁。从某种意义上说，性欲就是一只被社会文明压抑在潜意识黑牢中的饕餮。

对待性描写的作品，在持不同价值观的人看来其态度则是有天壤之别的。在性自然主义者（sexual naturalism）看来，性的表现是自然的、符合天性的和具有美感的，认为这些作品并不存在着严重的社会危害；在传统的道德规范者（traditional morality）看来，凡一切关于非生殖目的的性行为的表现都会使人沉迷于色情，导致神魂颠倒，造成腐败和堕落，动摇家庭的道德基础。在女权主义和妇女反黄运动者（Women Against Pornography）看来，黄色和淫秽作品则是男性将女性沦为性发泄对象的发明，企图用此将妇女非人化，本质上是对女性的一种性别歧视宣传。无论如何，反黄运动还是促进了一些国家对电影、文学等作品的审查机制和立法的启动。

1857 年，英国议院通过《伤风败俗刊物法案》试图杜绝“一种比氰化物、砒霜更致命的毒药的出售”。但事实上，禁查法律不仅没有阻止住黄色书刊在英美等国的流行，而且似乎反而妨碍了避孕知识的传播。英国性学家霭理士与人合著出版了《性倒错》（*Sexual Inversion*）一书也受到查禁。早期美国的最高法院也仿照英国的态度和做法。认为认定一件作品是否淫秽的唯一条件是：“对普通人而言，从当代共性标准来衡量，作品采纳的主题从整体来看，有引起人荒淫之念的效果。”① 后来，随着人们性态度的变化，对性表现的接受，美国最高法院放弃了共性标准的观念，允许各地区订立自己的标准进行裁决。为了寻找什么是法律意义上的淫秽作品的新答案，1968 年，美国林登·贝恩斯·约翰逊（Lyndon B. Johnson）总统任命了一个淫秽和黄色作品调查总统委员会（Committee on Obscenity and Film Censorship）。1977 年，英国内务大臣也成立了一个淫秽作品和电影审查委员会（Committee on Obscenity and Film Censorship），1985 年总检察长又设立了一个黄色作品调查委员会（Commission on Pornography），上述这些委员会所要解决的都是同一个问题，即什么是黄色作品，以及究竟是否有害，但是他们所得出的结论并

① （美）布洛. 性态度［M］. 戚坚卫，译. 台北：桂冠图书股份有限公司，2000：241.

不相同。这些委员会认为，“黄色”和“淫秽”作品的说法不仅难以界定，而且含有贬义，主张使用“有直接性表现的作品”或“不隐讳的性题材作品”或“性爱文学”等中性一些的词语来进行表述。

其实，从事出版和喜爱阅读性爱小说并非只是男性的专利，美国旧金山曾成立了一家名叫“痛苦震颤”的书店，为那些渴望得到性爱文学和自我性刺激性器具的妇女提供全国性的邮购服务。也有人认为，“性爱作品仍是许多人的白日梦小说”。“纵情于幻想之中本身并没有错，危险的是在于把置身于虚幻之中当作对生活本身的退避。”①

在20世纪60年代对现代理性及其规范的霸道进行鞭挞的思想先锋——法国哲学家和心理学家米歇尔·福柯看来，凡欲望存在之处，权力关系早已存在。对黄色作品的称谓可能隐含着的是权力对性的一种态度。他说：“权力对性的关系从来就是否定的：如抛弃、排斥、拒绝、阻碍、隐藏或遮掩。一涉及性与快感，权力不会‘干’别的，只会说不，如果它产生了什么，那就是缺席或断裂，它忽视各种基本因素，破坏事物的连续性，分离相互联系的东西，划定界限。其后果的一般形式是限制与匮乏。”② 权力对与性的基本态度就是：“你不应接近，你不应接触，你不应享用，你不应体验快感，你不应表现自己。归根到底，除了在黑暗和秘密之中，你不应存在。对于性，权力只会用禁忌。它的目的是让性否定自己。采取的手段无非是对性进行压制的惩罚。要么否定你自己，要么被压制。你不想消失，就不要出现。你只有不露踪迹才能得以存在。”③

与此相反，在美国女权主义者凯瑟琳·A. 麦金农看来，色情文艺就是那些通过图片或言词使女性服从的、图解的性描述材料。或者说材料中必定含有引发、加剧性虐待的，压迫女性、诽谤和性别歧视的内容。④ 色情文艺并不只是言词而已，事实上，它已经成为性歧视和性犯罪行为中的一部分。如“唯有色情文艺就是强奸者用以挑选目标和准备强奸的东西”。它刺激男人勃起，使他去攻击某个女人。一些连环强奸犯和性杀人犯手捧色情文艺高声朗读并模仿之，因此，色情文艺的使用和制作与这些行为脱不了干系。色情文艺也是男人手淫时借助的材料。“借助视觉资料，通过看别人做，他们

---

① （美）布洛. 性态度［M］. 戚坚卫，译. 台北：桂冠图书股份有限公司，2000：246.

② （法）米歇尔·福柯. 性经验史［M］. 佘碧平，译. 上海：上海人民出版社，2003：60－61.

③ （法）米歇尔·福柯. 性经验史［M］. 佘碧平，译. 上海：上海人民出版社，2003：61.

④ （美）凯瑟琳·A. 麦金农. 言词而已［M］. 王笑红，译. 桂林：广西师范大学出版社，2005：31－32.

体验着自己做的事。"[①] "在色情文艺中，图片和言词就是性。与此同时，在色情文艺创设的世界中，性等同于图片和言词。当性成了言词，言论也就成了性。"[②] 凯瑟琳·A. 麦金农认为："对男人来说，色情文艺中的女性正在成为女性性意识以至于性体验的生动原型。换言之，言词和图片成为占有和使用的形式。由此，女性被使用和占有；人开始物化，相互性变成单向性，给予变成了盗窃和卖出。"因此可见，男女之间的社会的不平等在很大的程度上是通过诸如色情之类的言词与意象被创设和加强的。如果放纵色情文艺就无异于使许多女性被大规模地买卖和可能诱发更多的伤害。

美国著名的法学家波斯纳（A. Posner，1939— ）对色情物（Pornography）的看法似乎较为中庸，他说："色情读物可以同时起到一种替代强奸的作用，并且也起到了补充强奸的作用，简而言之，既可以起到减少也可以起到增多强奸的作用。"他认为，对于那些暴露癖、窥淫癖等性违法的人来说，由于这些人多是一些胆小怕事的，不愿意直接同别人有身体接触的人，也许他们认为一张图片就非常接近地替代了一个活生生的性对象。[③] "当在自慰时一块使用，色情物品创造了一种更接近幻想的性交替代，而自慰本身不可能做到这一点，色情物品起到了一种性交替代的作用，并减少了对性交的需求。但是用色情物品来激发性欲望时，这些物品也会有增加性交数量的后果。"[④] 无论人们对色情作品有何种不同的看法，黄色书刊对社会性的伦理道德、家庭稳定、个人情绪的冲击力量之大是不争的事实，对其加以管制也是非常必要的。

广东省计划生育委员会创办了一份宣传生育、性和婚姻的科普杂志《人之初》，可是据说曾在少数农村地区被当作黄色书刊加以没收。可见，如何区别性教育与黄色书刊也并不是一件容易的事情。下面我们综合医学、伦理学、社会学、法律等方面观点，对黄色作品的特征给予如下一些描述：[⑤]

1. 目的不同：性教育读物是帮助人们认识自己和异性的性器官、性生理、性心理特征，建立符合科学、道德的性行为方式和两性关系，保持健康的性心理，促进恋爱、婚姻文明程度的提高；而黄色书刊以诱惑或引发人的

---

① （美）凯瑟琳·A. 麦金农. 言词而已［M］. 王笑红，译. 桂林：广西师范大学出版社，2005：21－23.

② （美）凯瑟琳·A. 麦金农. 言词而已［M］. 王笑红，译. 桂林：广西师范大学出版社，2005：36.

③ （美）波斯纳. 性与理性［M］. 苏力，译. 北京：中国政法大学出版社，2002：282.

④ （美）波斯纳. 性与理性［M］. 苏力，译. 北京：中国政法大学出版社，2002：192.

⑤ 金秋. 性教育实用手册［M］. 广州：广东人民出版社，1995：17.

性欲，以性享乐为唯一的目的，而不管以何种手段和方式。

2. 态度不同：性教育读物以科学的严肃态度讲解人的性生理、性器官，以及有关性的心身性疾病和相关的知识，而黄色书刊则以不负责的态度，不管年龄大小、合法婚姻与否，重点关心的是男女之间调情和性交的技巧。

3. 内容不同：性教育以遗传学、解剖学、生理学、男科学、妇科学、临床医学和性学为基本内容，而黄色书刊则宣传以施虐或受虐、口交、多人乱伦、露阴、裸体娱乐等变态方式来获得新奇的性刺激。

4. 效果不同：性教育以合法婚姻内的夫妻和谐关系为基础，促进受教育者在性生活方式上的幸福和妥善处理性压力；而黄色书刊则给人以迷乱的性刺激，煽动不稳定的、无制约的性冲动，及不负责、有悖伦理或违法的性行为，阅读黄色书刊可使性罪错增加。

七、卖淫与嫖娼

对待卖淫与嫖娼的态度在人类历史上和不同的国家有很大的不同。但不论如何变化，可以由此看出社会隐含的一种双重标准和矛盾心理：既鄙视妓女又同情她们既想扫除她们又希望她们存在，既害怕她们，又对其有着痴迷的需求。如在《圣经》和《福音书》里都记载了一些妓女从良信教，甚至成为圣徒的事迹。一方面认为妓女是罪恶深重之人，另一方面又袒护着她们，她们从良信教的经历成了信徒的民间传奇故事。这种态度在中世纪阿奎那那里有进一步的表述："娼妓好比宫廷中的阴沟，如果阴沟被填没，宫廷中将污水横流。"6 世纪在君士坦丁皇帝授意下修订的《民法大全》也认可了卖淫的合法性，但通过禁止拉皮条客和开妓馆来限制妓女的数量。16 世纪新教的改革者力主要以革出教门和终身流放来惩罚妓女。英国、法国、罗马等西方国家都曾下令关闭妓馆，驱走妓女，然而，事实上，卖淫已经成为一些没有生存之道的妇女谋生的一种无奈之举，它的存在并非一朝一夕之事，因此，政府禁令通常都是难以持久的。①

一个具有讽刺性的社会现象是，妓女及其相关开业者曾游行示威与政府对抗，而随着对性传播疾病日益增加的恐惧，越来越多的妓女反倒自愿接受更多的政府监管，希望成为一种规范的职业。

随着 19 世纪欧洲城市化和工业化的迅速发展，人口流动的加剧，妇女

① （美）布洛. 性态度［M］. 戚坚卫，译. 台北：桂冠图书股份有限公司，2000：256.

独立自主意识的强化，女权运动的崛起，越来越多的女性走向社会和世界各地，其中不少女孩到达目的地时已经身无分文，被迫寄宿妓院，流落风尘。甚至转卖妓女在当时被称之为“白奴贸易”（white slave trade）。对此，一些国家企图建立一种规范化的卖淫体制，而另一些人权主义者则声讨政府向妓女征税和为妓女提供庇护所，反对将卖淫合法化。事实上，任何时候这种来自不同阶层和利益集团的截然不同的声音从来就没有停止过论战。论战所导致的现状是：美国和欧洲许多国家默许妓女的活动限制在城市的某些街区，即所谓的“红灯区”（red-light districts）。少数“红灯区”或一些国家地区暗娼的存在和观光客热烈的好奇心正是当今社会对待卖淫现象矛盾心态的真实写照。

无论从性心理学，还是从流行病学、社会学的角度来看，妓女的心理和嫖客的心理都是有必要研究的。有的学者认为，从事妓女职业与其家庭经济贫困、所受教育少、家庭结构不全密切相关，如果境况好转，她们随时会离开这个行业。一些调查显示，卖淫与移民人群中的贫穷者之间具有相关性；一些学者则认为妓女是一些有道德缺陷的堕落的人，因为她们中的不少人并不对这种职业的选择感到后悔，她们选择卖淫的理由包括有高的收入和接触有趣的人的机会。一些研究认为，妓女都是有某种心理问题的人，如那种俄狄浦斯冲突（Oedipus conflict）未化解的女性可能未能从与某一个性伴侣的性关系中获得充分的性快感时就会将转向另一个异性，以此来向男人进行报复。还有的学者认为，卖淫可能是当事人对同性恋的一种防御机制，妓女宁肯被当作伪异性恋者，也不愿承认自己是真同性恋。具有新意的一种解释就是从卖淫与嫖娼者的关系来看，妓女也许试图报复自己的父亲，而嫖客则是想报复自己的母亲，交易的金钱则是一种象征符号的媒介。①

卖淫现象的存在当然与嫖客需求密切相关。根据20世纪中叶金赛的报告，美国有超过一半的男性有嫖妓的经历，虽然政府和主流文化都反对和禁止（尤其是未成年人）嫖妓，但事实上，无论是发达国家，还是不发达国家，经常都有不少的嫖妓者会以各种罪名被起诉、被新闻媒体公示或被逮捕，提示嫖客普遍存在的这一事实。不少研究显示，嫖妓者的心态也是多样化的，除了单身的性压抑之外，有些则可能出于施虐—受虐心理，或恋物癖等变态心理来找妓女的。因此，妓女成为吸毒者、各种变态嫖客的牺牲品也就不足为奇了。

---

① （美）布洛. 性态度［M］. 戚坚卫，译. 台北：桂冠图书股份有限公司，2000：269－270.

卖淫问题已经困扰人类社会上千年了，并被认为是最古老的职业，在资本主义工业社会达到了顶峰，伦理道德不是唯一的原因，工业的发展将成群境地悲惨的女人抛到城市的马路上。[①] 处置卖淫问题在世界上至今也未能有一种周全的普遍方法可以推行。大抵上有全面禁止、取缔与卖淫有关的行为（如主动拉客等）、以预防性传播疾病为切入点进行有关立法和控制、默许某些红灯区的存在、使成年人之间的性活动都非罪化（decriminalization）等几种处理意见或方案。[②] 总之，姑且不论卖淫与嫖娼本身，严厉打击怂恿未成年人女孩卖淫、防止艾滋病已经成为当今各个社会的共识。

费尔巴哈说得好："人类之历史，正不外在于持续不断地克服在某一个特定时代里被认为是人类之界限，从而被认为是绝对而不可逾越的界限的那些界线。"[③] 我相信，人们对待人类自己的性问题的所有看法和态度都将不断发生着新的变化，这就是历史，我们完全不必惊慌失措。

---

① （法）让·杜歇．第一性［M］．周征凌，范倍思，译．深圳：海天出版社，2001：18.
② （美）布洛．性态度［M］．戚坚卫，译．台北：桂冠图书股份有限公司，2000：274－277.
③ （德）费尔巴哈．基督教的本质［M］．荣震华，译．北京：商务印书馆，1994：208.

4 爱 情 心 理

> 恋爱在社会生活里的种种表现，无论就什么方式来说，都是极其重要的，恋爱的地位的重大，除开贪生怕死的本能而外，就要算第一了。
>
> ——（英）霭理士[①]

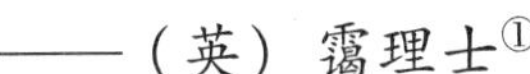

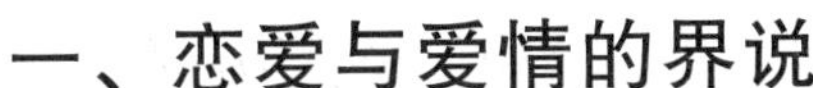

一、恋爱与爱情的界说

爱情是对男女两性之间爱的统称，因为它是一个很容易引起误解和歧义或多种解释的名词。戏剧作家易卜生（Ibsen）就这样评价道："今日天壤间没有一个词比'恋爱'这个小小的词更要充满着虚伪与欺诈。"但霭理士认为："无论这种虚伪与欺诈的成分多少，恋爱决不是一个凭空虚构的名词，它确乎代表着一种状况、一个现象、一件事物；这名词是受人滥用了；不错，但滥用的方式之多、范围之广、程度之深，表示这名词所代表的真正的事物自有其不可限量的价值。人世间唯有最值钱的东西，例如黄金，例如钻石，才会遭到假冒与滥用的厄运。"[②] 恋爱是与生命紧密联系在一起的，它不仅极其复杂和含蓄丰富，而且被称为六欲的班头，七情的盟主，是一种可以提高生命价值的至高无上的德行。所谓七情六欲，各家说法不一。佛教以色欲、形貌欲、威仪姿态欲、言语声音欲、细滑欲、人想欲为六欲。以喜、怒、忧、惧、爱、憎、欲为七情。

首先，我们将一些容易混用的词的词义和用法先做些区别。日常生活中

①② （英）霭理士．性心理学［M］．潘光旦，译．北京：商务印书馆，1997：453．

我们可以说“某某人在恋爱”和“某某之间有爱情”。因此，我们将异性之间爱的行为（heterosexuality）叫作恋爱（amatory），而将异性之间的感情状况叫作爱情（sentiment）。如果就社会实际生活而言，男女之间只有恋爱的心理过程或行为，而爱情只是对这个心理过程中一种情感状况的表述。于是，我们不妨将恋爱视为一种行为和动作，而将爱情界说为一种情感状况。恋爱的发展过程便是爱情状况或程度的变化。

恋爱是一种极其重要的社会心理过程或社会行为。正如霭理士说：“恋爱在社会生活里的种种表现，无论就什么方式来说，都是极重要的；恋爱的地位的重大，除开贪生怕死的本能而外，就要算第一了。它把所有构成家庭的基本因素汇合在一起，它维持着家庭的联系与团结，它把一个种族或民族的分子统一起来，使分子之间都有一种契合和同胞的感情。”

如何理解两性之间的爱，众说纷纭，莫衷一是。但大多数学者都认为，爱情是一种复合的感情。英国哲学家休谟认为，“这种感情在它的最自然的状况下是由三种不同的印象或情感的结合而发生的，这三种情感就是：①由美貌发生的愉快感觉；②肉体上的生殖欲望；③浓厚的好感和善意。”休谟进一步认为，构成这个情感的三种感情既是彼此分别的，各自有它自己的对象，而且三者是相互关联和互为因果的。[①] 一种主要的欲望都伴有与之相关的从属的欲望，正如美味的食物会激发食欲一样，性欲也总与美的感觉联系在一起。所谓“情人眼里出西施”，“情人不但是性欲的对象，而且也是激发性欲的原因”。

德国哲学家黑格尔（1770—1831）给爱情下的定义最具有形而上学的意味，他说：“在爱情里最高的原则是主体把自己抛舍给另一个性别不同的个体，把自己的独立的意识和个别孤立的自为存在放弃掉，感到自己只有在对方的意识里才能获得对自己的认识。”也就是“把我这一个体的过去、现在和未来的样子，全部渗透到另一个人的意识里去，成为他（或她）所追求和占有的对象。在这种情况下，对方就只在我身上生活着，我也就只在对方身上生活着；双方在这个充实的统一体里才实现各自的自为存在，双方都把各自的整个灵魂和世界纳入到这种同一里”[②]。黑格尔也没否认性别和性爱在爱情中的地位，他认为，爱情的本质是建立在精神化的自然关系的基础上。恋爱中的人使一切都由于与爱情的关系而获得价值。相对而言，“爱情在女

---

① （英）休谟．人性论：下册［M］．关文运，译．北京：商务印书馆，1994：432.

② （德）黑格尔．美学：二卷［M］．朱光潜，译．北京：商务印书馆，1994：326.

子身上特别显得美，因为女子把全部精神生活和现实生活都集中在爱情里和推广成为爱情，她只有在爱情里才能找到生命的支持力；如果她在爱情方面遭遇不幸，她就会像一道光焰被一阵狂风熄掉”[①]。在某种意义上，让－保罗·萨特继承和发扬了黑格尔关于爱情是相互占有的哲学，他说“爱情肯定要去征服‘意识’。但是它为什么要征服意识？又怎样去征服呢？”

在尼采看来，爱情在历史上被大肆美化，其实，爱情与贪婪不过只是同一个欲望的两种说法罢了。爱情就如同人对物的态度一样，也是对占有的追求。“情郎总是想绝对占有渴望得到的女人，也企盼对她的灵魂和肉体拥有绝对的权力，他欲单独被爱，欲作为至高无上的、最值得渴慕的人驻留在和统御在女人的灵魂里。”“这个情郎旨在把别的情敌搞得一贫如洗，让自己成为金库的主人，成为‘征服者’和剥削者队伍中肆无忌惮和自私至极的人，别人对他来说是可有可无、苍白而无价值的，他随时准备制造牺牲，搅乱秩序，无视他人的利益。”可见，“爱情恰恰是货真价实的自私的代名词”[②]。在萨特看来，“恋爱者祈求一种特殊类型的化归己有。他想占有一个作为自由的自由”[③]。一方面，恋爱者是处处欲求对方自由的圆圈，另一方面也希望自己对被爱者来说是“世界的一切”。换而言之，理想的爱情事业就是“被异化的自由”[④]。

意大利人文作家维柯根据柏拉图的观点，认为有“两种爱情，神性的和兽性的：前者看不见感性事物或情欲，后者却专注在感性事物或情欲上；前者凭翅膀高飞去观照理性事物，后者没有翅膀，就落回到感性事物上去”[⑤]。

弗洛伊德从自我本能与性本能最初的关系角度给爱下了一个定义，他说：“我们可以为‘爱’下这样一个定义：所谓‘爱’就是自我同它的快乐之源发生了联系。”[⑥] 通俗地说：“当本能从一个对象获得满足时，我们就很可能会说，它‘爱’这个对象。”[⑦]所以，“爱”这个词开始时只是用于自我

---

① （德）黑格尔．美学：二卷［M］．朱光潜，译．北京：商务印书馆，1994：327.

② （德）尼采．快乐的知识［M］．黄明嘉，译．北京：中央编译出版社，2001：20－21.

③ （法）萨特．存在与虚无［M］．陈宣良，等，译．北京：生活·读书·新知三联书店，1987：475.

④ （法）萨特．存在与虚无［M］．陈宣良，等，译．北京：生活·读书·新知三联书店，1987：485.

⑤ （意）维柯．新科学：上［M］．朱光潜，译．北京：商务印书馆，1989：266.

⑥ （奥）弗洛伊德．性学与爱情心理学［M］．罗生，译．南昌：百花洲文艺出版社，1996：150.

⑦ （奥）弗洛伊德．性学与爱情心理学［M］．罗生，译．南昌：百花洲文艺出版社，1996：152.

同对象之间的一种愉快关系，后来这个词被专门用于主体的性爱对象，最后竟狭窄到仅用于那些能满足性本能升华之后需要的对象。弗洛伊德从自我心理发展的角度来看待“爱”：“‘爱’起源于自我通过获得‘器官快感’来满足其自身性欲的能力。开始是自恋式的，后来便转向合并到自我之中的‘对象’，现在则大大扩大，表示自我的一种动态的追求——对那些可成为快乐源泉的对象的追求。”①

性学家霭理士认为，恋爱中包含“欲”和“爱”两个相区别的成分。欲只是生理的性冲动，而爱是性冲动和他种冲动之和。学者沃瑞尔说：“恋爱是经由大脑中枢表现而出的性的本能。”这句简洁的话却表达了复杂的心理学原理，即恋爱是本我经超我修饰或调控后的自我表现。类似地，康德对恋爱的理解也没有脱离理性对性生理的调控这个思路，他说：“性冲动是有周期性的一种东西。所谓恋爱，就是我们借了想象的力量，把它从周期性里解放出来，而成为一种延续性的东西。”心理学家菲斯特说：“恋爱是一种吸引的情绪与自我屈服的感觉之和，其动机出乎一种需要，而其目的在于获取可以满足这需要的一个对象。”如果从恋爱中涉及自我和他者的关系来看，霭理士认为，“性冲动中占优势的成分是‘有我的’或‘为我的’，但在发展成恋爱的过程里，同时也变为自觉的无我与利他了”。他认为，恋爱的发展过程可以说是双重的。第一重的发展是由于性本能地向全身放射，经过宛转曲折的神经脉络，甚至特别绕了些远路，为的是要使性领域以外的全身都得到这放射的影响。② 当然，他进一步认为，“充分发展的恋爱当然不止是单纯的性交行为而已，而是扩充得很广与变化得很复杂的一种情绪，而性欲不过是和别的许多成分协调起来的一个成分罢了”。心理学家斯宾塞认为，恋爱由9个不同的因素合并而成，即包括生理上的性冲动、美的感觉、亲爱、钦佩与尊敬、喜欢受人称许的心理、自尊、所有权的感觉、因人我间隔的消除而取得的一种扩大的行动的自由、各种情绪作用的高涨与兴奋。③ 如果将爱情视为一种心理结构或状况的话，其成分则包括：①动机成分：指爱情行为背后的动机。包括性驱力、异性容貌、身材、性格的吸引，对方的地位、钱财、权力等社会资源对自己需求的满足或互补性。②情绪成分：是指在恋爱过程中所体验到的酸甜苦辣、幸福或怨恨等复杂的各种情绪。③认知成

---

① （奥）弗洛伊德. 性学与爱情心理学［M］. 罗生，译. 南昌：百花洲文艺出版社，1996：153.

② （英）霭理士. 性心理学［M］. 潘光旦，译. 北京，商务印书馆，1997：449.

③ （英）霭理士. 性心理学［M］. 潘光旦，译. 北京，商务印书馆，1997：452.

分：是指对爱情的含义、爱情的意义与价值，爱情的道德责任、择偶观、与对象的匹配性、对性行为的看法等观念性思考。

以上主要是从心理学的角度来理解的恋爱和爱情，事实上，人是生活在现实社会中的人，经济利益和社会地位等因素的权衡利弊也会自然成为恋爱中必不可少的元素。

综合来说，对爱情这个包括感情、经济和社会的复杂综合体的理解可以做如下概括性的描述：

1. 爱情是自然属性与社会属性的统一：自然属性是指恋爱有生理需求的驱动，有满足性欲的功能；社会属性是指爱情是一种受到道德和法律约束的社会情感，也包含生儿育女的社会功能，以及经济和价值利益的交换。

2. 爱情以正常生理发展和男女生理心理差异为基础：弗洛伊德认为，从发生学意义上，“儿童早在青春期到来之前，就已经能够将爱情的大部分心理表现显示出来，如体贴、热心、嫉妒等。由于这样一些心理表现往往与肉体的性兴奋关系密切，所以儿童对两者之间的关系是毫不怀疑的。简而言之，儿童在青春期到来之前，其爱情就已经成熟了，不过这时他们尚不具有生育能力罢了”①。真正的成熟的爱欲是个体自我意识和性生理与性心理发展到青春期时自然而然产生的，这时生殖器官在所有快感区中跃居首位，成为快乐的主要源泉。爱欲受性激素分泌周期和荷尔蒙数量及神经冲动的制约，并受男女性差异的神秘感所吸引。

3. 爱情是一种具有强烈的相互吸引力和愉悦体验的情感：弗洛伊德认为，爱乃是性欲本能的一个特殊的组成部分，或爱是整个性欲生活的一种表现。②“凡健康正常的爱情，需要依靠两种感情的结合，一是温柔而执着的情，另一种是肉感的欲。”③ 性爱是爱情激情的生理基础，但性爱不等于爱情，爱情比性爱还多了一些对对象的专一选择和赞美；彼此尊重、忠诚、信任与承诺是维护爱情的保证，专一性或排他性是爱情的心理特质。

爱情还是一种包含多种情感成分的体验。弗洛伊德认为，在爱中，包含或受三大“对立极”的支配：即爱与恨、爱与被爱、爱与恨合并在一起与一种中性状况（或无动于衷）的对立。④ 弗洛伊德进一步解释道：爱与被爱反映了主动性与被动性，这是生物性的；爱与无动于衷的对立反映了“自我”同“外部世界”的对立，这是现实性的；爱与恨的对立再现了“快乐”与

---

① （奥）弗洛伊德. 性学与爱情心理学［M］. 罗生，译. 南昌：百花洲文艺出版社，1996：14.

②③④ （奥）弗洛伊德. 性学与爱情心理学［M］. 罗生，译. 南昌：百花洲文艺出版社，1996：148.

“痛苦”的对立，这是经济性的。[①] 因此，爱情是一个五味杂瓶，并非只是甜。

4. 爱情具有奉献的利他性：爱一个人意味着发自内心的愿意帮助所爱的人实现他所期待的所有事情，而不求任何回报。

5. 爱情是两个人格的碰撞。恋爱不仅是性的谈判，而是一个男子和一个女子在人格方面全面发生最亲密的接触和试探协调融合的过程。在这个过程中，男女都感受到了对方人格的成熟度和稳定性、行为习惯、对各种事件的反应方式等。所以，“性格不合”成为最常见的离婚理由。

二、择偶心理

从恋爱的社会目的来看，恋爱的本义是为了结合或择偶的行为。但为何爱的正是这个个别的男子或女子呢？黑格尔很早就提出过这个关于爱情对象选择的命题：“每一个男子或女子都觉得他或她所爱的那个对象是世界上最美、最高尚、找不到第二个的人，尽管在旁人看来只是很平凡的。”[②] 黑格尔的观点是：爱情对象的选择既具有心血来潮的偶然性，又带有主体方面特殊癖性的必然性。事实上，可以看成爱神的人多得很，每个人都知道世界上有无数漂亮的或品质优秀的姑娘或情郎，而且大多数人也找到了自己中意的人。所以，一个人偏爱某一个而且只爱这一个人的现象纯粹是主体心情和个体特殊情况方面的私事，主体具有高度的自由和绝对的选择权。

然而，精神分析学家、社会心理学家和进化心理学却认为，择偶过程中不是受潜意识左右，就是受经济规律或生物进化规律支配，最著名的几种理论解释有：

（一）父母偶像理论

这些人倾向于选择与自己父母类似的人恋爱和结婚。弗洛伊德认为，这些人可能有较强的恋父或恋母情结。他们在童年时代或得到父母无微不至的疼爱，慈祥的父爱与母爱在他们心中刻下了永久的烙印，他们潜意识地按照这种理想的形象来寻觅爱人，或童年未曾得到渴望的父母之爱，而希望找到一个可以给予自己类似父母之爱的对象。在这些人看来，对方年龄大自己许

---

① （奥）弗洛伊德. 性学与爱情心理学［M］. 罗生，译. 南昌：百花洲文艺出版社，1996：166.

② （德）黑格尔. 美学：二卷［M］. 朱光潜，译. 北京：商务印书馆，1994：332.

多不仅没有成为障碍，反而可能意味着丰富的人生经验与丰厚的经济积累，意味着将得到渴望的照顾和宠爱，在争吵中对方也许会更加谦让自己，自己将像小孩那样可以任性、撒娇。

与父母偶像崇拜心理相似的是英雄偶像崇拜。某些女性倾向于按照自己心目中的英雄偶像来寻觅配偶。她们将配偶视为崇拜的英雄或某种才华的替代者，她们更愿意向这种英雄献出自己的贞操和挚爱。她们向往“英雄与美女”的神话，祈盼英雄的光辉能给自己增添虚荣的华彩。

弗洛伊德认为，有一种在旁人看来大惑不解的奇特的“爱情事件”也可以用上述理论解释。这种类型主要见于男人，这些人选择的恋爱对象在外人看来是不可思议的、非理性的，但他却非她不娶，而且表现为一种永无休止的热恋的追寻活动。对此，精神分析的看法是，这些人选择恋爱对象的条件有两个特点：其一，“他们在任何情况下，都不能缺少被伤害的第三者”①。也就是说，只有那些已经被别的男人爱过的或占有过的女人才会激起他们追求的性趣。至于那些男人是丈夫、未婚夫还是情夫都无所谓。其二，“凡纯洁善良的女子，对他们均没有爱情的魅力，情爱的诱惑力永远来自那些贞操可疑、性生活不太检点的女子”②。她们或者是有众多追求者的“大众情人”，或者是似乎被迫卖身和值得爱怜的“青楼女子”，或者是受人欺负的有夫之妇。在这些女子面前，男人似乎变成了一个拯救落难者的英雄。他们坚信对方很需要自己，认为如果没有自己的出现和援助，她们一定会落入悲惨的境地，而自己就是她的保护神。弗洛伊德分析道，“前一种条件满足他的敌对情感，使他能够为了自己所爱的人而去与别的男子争斗；第二种条件则因女人的放荡而带来一种嫉妒情绪，对这种男人来说，只有当他们嫉妒的时候，其热情才升腾到沸点，与此同时，对象的价值也就急剧上升，甚至高得无法比拟”③。这些男人对爱恋对象的选择欲望源于他们幼儿时代对自己母亲的那种眷恋之情的固执。与正常人相比，虽然我们选择对象时也保留着“母体原型”的一定痕迹，但这种人的原欲却在母亲身上倾注得过久，即使越过了青春期，母亲的意象仍然深深地影响着对爱恋对象的选择。从精神分析来看，这类人选择的爱恋对象就是母亲的替身。弗洛伊德在这些人的恋母情结和选择对象特征中找到一种同构关系：即这些人所爱的女子必须属于别人的，母亲属于父亲所有；所爱的对象是独一无二的，不能被别人取代的：

①② （奥）弗洛伊德. 性学与爱情心理学［M］. 罗生，译. 南昌：百花洲文艺出版社，1996：156.

③ （奥）弗洛伊德. 性学与爱情心理学［M］. 罗生，译. 南昌：百花洲文艺出版社，1996：157.

一个人只有一个母亲；选择的对象具有不贞的特点：表面贞淑的母亲其实也是靠与父亲发生性关系而维持关系的，恋母情结与恋淫荡女人的情结这“两种在意识中相互排斥的东西，可能在潜意识中正属于一体”。弗洛伊德正是在这里发出感叹：“发现一个铁的规律：人的潜意识中对某种独一无二的、不能替代的东西的热恋，会表现为一种永无休止的追寻活动。”[①]因为替身终归是替身，当下爱恋的现实对象永远不可能取代幼年意识中对母亲爱恋的意象，母亲具有的独一无二的无法替代和企求的被爱地位，所以，她可能是一个依恋母亲的男孩子一辈子始终无法摆脱的梦。从这种意义上，弗洛伊德比喻道：正如母亲的骨盆和出生时是否顺畅决定了孩子的头颅形状一样，一个孩子摆脱对母亲原欲的程度决定了他未来对爱恋对象的选择。

（二）同类匹配理论

这些人倾向选择年龄、种族、籍贯、教育、信仰、价值观、角色认同相似的对象。根据美国社会心理学家纽文康伯（T. M. Newcomb）关于人际关系不仅由彼此之间的交往决定，而且涉及对第三者人或事物的态度的观点，情人或夫妻之间在各方面愈同质，则矛盾愈少。一般来说，老乡之间由于有共同的地域文化和相近的社会化过程而同质性较高，而同学之间由于受教育内容和水平的相近性而具有较多的同质性，同事之间由于有共同的工作环境和工作经历而具有较多的同质价值感，师生之间、师徒之间亦因为总是谈论着共同感兴趣的话题和承袭着一种行业的话语习惯而具有“名师高徒”的美谈。因此，老乡、同学、同事、师生之间结为夫妻的较为常见。一般来说，差异是矛盾的基础。因而，同质性高的夫妻之间矛盾相对较少。

在中国有类似的“门当户对”之见或民俗文化，这里甚至将男女双方的同质性或相似性延伸到双方的家庭范围。即双方家庭经济条件和社会阶层等条件相当。按照这种观点，如果将青年男女都视为是家庭生产出来的产品的话，那么，同质的家庭培养出来的孩子的同质性必然相对较高。可见，门当户对习俗的实质就是寻求更多的同质性。在这个意义上，门当户对也意味着这是一种减少家庭矛盾的社会预防经验。

（三）资源交换理论或互补需要理论

某些人倾向于选择自己长期匮乏，又很渴望得到的某种社会资源，如经

---

① （奥）弗洛伊德. 性学与爱情心理学［M］. 罗生，译. 南昌：百花洲文艺出版社，1996：160.

济条件、社会关系等，或能给自己带来更多实惠利益或精神慰藉的人做伴侣。如《广州日报》上一则征婚广告里说："某女貌美，独立经营一文具批发部，收入丰厚，有房有车，觅有情男子，并支持你的事业发展。"在这则具有代表性的征婚广告里，表达着一种利益交换式：美貌 + 金钱——情义 + 事业。在中国素有将"郎才女貌"当作美谈，即以为有才华的男子与容貌漂亮的女子结为夫妻是天经地义的和值得赞美的。于是乎，具有社会或政治地位的官员、经济实力雄厚的老板、学历较高的知识分子、大城市里的男性居民与社会地位较低、收入较少、居住农村的漂亮的女性之间常常演绎着一种资源交换的婚姻现象，或者说是一幕幕现代灰姑娘的爱情故事。

值得注意的是，这里所说的"互补"常被人误解，其实这是指当事人或其家庭所拥有的资源互补，并不是指两人性格的互补，性格之间不存在着什么互补性，例如两人之间内向与外向、稳定与不稳定的性格差异只能带来冲突和不和谐。

进化心理学的研究为资源理论提供了一些佐证。由于动物在繁衍后代的过程中雄性和雌性所付出的代价是不相同的，雌性偏爱选择那些能提供领土和食物资源的雄性。这一现象也存在于人类社会。女性偏爱选择那些愿意为自己和后代提供资源的男性。① 在这里，资源可能是指好的经济资源和生物基因资源。事实上，在一个群体中，男性之间在拥有的资源和将其资源投入给女性及其后代的意愿方面存在着巨大的差异。一般来说，社会地位越高的人拥有的资源越多，后代进入高地位社会阶层的机会越大。而从表面社会特征来看，年龄较大的、学历较高的男性与较丰富的资源和较高的地位密切联系在一起。因此，不难理解，女性为了选择那些具有较好经济状况的男性，择偶时便偏爱选择那些年龄较大的和学历较高的男性。当然，并不是所有的男人都同等地愿意向女性和孩子投入资源的，一些男性乐意与许多女性发生性关系，但对每一个都投入很少；一些男性则只将资源投入所倾心的女性和自己的后代。因此，女性实际上会倾向选择那些追求自己最积极并承诺给予资源的男性，即使自己内心更爱其他的人。

虽然年龄可能意味着资源的丰厚和生存经验的丰富，但不是每个年长的人都是成功的，实际上，女性还会无意识地采取未来预测的眼光来选择对象。有调查研究显示，美国女性在择偶取向上偏向勤奋和有志向的男性，缺少志向的男性最不讨女人喜欢。因为勤奋和志向这些特征意味着预期未来的

---

① 朱新称. 进化心理学［M］. 上海：上海教育出版社，2006：82－87.

较高收入和社会地位的提升。通俗地说，当买不到最有价值的股票时，求其次就寻找最有潜力增值的股票，尽管这可能要经过耐心的等待和买错的冒险。

俗语说："女人因爱而性。"的确，女性在选择性对象时比男人更强调爱情的因素。从进化心理学的角度来看，因为爱可能是男性愿意承诺将资源与妻子和孩子分享的重要线索。在此，我们更认清了爱的核心究竟是什么。人类用爱之类的文化掩饰着动物生殖繁衍的生物性目的。人性以动物性为基础，文化以生物性为边界。

从进化心理学的角度看，男性对长期配偶的选择有两个偏好，即高生殖价值的和性忠诚的女性。而年轻的、外表漂亮的、身体脂肪和腰臀比（waist hip rate，简称为 WHR）合适的女性是提示高生殖价值的线索；婚前的贞操则是婚后的性忠诚和丈夫是未来孩子父亲身份确定性的提示。跨文化的研究表明，尽管在一些经济发达国家里男性对女性贞操重视的程度在不断下降，但男性比女性更加重视贞操，以及认为女性的性忠诚是最有价值的特质在世界范围内仍具有普遍性。[①] 对于女性来说，"那些对后代投资更多的女性在选择配偶时更有选择性，而对后代投资较少的男性将为获得高投入的女性进行更多的竞争"[②]。

（四）男高女低择偶梯度说

这种学说与上述资源交换说相类似。"男高女低"在这里有几种含义：一是指男性的社会地位或经济收入高于女性；二是指男性的年龄大于女性；三是身材高于女性。在大多数国家，都具有这种婚姻模式。人类学家和社会学家认为，这种婚俗与嫁资风俗密不可分。"对男子来说，嫁资是结婚的代价。"[③] 不论是实物还是金钱，付给未婚妻的或她父亲的数目不小的嫁资，甚至相当于一个中等收入的城里人数月或数年的收入，结果，这样既可能推迟了男性初婚的年龄，使男子有足够的时间攒足嫁资；也可能使男性以类似债主的权势加强自己在年龄上对女子的权势。女性倾向于选择比自己社会地位和经济收入较高、年龄较大的男性，想获得更多的生活保障和安全感，以及由年龄带来的，对男性具有性吸引力的年轻与美丽的活力。这种选择与男女

---

① 朱新称. 进化心理学［M］. 上海：上海教育出版社，2006：94－100.

② 朱新称. 进化心理学［M］. 上海：上海教育出版社，2006：85.

③ （法）安·比尔基埃，等. 家庭史：二卷［M］. 袁树仁，等，译. 北京：生活·读书·新知三联书店，1998：489.

心理需求的差异相一致。因为男人更需要女人的欣赏、肯定和感激，而女人更需要被呵护和照顾。在一个“大男子主义”的社会里，丈夫的经济收入高于妻子可以带给男人更多的自信，而女性选择受教育程度、职业阶层和薪金收入高于自己的对象同样也可以带来更多的关于自己具有吸引力的自信，在同性伙伴面前似乎可以获得更大的自尊，也就是中国人所说的有“面子”。男性身材高于女性既可以让女性符合社会赞许的“小鸟依人”的形象上的感觉，也可以反衬男性的高大强壮、自信和力量。这种配偶模式也许与男女对爱情的偏见有关。尼采就这样分析过：“女人希望男人把她当作占有物接受，希望完全献身于‘被占有’。”而且女人奉献与男人接受的这种矛盾可能源出天性，即使是有点“不道德”。①

然而在临床咨询中可以见到一些与社会常规模式相反的“男低女高”择偶模式，而他们恰恰是矛盾冲突较多的婚姻关系。例如一个创业起家的女老板找了一个在自己企业“打工”的男子作为丈夫，或招聘了一个男子“入赘”。在这种家庭模式中，由于女子常不经意地表现为“财大气粗”，呵斥和支配自己的丈夫，丈夫的自尊心或“面子”易受到伤害，与自己在公司或社会所受到的待遇形成强烈的反差，所以，处于这样夫妻关系的丈夫未必对“给予自己一切”的妻子忠诚老实。

有调查研究证明了一种进化心理学的现象，即女性倾向选择身材高大的和强壮的男性，因为那意味着为保护女性和子女所需要的体能和运动技能。②此外，男性健康的身体意味着疾病的风险、早死的风险和女性需要再次寻找配偶的风险相对较小。

以上是一些典型的择偶模式的理论解释。尽管随着时代的变迁，人们的择偶观和标准都会发生改变，但概括性来看，在各种模式中有一些要素是相对永恒有效的或被孜孜不倦地追求着的。根据徐安琪等人近年在上海和哈尔滨对 800 对夫妻的调查，人们择偶标准中排位最前的因素是：健康（60.9%）、老实可靠（53.4%）、性格脾气相投（47.0%）和温柔体贴（36.9%）。实证调查进一步证明了上述择偶模式在现实中的真实存在。我们再对择偶中的重要因素做一些分析。

首先，身体是婚姻的生物学基础，是优良基因的外部标志。因为只有健康的身体才能承担婚姻中的性、情感和社会的责任与义务，健康的身体尤其

---

① （德）尼采. 快乐的知识［M］. 黄明嘉，译. 北京：中央编译出版社，2001：285.

② 朱新称. 进化心理学［M］. 上海：上海教育出版社，2006：82－87.

是长期的婚姻生活，真正实现“白头偕老”的基本保证。在“老有所养”的社会保障机制还不十分完善的国家，健康的体魄对于老年期的家庭幸福显得尤为重要。这种体验想必是经历过中老年夫妻生活的人才会得出来的。但是不少未婚青年人对健康的理解却只看重身高与相貌。其实恰好相反，身高相对体质来说是相对价值较低的指标，相貌则是最易随时间贬值的因素。从科学的观点来看，家族成员中是否有遗传病、精神病和其他重大致死性疾病，家庭成员是否长寿等指标则要有价值得多。身高决不意味着强壮和性能力强，相反，许多猝死的运动员多是身材高大的人，因为他们的心脏供血能力并不会随身高而增加。我们只要看看举重运动员就知道，矮个子运动员的力量反而更大。在聪明才智方面的个体差异亦与此类似。俗语常说：“聪明小子，傻大个。”这是一种来自生活经验的观察。身体素质与先天的遗传密切相关，是择偶中最无法自主改变的因素，所以将其放在首位来考虑自有其道理。

其次，“老实可靠”所指的是人品因素。如何考察择偶对象的人品？青年男女最容易犯的错误就是以“对我很好”来判断对方的爱。其实，这是非常愚蠢的检验方法。伊索寓言中“狐狸和乌鸦”的故事告诉我们，一只饥饿的狐狸用编造的赞美的谎言骗取了乌鸦嘴里的奶酪。事实上，任何想得到姑娘奶酪的男人都可以编造出美丽的词句，这几乎不需要经济成本，只需要性激素的躁动就可以了。男人制造爱的语言的多少及其甜蜜程度可能与他体内激素的高低周期变化密切相关，而与人品无关，这是所有男人的普遍共性。“对我很好”当然是起码的感觉要求，但这种性饥渴中的人的普遍行为决不应成为判断人品的标准。经验告诉我们，与其看对方是否对我一个人好，不如看他是否对所有的别人都很好。如是否孝敬父母，是否爱戴老师，是否尊敬上级，是否能与兄弟姐妹和谐相处，是否能与同事和平共事。孔子就认为，孝敬父母的人犯上作乱的鲜见。一个人做一件好事不难，难得的是一辈子做好事。同样，对你一个人好容易伪装，而长期对所有交往的人友好相处就不那么容易假装。这样所观察到的才是一个人的本质，而不是多变的“时装”。由于婚姻本质上是一种社会生活，而人品因素是决定婚姻中的男女双方社会行为的最直接的因素，因此，人品因素对婚姻的幸福度影响最大。“老实可靠”应该是指夫妻或情侣双方互相忠诚和可以信赖的程度。

再看看“性格脾气相投”的取向。这里讲的是两人的性格匹配或人格等心理同质性问题。性格是个体稳定的心理特质和在各种社会活动中的一种反应倾向性。这是择偶中最稳定，也是最潜隐的心理要素，对日常家庭生活方

式、情趣和家庭冲突影响最大。"性格脾气相投"即意味着夫妻两人的心理同质性较高，扩展来看还可能意味着价值观、生活态度和生活方式的一致性较高。俗语说："江山易改，本性难移。"婚姻咨询经验表明，那些"无过错"离婚的案例大多与夫妻性格冲突有关。不少离异的夫妻这样感慨地告诉心理医生，"其实他不是一个坏人，我们之间也没有什么原则性的冲突，我们谁都没错，只是谁都不满意对方，谁都无法说服对方，也无法令对方改变。除了离异，我们别无选择"。

再谈谈"温柔体贴"这个问题。如果说前面三个因素涉及的只是当事人自身素质的话，那么"温柔体贴"表达的就是"相互关爱"的给予或奉献。从人性来看，人有被爱的心理需求，谈情说爱当然应该有所收获，至少应该得到心灵的慰藉。如果一个人不能从择偶的对象中或恋爱中得到温情的体贴，那么，他就很难有幸福的感觉。

此外，调查还显示，经过多年的婚姻生活实践，人们对择偶标准的看法在经济取向上有所强化。家庭是社会的细胞，是人口繁衍生息最基本的经济生产和消费单位，因此，对象的工作能力及其相关的经济收入水平一直是经济社会中择偶的主要标准之一。尽管现在女性的经济地位提高了，独立性增加了，但男性对家庭和后代的投入仍是衡量其责任和爱的直接指标。有人风趣地说："给老婆多少钱就有多少爱"也是有几分道理的。

三、婚后的爱情

"结婚是爱情的坟墓"，这句俗语道出了许多经历过婚姻的人的感受。婚后究竟还有没有爱情？婚姻还需要爱情维系吗？爱情是多余的或者可以被忽视的吗？婚后的爱情能够如婚前那样热烈吗？这一系列的问题困扰着婚姻中的男男女女，或者忙于生计的人们对此浪漫的问题混混沌沌。

首先，我们讨论一下：婚后究竟还有没有爱情？婚姻还需要爱情维系吗？如何回答这个问题显然与对爱情的理解有关。如果将爱情理解为情与欲结合的复合情感，那么，婚姻就是符合法律的爱情的理想状况，而不是爱情的结局。就一个理想的社会状况来说，婚姻以爱情为唯一的基础，那时，人们因爱而结婚，因不爱而离婚，不需有任何其他顾虑。婚后当然需要爱情的维系，换言之，婚姻仍然需要温柔执着的情和欲的滋养。这种执着意味着对性对象选择的专一性和情感需要的稳定性。当然还有一个温柔的表现形式。许多感觉到婚后没有爱情的人，正是因为上述三个要素发生了分离。

其次，婚后的爱情能够如婚前那样热烈吗？婚前，妻子就是被追求的情人，男人的情是执着的，而婚后似乎情不再那么热烈和固着专一了，女人婚后则由温柔变成了专制。当然，大多数情况下是女人对男人的抱怨更多一些。认为婚后的男人“身”虽然在家，但“性”常可能在外。对此，弗洛伊德认为，这种情况与男人在自己所爱的妻子面前反而会产生性压抑的现象有关。他说：“世界上还没有人能把情和欲完美地结合为一体。男人在他所爱的女人面前，其性行为总是受到压抑，只有在面对较低级的性对象时，他才能自如地纵欲。”① 有原因有二：其一是男人只有当他消除对性伴侣的敬意，即不会为那种向母亲或姊妹乱伦的罪恶感和羞耻心所抑制时，才能真正逍遥自在地爱面前的女人。其二是男人不愿向他敬重的女人求得不合惯例的或反常的性满足，换言之，只有当他全心全意地纵情享受时，其性欲才会得到完全的满足，然而在他那受过良好教养的妻子面前，他又不敢那样放荡，所以他只有寻找那些行为放荡的或者是红杏出墙的已婚的女人等。只有在这样的女人面前，他才不会产生道德焦虑，也才能表现出全部的性能力和性兴趣。精神分析表明，这种婚后男人易患的心理性阳痿源自少年时代可能遭受过“严厉的”性教育，那时一方面是肉体的性冲动达到高峰，另一方面是乱伦禁忌和在家庭之外寻找性对象受阻所造成的内心冲突。

对于已婚的女性而言，弗洛伊德认为，由于女性在婚前处于文明的性禁锢之下，长期躲避着性爱，只能以梦幻的形式得到满足，结果也会出现类似男子因教养所误的心因性阳痿的“精神上的性无能”。当真正的性活动在婚姻中变为合法时，她们早已成了性冷感者。她们或视性活动为羞耻，或表现为冷感。② 此外，婚后因为小孩、家务和事业成为更加需要以主要精力应对的生活事件，对配偶之情就不知不觉地被忽视和被对孩子的爱所取代。由此可见，婚后不仅爱情不再可能像以前那样热烈，甚至还可能出现异化，即爱和欲出现分离。婚后爱情发展或者出现一个平台期或者落入低谷应该是一个常规。一些女性结婚后大呼“上当”，婚前花前月下浪漫的美丽梦想变成了油盐酱醋的交谈，一些女性生完孩子后便患上产后抑郁症。

以上是从精神动力学对婚后力比多进行的分析，如果从社会心理学的角度来看，既然爱情要素中有动机成分，结婚就是爱情追求的目的，所以，结婚后男女双方各种资源互补的需要或其他目的已经满足，需求的张力必然下

---

① （奥）弗洛伊德. 性学与爱情心理学［M］. 罗生，译. 南昌：百花洲文艺出版社，1996：170.

② （奥）弗洛伊德. 性学与爱情心理学［M］. 罗生，译. 南昌：百花洲文艺出版社，1996：172.

降，爱情也自然会降温。

由此可见，已婚男女们不必对婚姻后的爱情大失所望，我们的确需要改变对婚后爱情过高的期待。其实，婚姻已经构筑了一个合法的可以尽情发挥的爱巢，但我们需要变更爱情的曲调。婚前这支爱情曲的音符是：追求、浪漫、自由自在；婚后则变奏为：孩子、家教、家务、照顾和赡养等。

四、婚外恋与性

婚外恋是一种普遍存在的社会现象。按照霭理士的观点来看，发生婚外恋情本是所有人的一种自然倾向，他说："多数的人，无论男女，是单婚而兼多恋的。那就是说，他们只愿意有一次永久的婚姻，而同时希望这种婚姻关系并不妨碍他或她对其他一个或多个异性的人发生性的吸引，固然我们也可以感到这种引力和在婚姻以内所体验到的引力在性质上是不一样的，同时他们也会知道，把这种引力多少加以控制，使不至于推车撞壁，也是可能的事。这种单婚多恋的倾向，似乎是两性所共有的一个现象。"①

从性心理来看，婚外恋也是情与欲结合的复合情感，与未婚青年的爱情并无二致，婚外恋只不过是婚后爱情发展的另一种结局或版本而已。在弗洛伊德看来，婚外恋正是婚后夫妻情与爱分离的结果。他认为，与男人需要降低性对象的身份才能提高性享受和性能力一样，女人的爱情生活则需要犯禁的气息。"一旦在性关系中混有犯禁的或秘密的成分，就像夏娃摘取禁果，她的性兴奋程度便大大提高。这种由偷情所得到的乐趣，是从她丈夫那里根本无法得到的。"②无论是男人偷摘野花，还是女人红杏出墙，"二者都是在社会伦理的律令形成之后，性成熟与性满足之间长期作用之后达到的一种结果，它们都是用来克服由于情与欲结合不良而造成的心理上的'性无能'的"③。换言之，婚外恋是性本能与性文明冲突的一个不可避免的产物。如果说神经症是一种对性压制的屈服，那么，婚外恋就是对这种压制的一种反叛。

虽然性禁忌和相关习俗与法律会压抑人的性欲的自由实现，但弗洛伊德并不认为应该废除这些性的禁忌。因为当性欲真的畅行无阻地得到满足时，

---

① （英）霭理士. 性心理学［M］. 潘光旦，译. 北京：商务印书馆，1997：376.

② （奥）弗洛伊德. 性学与爱情心理学［M］. 罗生，译. 南昌：百花洲文艺出版社，1996：172.

③ （奥）弗洛伊德. 性学与爱情心理学［M］. 罗生，译. 南昌：百花洲文艺出版社，1996：174.

爱情便开始变得无价值，人生也变得空虚起来。[①] 人类社会发明的性禁忌和相关法律对性欲的自由实现进行阻碍和调节，正如堤坝拦截河流可用于发电和提高灌溉与通航能力一样，适当禁欲可以将本能升华为创造文明的无穷无尽的力量。因此，弗洛伊德预言，“要想使性本能欲求与文化要求达成妥协，那简直是痴心妄想”[②]。换言之，只要男女有对婚姻中情与欲的不满足，就永远会有婚外情作为必然的补充。

与婚姻中长期的性关系相对而言，婚外恋中的性行为大多为短期性行为。短期的性关系对男女都会带来不少风险，如损害自己的名声，破坏原有婚姻的风险；遭受身体或性虐待的风险；感染性传播疾病；女性怀孕和独自抚养后代的风险；被嫉妒者或伤害者报仇；等等。尽管如此，婚外性关系的诱人驱动力和可能获得的某些好处还是促使男女演化出一些使风险最小化和好处最大化的心理机制。研究男女在短期性行为中的心理策略有助于我们加深对爱情与性关系的进一步认识。研究表明，男性和女性都可能采取短期性行为，但男性比女性更容易主动采取短期的性行为。[③] 一般来说，男性为了获得更多的性伴侣和短期性交的机会，他们通常具有完全与寻找长期配偶不同的性心理，即放宽对性伴侣智力、人格、年龄等要求的标准，追求性交前的短时间和避免做出资源投入的严肃的承诺。在短期性关系中，暴露的服饰、放荡和挑逗的行为等那些在长期配偶关系中男性不喜欢的东西反而被青睐，因为这些行为将有助于激发男人的性欲。

关于女性发生短期性行为内驱力的理论解释有：①可增加资源积累。如获得多个性伴侣提供的经济资源和社会资源，获得某些保护，职业的提升，提高自己的社会地位或进入某种社交圈等。②摆脱配偶或配偶转换。这种观点认为，女性通过短期性行为来摆脱一个不称职的或施虐的丈夫，弥补失败的婚姻中的情感缺失、经济匮乏和性的不满意。③报复或操纵配偶。女性通过婚外情来报复丈夫对自己的不忠，或试图通过嫉妒机制促使丈夫对自己的承诺。④自尊的提高。研究表明，自尊被证明是与短期性行为高度相关的预测指标。自尊低的女性相对有更多的一夜情、性伴侣和倾向于更多的短期性行为。她们也许通过短期性行为感受到了别人对自己的需要，提高了自己的价值感。⑤性方面的好处。包括新的性技能的获得，新的性愉悦和性高潮的体验等。特别是对于那些在婚姻关系中处于性压抑的怨妇来说，对男性安抚

---

① （奥）弗洛伊德. 性学与爱情心理学［M］. 罗生，译. 南昌：百花洲文艺出版社，1996：174.
② （奥）弗洛伊德. 性学与爱情心理学［M］. 罗生，译. 南昌：百花洲文艺出版社，1996：176.
③ 朱新称. 进化心理学［M］. 上海：上海教育出版社，2006：101 – 109.

的需要有更深久的渴望。

霭理士从人的普遍性出发，认为，“每一个男子或女子，就其基本与中心的情爱而言，无论他或她如何倾向于单婚，对其夫妇而外的其他异性的人，多少总可以发生一些有性爱色彩的情感；这一点事实，我们以前是不大承认的，到了今日，我们对它的态度却已经坦白得多了。因此，从今以后，婚姻以内以及以外的性关系必然要更见复杂，而此种关系的调整适应必然要更见困难，必须人人有比较开放的胸襟，宽阔的度量，能彼此谅解，彼此体贴，必须人人有持平的恕道，能把原始的嫉妒心理的遗蜕充分加以克制，这种调整适应的功夫才有希望。假如没有这些品性上的进步，不要说婚姻内外的男女关系的适应要发生问题，就是一般健全的文明生活也不能永久地维持一个和谐的状况”①。一夫一妻制是人类迄今为止发明的最好的文明制度之一，但这并不意味着它不会变化和修改。事实上，随着人类的家庭实践和对它的认识更为理性，这一制度将可能会更加精致和富有人性的弹性。

如何理解爱情？无论是俗众，还是诗人、文学家、哲人、心理学家和社会学家都在努力尝试回答，从充满激情的赞美，到冷静的哲思和失望的感叹，什么都有，但这有一个好处，至少使我们对爱情不再盲目。

在恋爱的开头，让我们记住尼采的格言：“我们恋爱时，都想掩饰自己的缺点，这并非出于虚荣，而是不想给被爱者带来痛苦。是啊，爱者想以上帝的面目出现，这也并非出于虚荣。”② 而在这章结束的时候，让我们再来听听当代法国哲学家让-保罗·萨特在《存在与虚无》一书中对爱情所做的哲学反思，他说：“爱情有三重可毁灭性：首先，它本质上是一种骗局并且推置无限，因为爱就是希望人们爱我，因此就是希望别人也希望我爱他。对这种骗局的先于本体论的领会在爱恋的冲动本身中被给定：恋爱者永远的不满足就是由此而来的……人们越爱我，我就越失去我的存在，我就越免除了我自己的责任，越免除了我自己的存在的能力。其次，别人的觉醒总是可能的，他随时使我作为一个对象到案；恋爱者永远的不安全感就是由此而来的。再次，爱情永远是被一些别人相对化的绝对。应该单独和被爱者在世界上以便爱情保持它绝对归属轴心的特性。恋爱者永远的羞耻（或傲视——在这里是一样的）就是由此而来。”③ 在存在主义看来，爱情的确是两性之间

---

① （英）霭理士. 性心理学［M］. 潘光旦，译. 北京：商务印书馆，1997：377－378.

② （德）尼采. 快乐的知识［M］. 黄明嘉，译. 北京：中央编译出版社，2001：181.

③ （法）萨特. 存在与虚无［M］. 陈宣良，等，译. 北京：生活·读书·新知三联书店，1987：487.

最深刻的一场自我意识的相互渗透和冲突，是占有别人的意识自由和自愿失去自己意识自由的游戏。而在现象学看来，在生活中也许根本就没有“爱情”这个东西，它只是一个美丽的虚词！我们只感受到和看到具体的关心与被关心、求爱与接受求爱、做爱与享受做爱、亲吻与被吻等这些两性之间的具体行为。人类憧憬爱情，但的确要破除对爱情的痴迷和神圣感，爱的旋律就是生活的交响乐！

5 婚 姻 心 理

婚姻固然是最好的路，但也是一条必须披荆斩棘的路。

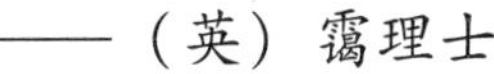

——（英）霭理士

人类学观察到，一切民族，无论是野蛮的还是文明的，无论彼此在时间和空间上相隔多么遥远，结婚及其举行隆重的结婚仪式都是普遍遵循的习俗。[①] 一般来说，大多数青年男女都是带着憧憬天堂的喜悦心理步入婚姻殿堂的，当新娘披着漂亮的婚纱，笑得那么甜蜜的时候，她并不知道在恋爱与婚姻之间其实存在有巨大的生活差异及心理鸿沟。有人这样比喻结婚带来的转折："婚姻是一种不自然的倒退和变形，在这其中，新娘是蝴蝶，而妻子却是更低一点的毛虫。"[②] 一切婚姻中的心理变化皆因结婚而起。婚姻不仅给性关系带来了根本性的变化，而且还使性与生育、经济、态度、性格和兴趣等多种因素发生了复杂的社会关系，而这些关系对性心理和性行为又具有直接或间接的影响。

一、选择结婚的原因

男女为什么要结婚？可能的回答是：我们相爱，或想生孩子，或想要有个家，等等。但事实上，要实现上述目的不一定需要结婚。如同居和"丁克"家庭就是一种挑战上述想法的生活方式。结婚的原因不仅渊源于人类进

① （意）维柯．新科学：上［M］．朱光潜，译．北京：商务印书馆，1989：154.
② （美）安妮·金斯顿．妻子是什么［M］．吴宏凯，译．北京：中国妇女出版社，2005：75.

化的历史，[①] 而且深藏于人类心灵的深处。

其一，结婚是女性需要男性做出承诺的结果。在节育技术还没有发明之前，性关系将带来女性的怀孕和生育，男人可能在性交几分钟后就离开自己的性伴侣，而女性则可能需要为此付出数月或数年的哺乳和教养的代价。因此，女性在选择性对象，尤其是选择长期配偶时必然偏向于那些愿意承诺提供资源的可靠人选。而结婚就是男人当众宣布对女人承诺的形式。婚姻至少在形式上保证了男人只对跟他结婚的女性及其所生子女进行资源投入，而否定了与其他女性发生性关系及其提供资源的合法性。“爱有多深，钱给多少。”这可能是不少女性与男性相处后对爱与经济关系的一种生活体验。

其二，结婚既增加了男性对女性的吸引力，也增加了女性对男性的性忠诚。一方面，那些承诺愿意长期提供经济等各种资源，保护妻子及其子女的男性更受女性青睐，甚至可以说这正是男性能娶到年轻漂亮女性的主要原因。如果女性放弃了对男人的这一承诺及其实际能力的要求，那么女性将极有可能得到的只是一个临时的“布谷鸟式”的配偶。另一方面，婚姻宣布了女性专属某个男人，同样否定了她与其他人发生性关系的合法性，用名声和社会压力增加了女性对男人的性忠诚。

其三，婚姻增加了男人对妻子长期性交的独占权，从而保证了自己是妻子所生孩子的生物性父亲的确定性。婚姻虽不能确保，但降低了男性带“绿帽子”的风险，婚姻是男性为了保证自己的基因遗传下去和维护自尊心的一种进化选择。

其四，婚姻提高了孩子的生存可能性和生活质量。不仅从经济与物质资源提供上，而且从教育与社会机会的获得上，男性都具有女性不可替代的作用，显然只有长期稳定的婚姻才可以促进婚姻中的男性为自己后代的生存权利和教育发展机会，以及生活质量的提高而尽力。而那些短暂的性伴侣和非婚子女就不容易得到这种负责的保证。

其五，从心理学家的角度来看，已婚者可以得到更多的情感支持而自觉比单身更有幸福感。绝欲将导致精神问题，而婚姻是解除性欲的通行方式。[②] 因为夫妻双方彼此督促从事有益健康的活动而使已婚者更健康，而健康又促进了总体幸福感的提高。

结婚虽然有很多好处，但也有不少心理学家和社会学家认为，多数婚姻

① 朱新称. 进化心理学［M］. 上海：上海教育出版社，2006：91－92.

② （英）霭理士. 性心理学［M］. 潘光旦，译. 北京：商务印书馆，1997：356.

的结局事与愿违，带来的只是精神上的失望和生理上的剥夺，文明社会选择一夫一妻制的婚姻模式可能只是无奈的选择。

二、婚姻关系心理

婚姻关系是指因婚姻缔结而带来的各种直接的或间接的社会关系，包括夫妻之间的经济关系、性关系、生育关系、抚养关系、赡养关系、姻亲关系、情感关系等。这些关系既是婚姻的社会本质，也直接决定了婚后的生活模式。婚姻心理是指如何看待与处理婚姻中的各种关系的态度与心理活动，它直接影响到当事人对婚姻和生活质量的评价及其幸福感。

如何看待婚姻关系的核心？不同的民族和学者的看法不一。有的把重点放在父母与孩子的血缘关系上，其他成员通过血缘而连接起来。如古代就有人将“婚姻比作一条通过子孙的交织而被强化的绳索”①。有的学者从恋爱的发展阶段来看，认为婚姻是双方关系制度化的结果，即将婚姻看成是“合法的同居关系”，是男女之间达成的一种包含性关系的维持、经济和精神生活的责任与义务等内容的契约。在霭理士看来，“婚姻是两个志同道合而自由选择的一个结合，其目的是在替恋爱的形形色色的表现，寻找一个不受阻扰的用武之地”②。突出的重点是因性爱衍生出来的各种关系。在古希腊和罗马哲人的眼中，则将婚姻定位为“终生分享命运”，夫妻就叫作“命运的分享者”。婚姻关系旨在界定了一种生存方式，即一种以爱情结合起来的“融合”与“和谐”的新的二合一的统一体。“配偶双方都要把自己的生活当作一种两人生活，他们一起形成了一种共同生活。”“对方的存在、面对面和共同生活不仅是义务，而且是让夫妻团聚的婚姻关系所特有的期望。他们每一个人都可以有自己的作用；他们无法彼此忘怀。”夫妻在一起生活比什么都重要。因为“没有哪个人的陪伴能有如此的力量来减轻痛苦、增添欢乐和抵抗厄运”。简而言之，“对方的在场是婚姻生活的核心”。夫妻关系比之于其他友爱形式，罗马人认为后者至多是一些相互独立的成分的“混合”，而前者则是一种身心的融合。婚姻这种共同体是人类社会中一种最崇高的、最重要的和最令人尊敬的真正的伦理统一体，其力量优于朋友与朋友、兄弟与兄

① 普吕塔尔克．夫妻戒律［M］// （法）米歇尔·福柯．性经验史．佘碧平，译．上海：上海人民出版社，2000：473.

② （意）维柯．新科学：上［M］．朱光潜，译．北京：商务印书馆，1989：259.

弟、儿女与父母之间联结的其他任何形式的共同体。①

婚姻关系与恋爱关系肯定是有区别的，不明白男女感情发展的这种阶段性肯定是不少对婚姻失望者的认识误区。莎士比亚说："婚姻是青春的结束，生命的开始。"婚姻关系比单纯的两人恋爱关系复杂多了，从需要交往的人数来看，从两人世界扩展到双方的大家庭；从交往的深度来看，从对这些人的间接了解到实际地互动起来，甚至要长期生活在一起，同吃一锅饭；情侣之间卿卿我我的激情在油盐酱醋、锅瓢碗筷的家务和迎客送往的人际事务中逐渐消退。于是，有人悲观地认为："婚姻是爱情的坟墓。"虽然这句话说得太绝对了，但婚姻关系的确是一种具有质飞跃的和全新的家庭关系，是恋爱中的纯情感关系向生育、经济、教育等复杂关系的进一步发展。对于那些总是抱怨爱情的时光太短暂的或对婚姻生活抱有幻想的人来说的确需要一种婚姻继续教育。下面我们分别来讨论几种影响婚姻质量及其心理的婚姻关系。

（一）性关系

"原始人以大致不差的方式了解到性欲是一切情欲的母亲，而情欲都寄托在我们体内汁液里。"性关系是两性中最自然的和最基本的生物性和社会性关系。从人类学的角度来看，婚姻关系是性关系文明发展的结果；从社会学的角度来看，性关系则是从婚姻中派生出来的生物性和心理性关系。婚姻关系和夫妻之间的性关系，两者密切相关，但并不同一，也未必统一。夫妻性关系是婚姻关系中最隐秘的关系，性的关系是婚姻关系的核心，性生活的数量和感受是影响婚姻质量最重要的因素。因此，专业人士常用性生活的数量、感受与和谐性来评价或推论夫妻的婚姻质量。性关系和谐是指在性态度、性情趣、性行为、性欲强度、性方式等方面相一致的程度。举凡性冷淡、阳痿、早泄等性功能障碍、性病和许多性变态都可能成为破坏性关系和谐的病理因素。

人类性关系与动物性关系最大的不同是其"专一和忠诚"的性道德问题。性关系究竟是否只有在婚姻关系中才是唯一合法和道德的？人是否只能有一个性伴侣？婚姻是否就是快感享用的独一无二的关系？这些问题自古以来就是哲学家、社会学家、性学家们热烈讨论的话题。古希腊和罗马的学者们倾向于认为，只有性关系的配偶化才是唯一合法的。即意味着排除任何形式的婚外性关系，以及在别处寻找性快感，还包括在婚姻关系之前不发生性

---

① （意）维柯．新科学：上［M］．朱光潜，译．北京：商务印书馆，1989：390．

关系的理想。换言之，将婚姻看成是人进行性交和享用性快感的唯一合法的范围。[①]事实上，古代即使是婚姻内的性行为也只将生育当作唯一正当的理由，追求快感享受则被认为是不正当的。

弗洛伊德曾从人类性行为与性道德的发展历史，对婚内和婚外的性关系、性道德及其与神经症之间的关系进行过分析。他说："与性本能的发展过程相对应，整个文化的发展过程也可以划分为三个时期：在第一期里，种种不导致生育的性行为，能够自由自在地进行；在第二期里，除了能导致生育的那一种性行为之外，其他各种全部被压制；在第三期中，只有'合法的'生育，才能作为性的目标。"[②] 现代文明要求生活于同一个社会中的人在性生活中奉行同样的行为模式，就引出有三个问题需要做出回答：其一，第三文化期在性道德方面的要求，会使个人承担什么样的重负？其二，在禁绝其他种种性行为之后，那唯一合法的性生活带来的满足，能否提供足够的补偿？其三，是否因为这种禁欲危害了个人，才因而对文化有益？[③]

事实上，现代人类文明致力于延缓青年人的性发展和性活动，并视婚后"一夫一妻制"为唯一合乎性道德的性关系，对夫妻之外的任何其他性生活一律加以禁止，因而减小了"性择"的可能。因此，"性的饥渴难忍、不忠（偷情）或心理病症这三条路成为人类的必然选择。通常情况下，在开放自由的社会里第二种选择可能会成为普遍的方式，而在一个传统和保守的社会里第三种选择将是更安全的方式。弗洛伊德认为，在受文明性道德制约的夫妻当中，心理病症乃是保护当事人的美德和抵抗情欲的诱惑，逃避性犯罪等恶果的最理想的避难所"[④]。在弗洛伊德看来，即使是合法婚后的性生活也并不能对婚前性生活受到的限制（禁欲）做出足够的弥补，因为不少人的原欲已习惯于手淫等满足方式，所以一旦结婚反而很不自在，性能力也得不到充分的发挥。现行的合法婚姻制度下的性关系与以快乐为原则的性本能之间存在着不可调和的文化冲突，要么改革现行的性道德标准，放弃要求社会成员务必遵守但又实际上做不到的信条，要么继续对人类唯一会患的神经症漠然置之。

现代社会压力给夫妻之间的性关系也带来破坏和干扰。前美国劳务部部

---

① （法）米歇尔·福柯．性经验史［M］．佘碧平，译．上海：上海人民出版社，2000：479.

② （奥）弗洛伊德：性学与爱情心理学［M］．罗生，译．南昌：百花洲文艺出版社，1996：200.

③ （奥）弗洛伊德：性学与爱情心理学［M］．罗生，译．南昌：百花洲文艺出版社，1996：204－206.

④ （奥）弗洛伊德：性学与爱情心理学［M］．罗生，译．南昌：百花洲文艺出版社，1996：212.

长罗伯特·里克说，美国有些家庭处于DINS的状况，即“有双份收入，却没有性生活”（double income，no sex），这的确是当代社会婚姻关系的一种现实写照。我们必须承认，人类文明进化到现在，婚姻中的性关系还未能完全做到两者的和谐统一，这亦即是婚姻关系中永恒的张力。

（二）生育关系

在婚姻关系中，孩子被认为是有效生育关系的结果，是构成核心家庭不可缺少的一个因素，是维系夫妻关系的主要纽带。不孕症的夫妻，尤其是女性一方，为没有后代的焦虑的意义远远超出传宗接代的繁衍意义。因为有了孩子，家庭的婚姻关系才将进一步发展出血缘关系和抚养关系。所谓“母凭子贵”，女人借生育子女才得以完成向男方家族血缘的融入，才真正取得被新家族承认的成员地位。因此，在婚姻问题咨询中，子女是应该加以考虑的影响婚姻关系的重要加权因子。从生物繁衍的角度来看，生殖价值（productive value）和生殖力（fertility）是选择对象时必须考虑的基本条件，对男女本应一视同仁，但由于社会的偏见，似乎女性的生殖价值和生殖力才是更被看重的。生殖价值是指预期的生殖后代的数量，而生殖力是指实际表现出来的生殖数。从古到今，民间有不少在婚前评估男女生殖价值的观察经验，如女性的体型是否丰满，臀围是否宽大，乳房是否发育，头发是否乌黑等；男性则是否健壮，是否存在隐睾等情况。

研究表明，孩子对父母婚姻影响的一般规律是：孩子越多，终止婚姻关系的损失就越大，婚生孩子具有稳定婚姻关系的作用。有了子女，离婚除了经济成本之外，父母对未成年孩子的亲情也是重要的心理成本，这一情感代价是阻碍父母离婚的重大心理因素。可能由于中国重男轻女传统文化的影响，儿子对父母离婚的制约力一般高出女儿。在阿拉伯国家，对于解除尚未生儿育女的婚姻准予得特别快。在他们看来，生育是婚姻功能的核心，“离婚是对不生育的婚姻几乎自动的处罚”①。

在当今社会，还出现了许多新奇的婚姻关系，如无性婚姻、“丁克”家庭、无男性配偶的人工授精、非婚生育等社会现象已经形成了对传统婚姻及生育关系的冲击，或缺性爱，或缺子女，或缺配偶，可以称之为“有破缺特征的”后现代婚姻关系。所谓丁克，DINK是double income and no kids的缩

---

① （法）安·比尔基埃，等. 家庭史：二卷［M］. 袁树仁，等，译. 北京：生活·读书·新知三联出版社，1998：497.

写，即双收入无子女的意思。这种“自愿不育”“为自由而断后”的婚姻模式对古往今来公认的丈夫、妻子和孩子组成的标准家庭结构有着颠覆式的冲击。

（三）经济关系

当代美国著名的法学教授和法官波斯纳（Richard A. Posner，1939— ）在《性与理性》一书中写道：“婚姻就是一种交换关系，即使配偶双方的动机都不是为了货币，事实上也完全不是为了货币，却仍然可以用经济学的术语来构建模型。”① 例如，他认为：“不同的性实践有成本的差别，也有收益上的差别。”“私人成本与私人收益之间的平衡会决定不同性实践的相对频率。”② 有学者结合精神动力学与马克思主义的经济学说来分析“本我”与经济环境的关系，认为“经济现实强迫自我来压制本我冲动，不断寻求满足的本我冲动也强迫自我去征服经济生活中对于它的满足的障碍”。“自我对本我代表现实，并依照现实来修改本我。”“所以，我们可以说，意识表现经济世界与本能生活之间的一种关系。”③ 在这种意义上，婚姻中的经济关系与性之间具有一种复杂的拓扑关系。对不少婚姻失败案例的剖析表明，经济关系的松散或一方独裁往往是家庭缺乏凝聚力的识别指征和婚姻易于破裂的重要原因。女方对男方经济来源的依赖是一些女人出卖自己的色相，或出让自己的家庭权利，或委屈自己、忍气吞声的主要原因。即使是丈夫长期外出不归，她们空守闺房，也只能暗自悲伤。相反，一些男人欺凌妻子仍能理直气壮的理由亦在于依仗他对经济的绝对控制权。所谓“饱则思淫”，即生动地反映了经济收入与性欲变化的因果关系。可以这样认为，在经济社会里，没有经济来源，就将丧失在家庭的支配权，包括性的权利。性的自尊、自由与自己的经济能力密切相关。波斯纳认为，“妇女对男子放弃了她们的性自由并不是（或不仅仅是）出于利他主义或生物学上的自然倾向，而是为了换取男子的保护”④。“只要是妇女的就业地位保持不变，那么任何政治或经济体

---

① （美）理查德·A. 波斯纳. 性与理性［M］. 苏力，译. 北京：中国政法大学出版社，2002：147.

② （美）理查德·A. 波斯纳. 性与理性［M］. 苏力，译. 北京：中国政法大学出版社，2002：153.

③ （英）奥兹本. 弗洛伊德与马克思［M］. 董秋斯，译. 北京：生活·读书·新知三联书店，1986：114－116.

④ （美）理查德·A. 波斯纳. 性与理性［M］. 苏力，译. 北京：中国政法大学出版社，2002：223.

制看来与任何习俗体制都相互兼容；因为妇女的就业地位才是一个社会性习俗的关键。"① 研究表明，不仅"一个女人赚到的钱越多，她就越有可能推迟甚至是放弃婚姻"②。中国广东民国时期的"自梳女"现象就是一个典型的案例。而且，夫妻对婚姻的满意度与其经济支配权的大小呈正相关。不少女人完全漠视了经济因素在婚姻关系中的举足轻重的作用，宁愿抛弃工作而待在家里做"全职太太"，原以为可以坐享其成，事实上，她们可能完全没有意识到这种安逸的生活方式可能潜伏着某种性交换的危险。

在不少持性经济学观点的学者看来，婚姻中的性道德并不是一个纯粹的道德问题，而是一个受制于经济的问题。他们认为，"如果国家接替了父亲的这个经济角色，我们一定可以预期，传统道德就会完全崩溃，因为母亲不再有任何理由希望其子女的父源毫无疑问"。对于婚前贞操问题，他们认为这其实是一种具有生物学意义的经济交换，即"妇女实际上是以保证贞洁来换取男子保护她和她的（他们的）孩子"③。总之，传统的性道德及其维系的婚姻关系是建立在妇女依赖男子经济的基础之上的，随着妇女的政治地位和经济地位的提高，使这一依赖弱化，传统的性道德和婚姻关系因此也就可能发生根本性的变革。

（四）姻亲关系

在中国家庭中，婆媳关系、公媳关系、姑嫂关系、叔嫂关系尤其对婚姻的心理感受影响较大。在年轻的恋人看来，婚姻好像只是两个当事人之间的事情，可事实上，却是关系到两个家庭的密切接触和互动的过程。尤其是对于要"嫁入"另一个家庭的女性来说，这是一个艰难的心理适应过程。中国古籍《礼记》中专有"内则"篇记录了传统社会中对嫁为人妇的"再社会化"的痛苦过程："子妇孝敬者，父母、舅姑之命勿逆勿怠。""子妇未孝未敬，勿庸疾怨，姑教之。若不可教，而后怒之；不可怒，子放妇出，而不表礼焉。""妇将有事，大小必请于舅姑。""子妇者无私货，无私蓄，无私器，不敢私假，不敢私与。"许多学者认为，中国人具有浓厚的家族主义（familism）的心理与行为。其情感层次的内涵包括：一体感、归属感、关爱感、荣辱感、责任感。其意愿层次的内涵则包括：繁衍子孙、相互依赖、忍

---

① （美）理查德·A. 波斯纳. 性与理性［M］. 苏力，译. 北京：中国政法大学出版社，2002：318.

② （美）安妮·金斯顿. 妻子是什么［M］. 吴宏凯，译. 北京：中国妇女出版社，2005：1.

③ （美）理查德·A. 波斯纳. 性与理性［M］. 苏力，译. 北京：中国政法大学出版社，2002：225.

耐自抑、谦让顺从、为家奋斗、上下差异、内外有别等。① 文化人类学告诉我们，不同民族和种群、不同地域和城乡、不同职业、不同家教传统的家庭不仅在其生活观、价值观、生活模式上千差万别，在其情感、行为意愿和行为倾向等方面也大相径庭。因此，结婚就意味着两个家庭的差异在两个年轻人身上的全方位的比较和碰撞。由于在中国父系社会中，新娘嫁入男方家庭的远远多于男方入赘女方家庭的，所以，婚后适应不良而导致心理问题的女性成为咨询门诊中的主要对象。对家族和家庭成员及其相关事务的了解和认识不一，生活信念的诸多差异，在许多接人待物的问题上难以保持同一的情绪与感受，或难以有相同的行为意愿和行为倾向是造成许多婚姻冲突的重要原因。

（五）家务劳动分工关系

从现实生活的角度来看，婚姻是为了维持人口再生产的经济单位和抚育单位。照顾孩子和老人、打扫房间、洗衣、做饭等家务是家庭生活中必不可少的事务。国内外的许多调查都显示，虽然女性比男性承担了更多的子女抚养的责任和家务活，但大部分妇女对传统家庭的“女主内，男主外”的分工模式感到基本满意和自然。对于这种女性过重的劳动负荷和她们对家庭责任分工的满意感之间明显的反差现象，专家们的解释是：可能是女性所经历的性别社会化使她们相信抚养孩子和家务劳动是女性的天职。基于这种女性角色建构，可能她们所期待的和所经历的之间没有什么差异，因此她们不会感到失望。反而，如果她们没有承担起大多数自己应该做的工作，她们可能会感到内疚。②由此可见，性别角色社会化过程对成年后的家务劳动分工等社会知觉影响深远。

一般认为，家务劳动分工中男女分配不均的现象可能与一部分家庭主妇在家的时间相对多些，或男人拥有的职业威望或收入等婚姻权力（marital power）较大，或关于传统的性别角色的信念内化有关。有调查显示，对婚姻的满意度与家务分工公平呈正相关，即男女双方均能分担一些家务的家庭，婚姻满意度较高。婚姻满意度与婚姻权力模式也密切相关。即谁在家中的权力更大，才有较高的满意度。所谓婚姻权力就是在重要的家庭决策上，以本身的意志或偏好去影响配偶的能力。夫妻究竟谁的权力大？“资源说”

---

① 杨国枢. 华人心理的本土化研究［M］. 台北：桂冠图书股份有限公司，2002：119－134.

② （美）埃托奥·布里奇斯. 女性心理学［M］. 苏彦捷，等，译. 北京：北京大学出版社，2003：266－267.

认为，谁在教育程度、职业阶层、收入等方面拥有较雄厚的个人资源，则在家庭决策中有更大的力量优势。那些拥有更多资源的人会倾向于用提供资源来交换不做家务。另一种观点则认为，是因为爱得相对较深和更需要婚姻的一方，或在经济和感情上更多地依赖对方的，由于担心配偶变心或离开，往往更易顺从对方而自愿放弃自己的权力。尼采则认为，女人放弃自己的权力而男人无须放弃的“不道德”现象似乎是一种天性使然。他说：“女人无条件放弃自己的权力，这激情的先决条件是男人不要有同样的激情，不要有同样的放弃。倘若双方都为爱情而放弃自我，我真的不知道会出现何种结果，也许是人去楼空吧。”①

总而言之，夫妻对婚姻关系状况的评价具有很大的性别差异。这种差异与对爱情的期望值、性关系的和谐程度、有否生育、姻亲关系的处理、家务分工的公平性、经济支配权的大小和婚姻的持续年数密切相关。

三、婚姻冲突和暴力

家庭也并非只有甜美的幸福，也会产生不幸的悲哀。米歇尔·福柯这样评论道：“家庭，这一联姻的基石，是所有性不幸的根源。请看，至少从19世纪中叶起，家庭致力于从自身中寻找性的蛛丝马迹。从自身逼出最艰难的坦白，长久地吸引一切了解内情的人来聆听，一步步地向无休止的检查敞开自己的门户。”② 无论是婚姻暴力还是性暴力，都是现实社会中不可回避的问题。对于侵害行为的一般心理学解释是社会心理学的课题之一，但是对于与性问题联系在一起的暴力现象，社会心理学的教科书上大多是未涉及的。

失败的婚姻常常有经常性的夫妻冲突和家庭暴力。研究表明，导致夫妻冲突的常见原因有：家务劳动的公平性、教育子女问题、经济问题、婆媳关系问题、不良习惯、婚外情等。一般来说，冲突与双方的同质性具有最强的负相关：同质性越多，冲突越少。与夫妻间的相互信任程度呈负相关：越信任，冲突越少。与家庭角色扮演的合格与否呈负相关：越合格，冲突越少。与家务劳动的公平感呈负相关：公平感强，冲突越少。与婚前感情基础呈负相关：基础越好，冲突越少。与生活压力状况呈正相关：压力越大，冲突越多。可能与丈夫资源拥有呈负相关，与妻子资源拥有呈正相关。

---

① （德）尼采. 快乐的知识［M］. 黄明嘉，译. 北京：中央编译出版社，2001：285.

② （法）米歇尔·福柯. 性经验史［M］. 佘碧平，译. 上海：上海人民出版社，2003：81.

冲突后的男女行为表现常见有：摔东西、哭泣、赌气不理人、骂人、打人、不做家务或不管孩子、向父母家人倾诉、暂回父母家住、向对方父母诉说、向同事朋友诉说、拒绝同房、威胁离婚、告诉对方单位领导等。这些行为既可能表达的是愤怒、伤心、压抑和失望，但也可能表达的是期待、调解和欲擒故纵的心理。冲突是矛盾的积累和暴露，也可能是导致家庭解体或改善夫妻关系和解决矛盾的危机，只有充分理解和宽容对方在冲突后的反应才可能避免将冲突升级，化矛盾为解决问题的动力。冲突后两种不当的极端反应是：不予理睬或过分忍让。俗语说得好，幸福的家庭不是不吵架，而是吵该吵的架，并从争论中获益；不幸的家庭则是将不必吵的事变成了吵架，并恶语中伤，导致雪上加霜。

婚姻生活本是两个有差异的人和家庭不断磨合的过程，出现冲突应该属于家庭生活的常态，吵架大多意味着只是看问题不同角度的差异、评价问题时价值观的差异、生活经历的差异、家庭培养背景的差异，因此，夫妻冲突应按“通情达理”的情感原则，而不是用“谁有理”的是非对错原则来处理。夫妻冲突不应以输赢论英雄，而要以爱的奉献与谦让为高尚。

既然夫妻冲突多源于两人在婚前多年形成的各种差异及其由于这种差异所导致的对新的情境反应的不同，所以，我们就不要期望对方会一朝改头换面，重新做人。与其总是去关注另一半是否改变了，还不如自己主动先改变。如果连你自己都改变不了，就应更加懂得夫妻之间需要“求同存异”的必要了。

夫妻之间最严重的冲突当属家庭暴力。所谓家庭暴力，是指由配偶等亲密伴侣对另一方所做的生理和心理上的虐待。虽然也存在着女性施暴和夫妻互殴者，但大多数情况下，男性多为家庭暴力的施虐者。家庭暴力既包括殴打、打耳光，向对方扔东西、掐捏等多种虐待身体的形式，也包括过度控制、语言伤害、限制行动、削弱受害者自我感觉等细微的心理虐待的“冷暴力”形式。婚内强奸，意指违背女方意愿的强暴性行为，也是婚姻关系恶化的一种常见性暴力现象。

据研究，世界上家庭暴力的流行情况十分广泛。在美国估计每年有200万到400万的女性被男伴虐待。① 而据全国妇联的估计，中国每年约有10万个家庭因家庭暴力而解体。研究表明，亚裔人家庭公开报告的暴力情况可能

---

① （美）埃托奥·布里奇斯. 女性心理学［M］. 苏彦捷，等，译. 北京：北京大学出版社，2003：257.

比实际上要少得多。因为亚洲文化更强调家庭而不是个人，大男子主义盛行，强调夫唱妇和，嫁鸡随鸡，嫁狗随狗，家内外有别。如果一个受虐的妇女向外人诉说自己的遭遇，反而可能遭到别人的非议。这可能是家庭暴力得以维持的社会心理原因之一。

哪些家庭或夫妻发生家庭暴力的风险比较大？调查报告显示，年纪较轻的、贫穷的、教育水平低的男性更可能有暴力倾向；年纪较轻的、贫穷的、教育水平低的女性则更可能被虐待。无论是男女，幼年时观察到或经历过家庭暴力事件，对成年有婚姻后的暴力倾向都是一个重要的影响因素。幼年类似的经历可能导致男性以为暴力是解决愤怒和冲突的一种手段，是男子展示自己的权力和控制需要的形式；而对于女性来说，家庭暴力的早期经验会使她们错误地以为攻击是亲密关系的“正常”表现。[①] 此外，一方原有骂人或暴力倾向、一方有离婚意向，性情暴躁、易冲动，一方有酗酒、赌博、婚外恋等不良行为者其暴力倾向较大。

家庭暴力不仅导致身体的伤害，更重要的是可能导致一系列的心理问题，低自尊、高抑郁、焦虑紧张、情感的内伤和对家庭幸福的失望与悲观是最常见的问题。

在绝大多数情况下，男性是施暴者。美国著名文化人类学家理安·艾斯勒认为，男性并不是因为荷尔蒙或遗传的作用而天生地喜欢暴力，这主要是以“暴力的男性脚本”进行社会化的结果。心理学家西尔凡·汤姆金斯（Silvan Tomkins）认为，人格是在内在脚本和文化脚本的共同作用下形成的，在传统社会中形成的文化脚本在男男女女中代代相传，使他们按照文化规定的角色塑造自己，证明自己和满足自己。所谓的“暴力的男性脚本”，也许起源于远古“勇猛而不怕死”的战士的形象，而在日常生活中被父母对男孩的“摔倒了，自己爬起来；别哭，坚强些，男孩子哭没出息”的台词不断强制性地社会化，在这种社会化过程中，男孩子不仅学会了坚强、凶猛、攻击等男人的气概，而且学会了鄙视、厌恶恐惧、害羞、“娘娘腔”等所谓女人的情绪。在一些民族的男孩子成人仪式上，必须首先表明他不怕别的男人，而且能够在性上主宰女人。性不是双方的快乐，更不是关心，而是暴力统治和征服。婚姻中的暴力是统治式性关系的典型事件。借心理学家汤姆金斯的话来说，一些男人将寻觅（find them）、欺骗（fool them）、性交（fuck

---

① （美）埃托奥·布里奇斯．女性心理学［M］．苏彦捷，等，译．北京：北京大学出版社．2003：258．

them)、甩（forget them）“4F”当作自己的性哲学。[①] 既然如此，女人也应该有自己的哲学，那就是：自强、自立、自珍、自爱！

四、婚姻的稳定性与解体

人们常常用“纸婚”“木婚”“银婚”“金婚”等名称来表示婚姻时间的长短，每经历过一个阶段即意味着婚姻又向稳定性迈进了一步，当然值得给予祝贺。

（一）婚姻稳定性的相关因素

1. 婚前感情等因素：与初婚年龄、有无婚前性行为、有无同居经历、相互了解的程度和磨合相处的时间等婚前因素有关。婚前缺乏对对象的全面和深入的了解是许多婚后矛盾与冲突的渊薮。研究表明，结婚前同居过的男女比没有同居过的更容易离婚，可能与其对离婚的接受程度更高，对婚姻的责任感较低有关。[②]

2. 夫妻关系因素：与夫妻关系满意度、物质生活满意度、性生活质量高呈正相关，与生活情趣、人际交往关系等因素有关。

3. 同质性因素：与夫妻在思想观念、性格脾气、生活习惯、消费意向、兴趣爱好等因素是否一致相关。异质性大者则婚姻稳定性较差。

4. 互动模式因素：与双方如何处理冲突、承担家务、教育子女、应对生活困难、如何对待亲朋好友等互动模式相关。

5. 婚姻替代因素：即双方是否有替代意识和替代机会、有多大的可能性会找到替代现有配偶的对象，双方身边有多少可以替代对方的诱惑，有哪些防范替代的保障。经验表明，一方面，已婚者比同居者、夫妻双方在场比单身状况、有孩子者比未生育者的婚姻关系具有相对较大的稳定性；另一方面，年纪较轻者、收入较丰厚者、长期分居者、长期晚归家者、经常出差者有相对更多的机会寻求替代对象。

婚姻的稳定性遭受破坏的最后结局就是婚姻的解体。婚姻解体可能发生在婚姻周期的任何时间点上。据估计，美国有将近11%的女性在40岁左右

---

① （美）理安·艾斯勒. 神圣的欢笑［M］. 黄觉，等，译. 北京：社会科学文献出版社，2004：265.

② （美）埃托奥·布里奇斯. 女性心理学［M］. 苏彦捷，等，译. 北京：北京大学出版社，2003：241.

经历了第一次离婚。在中国，近 30 多年来离婚率显示出逐渐增高的趋势，离婚率约为 1‰，处于世界第 55 位，已进入世界高离婚水平的国家之列。

（二）离婚经历的心理阶段

美国人类学家 Paul Boannan 认为，离婚通常会经历几个心理变化的阶段：

1. 感情上的离婚：夫妻双方感情开始疏远和瓦解，虽然还住在一个屋檐下，但貌合神离，同床异梦，各自盘算着自己未来的梦想，相互欺骗自己外出的去向和经济的收入，在感情上和性上背叛对方，开始隐瞒收入，存私房钱，或转移大额的财产。

2. 法律上的离婚：双方感情破裂已成为公开的事实，而且双方对维持和改善婚姻状况已经没有任何信心，经由法庭判定而解除婚姻关系。但达成法律上离婚的过程与形式既可能是平静的协议，也可能是激烈的争吵与打斗。

3. 经济上的离婚：按照法律裁定或协议，家庭财产的分割将夫妻再次分成为各自独立的经济单位。这意味着原来家庭经济功能的彻底丧失，丈夫或妻子为对方提供经济资源或因此形成的依赖关系从此解除。

4. 孩子抚养关系的分离：因父母离婚，带来孩子归属及其抚养的问题。孩子不能像财产那样容易进行分割，尤其是只有一个独生子女时。孩子的归属和抚养的核心问题是经济问题和教育问题。通常的情况是，母亲要孩子的愿望和倾向要比父亲大，越是有意或有可能再婚的一方往往不愿意要孩子。这种现象可以用进化心理机制来加以解释。①母亲 100% 可确认自己对孩子基因的贡献，而父亲不能。②已有孩子的女性的生殖价值和再生育的现实可能性下降。③不再年轻和不再漂亮的女性对男性的性吸引力下降。④带着孩子再婚的可能性亦下降，因为这意味着孩子的继父或继母需要更大的资源投入。

5. 社区上的离婚：因为离婚后的居所被分割，男女也都不再愿意看到对方，因此，总有一方需要离开原来熟悉的社区，这同时意味着将脱离原有的亲戚朋友、邻居人际圈和熟悉的生活环境。如果说“此在”和“当下”就是人的存在感的话，那么离婚后离开熟悉的社区将带来一种悲切的丧失感。

6. 精神上的离婚：从精神层面上看，结婚是男女人格融合与冲突的深刻过程，相对财产等有形物质的分割而言，夫妻共同积累的精神财富或精神

负债就不那么容易进行分割了。这些精神的东西包括共同的经历和回忆。经验表明，长期生活在一起的夫妻会在生活习惯、思维取向、情绪反应、兴趣爱好等多方面相互影响，并具有很多相同之处，离婚后要将自己从原配偶的人格的影响中解脱出来，重新取得精神上独立自主的过程更是需要漫长的时间。临床咨询中见到不少离异的男女在离婚之后难以接受新的追求对象，或再婚后感到失望并感叹还是原来的配偶好，究其原因就是尚未从原有婚姻的阴影中真正走出来。

离婚并非像脱一件衣服那么简单，无论是从孩子的纽带，还是从相关亲戚朋友的社交，性的想象和感情联系上，离婚后的夫妻在心理上还是存在有许多复杂的“情结”，了解离婚中或离婚后当事人的心理矛盾和情结才能使婚姻心理咨询更为有效。

（三）离婚对当事人和子女的影响

离婚对当事人的影响既有积极的，也有消极的。积极的心理影响可能有：①更强的独立和自由感，如支配私人生活与时间的自由，独立决断的自由等，“我想做什么就做什么”常常是离婚者和单身者的信条。研究表明，离婚的女人与从未结过婚的人相比会有更高的生活满意度。②增进了新的自信心和新的能力，如挑战没有配偶的生活能力，担任单身母亲的能力等。③生活丰富度增加，人际交往增加，为自我发展提供了新的机会。离婚后的人早期会减少与熟人的交往，但随着时间流逝会逐渐增加和扩大与其他新朋友的交往；离婚后的人也会参加更多的文娱、体育、旅游和集体聚会活动等。④亲子关系改善，对孩子的责任感加强。离婚结束了夫妻长期存在的冷战和冲突，使当事人有更多的时间和精力关心所抚养的孩子，使亲子关系得到改善，责任感加强。尤其是女性常将生养孩子作为自己生活中最有意义的经历，它所带来的力量感和幸福感可以胜过离婚的痛苦。

离婚所带来的消极的影响可能有：①消极情绪。如体验到分别和被抛弃的痛苦、抑郁、悲观、失望、孤独、愤怒、社会支持度下降等。②经济困难。一般来说，女性的收入比男性少，婚姻会带来两份收入，而离婚则往往使收入急剧下降。尤其对那些没有工作的家庭妇女来说更为明显。研究表明，女性离婚后的收入越低，对生活的满意度就越低，痛苦程度就越强。①

---

① （美）埃托奥·布里奇斯. 女性心理学［M］. 苏彦捷，等，译. 北京：北京大学出版社，2003：243.

正如结婚不仅仅是男女两人之间的事一样，离婚所影响的也不只是当事人双方，而对子女以及其他亲属的心理也产生相当大的影响。有研究提示，离婚在家族中表现出一定的传染现象。即兄弟姐妹中有离婚的人，其发生婚变的概率比对照组高；父母离异的孩子成年后比正常家庭的孩子离婚的可能性要大。

关于离婚对孩子影响的研究显示，父母离婚对男孩的负面影响相对比较严重。对年幼孩子的影响大于年龄大的孩子，其中以对 4 ~ 11 岁的孩子影响最大。父母离异两年以内的影响明显大于两年以后，随着年龄的增加，父母离婚对孩子的影响亦逐步转弱。

父母离婚是否会对青少年犯罪产生影响一直是社会关注的热点。现代不少研究认为，青少年犯罪者中父母离异的多见。但事实上，这些研究可能没有考虑到其他因素的负面影响，而只是注意到了父母离异这单因素。如：①家长文化程度偏低（少年犯的家长为工人、农民的占 80% 以上，文化程度为初中以下的占 79% 以上）、教育方法失当，打骂体罚，放任自流，溺爱袒护的达 70% 以上。②家长自身行为偏差：父母及家庭成员的自身道德水准较差，有不良嗜好或赌博、吸毒、嫖娼等违法行为，具有潜移默化的“近墨者黑”的反面示范作用。③父母缺乏家庭责任心，对子女只养不教或忙于经商挣钱，享受玩乐，疏于对子女教育，或放任自流。④家庭人际关系紧张，亲子关系淡漠。

尽管不能将青少年犯罪完全归因为父母离婚，但父母离异对子女心理还是存在着不同程度的影响，不少研究表明其影响机制可能有：

1. 家庭结构残缺论：孩子与未获得监护权的父（母）之间的交往数量和质量的下降，缺少必要的关爱、生活扶助和辅导，缺少父亲或母亲角色的示范会减少孩子学习社会交往技巧的机会，导致孩子自尊受损，无心向学，成绩下降，甚至出现行为不端。

2. 生活恶化论：因为财产分割和家庭收入减少，尤其是以母亲为户主的单亲家庭生活水平将可能下降，经济条件恶化，孩子学习条件及居住社区环境也可能变差，因而损害了孩子的福利。

3. 冲突论：父母之间的敌意和对抗使家庭退化为令人反感的环境，使孩子经历紧张、痛苦和产生不安全感；以及父母身心疲惫从而降低了处理孩子事务的效率。

4. 有限影响论：这种观点认为，父母离异给孩子带来的影响是辩证的。观察表明，不少离异家庭中的孩子在家庭变故的挫折经历中成长和成熟得更

快，自理能力增强、更体贴父母、较节俭、适应性较强、富于同情心，为争气而奋发向上。事实上，只要监护人尽职尽责，孩子身心健康也可以发展良好，此外，同学无歧视的学校环境对于离异家庭孩子的成长也十分重大。

研究表明，父母离婚和单亲家庭虽对孩子有不良影响，但不应夸大这种影响，估计只对5% ~10%的子女有不良影响。父母离异与子女犯罪之间并没有直接相关性。相反，如果凑合着过的冲突家庭可能更不利于孩子的成长。

正确评价离婚是十分重要的，否则，离婚的男女都将背负沉重的道德十字架。下述观点对于指导婚姻咨询也许是重要的：离婚并非是不道德的行为，离婚自由代表了现代文明和先进文化的理念，离婚自由在更大程度上使受害和压抑的女性可以解除痛苦的婚姻，维护了弱势女性的利益；而勉强维持低质量的、感觉不到幸福的、已经“死亡”的婚姻则更是不人道的。一次婚姻的解体决不意味着一生婚姻的结束，而是意味着一个新的开端。放过别人，就意味着让曾被自己意识异化的他人从自己当下的意识中退出，因此，这同时就是解脱了自己。人并不因婚姻而活着，婚姻虽然解体了，但人生仍将继续书写。

五、关于单身问题

与婚姻状况相对又相关的问题是独身现象。独身，是对婚姻的背离，从古希腊时期开始就一直是一个经久不衰的争论话题。哲学家是否应该结婚成为争论的焦点之一。一种观点认为，结婚、生子，照顾父母是一个公民的义务。“既符合自然，又有益于所有的人。”“想成为哲学家的人就应该结婚。”因为哲学家不仅要循理性而生活，还应该成为其他人理性生活的榜样和导师。另一种观点认为，如果让大量的家务活充斥于哲人的心中，就会阻止他关注自己和关注人类。“他没有家庭，因为他的家庭就是人类，他没有孩子，因为他以某种方式养育了全部男女。”当然哲学家的这种独身生活是现实环境的需要，若是所有的人都能够过上一种符合自身本性的生活，那么这些由诸神派来的，抛弃了自己一切以唤起其他人追求真理的哲学家的独身生活就没有存在的必要了。①

---

① （法）米歇尔·福柯. 性经验史［M］. 佘碧平，译. 上海：上海人民出版社，2000：465－469.

20 世纪 90 年代后半叶到 21 世纪初，世界上很多国家都出现了新一轮独身潮，不过基于的是不同的观念。独身从一种被人视为不正常的状况成为一种颠覆传统婚姻的社会思潮。据美国的人口统计显示，2003 年，美国已婚夫妇组成的家庭的比例由 20 世纪 50 年代的 80% 下降到 50.7%，而单身的人群却上升了 26%。独自生活的女性数目在过去的 50 年里上升了 33%。在英国，结婚率下降到了一个世纪以来的最低点，估计到 2020 年，在英国将有 1/4 的女性选择独身。在北欧，近 50 多年来结婚率也下降了一半，估计 45% 的 35 岁以下的女性将发誓永不结婚。在日本，在近 15 年里单身女性也增加了 50%。[①] 2000 年 8 月美国《时代》杂志封面上写着一个醒目的问句："谁需要一个丈夫?"并热情洋溢地赞赏女性"她们比从前更自信、更自足，也更慎重，女人不再把婚姻看作必须经历，必须相信的一件事了"。2003 年，美国一本名为《反对爱情》(*Against Love*) 的新书上声称："再没有一个时代比现在更合适单身女人了。"在现代许多杂志、电影和电视媒体，言谈随心所欲的，行为自由的，穿着华丽的单身生活常常被拿来和婚姻生活的沉闷做对比，受过良好教育的单身女性甚至成为西方社会最大的消费群体。而在这之前的 20 世纪，单身者，尤其是单身女性，被描述为神经质的、行为怪异的、感情脆弱的和不快乐的、贫困的弱者。同样，男性或丈夫们也在鼓吹用单身生活方式来解放自己，反对婚姻意识形态，其舆论的先锋代表莫过于一个不快乐的丈夫和出版商休·赫夫纳尔（Hugh Hefner），在 1953 年他出版了后来具有很大影响的男性杂志《花花公子》(*Playboy*)。与此对应的是《花花女郎》(*Playgirl*) 杂志，为坚强的、努力奋斗的女性唱着赞歌。

主张独身的个人理由有很多，诸如，持谨慎观念的人说："男怕入错行，女怕嫁错郎。"认为当今好男人不多，与其嫁给一只花心狼，不如独身，洁身自好，少些烦恼。持成本高观念的认为，结婚不仅养家糊口成本高，离婚成本还更高。那些"月光族"则是已经习惯于自己赚钱自己花的日子，不愿意因为一人赚钱两人花，或者是两人赚钱几人花而使生活质量下降。持负担重观念的人认为：结婚将带来的生儿育女、赡养老人、家务和照顾他人，都是一种无穷的痛苦和沉重的负担，而独来独往的单身自由自在，没有任何牵挂。持责任观念的人说："结婚生子是一种巨大的责任，也意味着一种长久的承诺，一些人连自己都不相信自己是否能持久，更不奢望别人会永远靠得住。"同居和结婚的区别就在于前者不愿意要那种由法律来见证的责任。持

---

① （美）安妮·金斯顿. 妻子是什么［M］. 吴宏凯，译. 北京：中国妇女出版社，2005：237.

生育和性可以分离观念的人则认为：两厢情愿做一个性伴侣就可以了，何必要结婚生孩子？

造成独身潮的社会原因也有很多。一是社会经济的发展使得男性的收入不足以养活全家人，大多数女性必须参加工作，随着女性经济地位的提高，女性可以不再依附男人而独立生活。男女的经济能力始终是婚姻模式变迁的基础。二是以人为本，以独身来展示个性已成为现代青年人强烈的自我意识。“宁为玉碎，不为瓦全。”“宁缺毋滥，如果遇不到‘合适的’，决不愿委屈自己勉强结婚。”三是结婚为了传宗接代、延续香火的传统家族意识逐渐淡化，包办婚姻的风俗逐渐消失，父母和家庭对于青年人的约束力逐渐减弱。家庭规模越来越小，家庭分化也越来越快，给独身留下了存在的空间。四是避孕药和自慰器的发明，精子银行的设立都为单身生活提供了必要的条件。女人甚至无需等待男人的同意就可以做出诸如生育等重要的人生决定。据美国和英国的人口普查，单身母亲的数字急剧上升的同时是约有 1/3 的孩子是非婚生子女。越来越多的女人通过拒绝在孩子的出生证上写孩子父亲的名字，表明她们想独自将孩子抚养长大。将注意力从婚姻转向孩子似乎成了西方婚姻关系中的一种新趋势。

独身者的生活质量和心理状况自然与已婚者存在着明显的差异。自由自在当然潇洒，但没有一丝牵挂也许有些遗憾；清静、无人打搅当然令人羡慕，但孤独寂寞也常难熬。虽然不婚不等于无性，但研究显示，未婚女性子宫颈癌的发病率低于已婚女性，但乳腺癌的发病率却高于已婚女性。在 2011 年北京市公布的《2010 中国城市健康状况大调查》的报告中，以 30 岁以上未婚男性和 27 岁以上未婚女性为对象，在广州、上海、深圳、北京等 10 个城市采集了 16 000 多份有效问卷的调查显示，中国内地城市的单身人群约有 75% 情绪不佳，其中 22% 感到孤独寂寞，30% 有焦虑、疲倦、压抑和挫折感。可见，结婚与独身者健康的辩证法是有得有失。

在现代多元化社会中，结婚或单身都是一种生活方式，孰优孰劣，谁是主流，谁是次文化，现在都已无评价的必要，每个人都有权自由选择。人有选择的自由是人道主义的基本要求。婚姻应该只是选择的一种，而不是唯一的选择。但无论何种选择，有一点是必须谨记的，那就是：必须为自己的选择承担责任。

从爱情开始，到结婚，我们应该明白，在新郎与丈夫、新娘与妻子之间存在着深刻的裂缝，许多进入婚姻中的男男女女尚未认识和跨越这道裂缝，这恰好是许多婚姻和家庭矛盾冲突的根源。其实，从男女青年到丈夫和妻子的转变是人生中一种全新的身份或角色扮演，这种角色同时蕴含着互相理解和固执己见、自我囚禁与自我解放、执迷不悟和自我觉醒、诅咒他人和拯救自己等多种矛盾，具体到每一个人和家庭，究竟是何种含义被实现，完全取决于你自己的选择。

六、婚姻问题的心理咨询

婚姻问题的心理咨询方案必须由心理医生和当事人夫妻双方共同商定，最好能邀请婚姻双方一起参与咨询过程。

（一）婚姻咨询前期的思想准备

在开始婚姻咨询前，我们必须先解决咨询动机和态度的问题：我或我们为何需要婚姻心理咨询？不少当事人认为，夫妻之间的私事，有必要向他人讲述吗？家里的矛盾自己最清楚，需要别人进行评价吗？心理医生是局外人，能帮助我们解决婚姻问题吗？夫妻既然合不来离婚就是，何必再耗费时间？有外遇就只有以离婚一种方式结束吗？破裂的婚姻有拯救的必要吗？事实上，社会上大多数的离婚案都是匆匆忙忙结束的，结果不仅给孩子造成的伤害是一辈子的，而且因为当事人自己的情感困惑也常常影响到下一轮婚姻，以至于再婚的离婚率仍然非常高。无论你是否想离婚，为自己、为小孩、为未来，婚姻心理咨询都是十分必要的。如果你拒绝这样明智的选择，如果你固执地认为自己才是唯一的受害者，是最不幸福或最不走运的人，那么，只能说明你内心是一个害怕改变和拒绝进步的人，一意孤行的结果可能是以后你将继续婚姻失败的故事。因此，婚姻心理咨询的意义在于让当事人在婚姻即将解体之前给自己一次重新认识恋爱与婚姻，促进自我成长的机会。

婚姻心理咨询的前期应帮助当事人先树立如下一些新的观念，调动参与咨询的自觉性和主动性。

其一，离婚并不可悲，可悲的是自己并不知道婚姻失败的真正原因，可以运用面质技术提问：婚姻失败真的都是对方的过错吗？即使是对方有错，那么这些错误与你的家庭角色扮演有关吗？你有没有认识到，你们婚姻的失败与各自的成长史和原生家庭的教养方式有关吗？与你的父母和其他亲戚朋友的态度有关吗？婚姻危机其实是一次难得的学习成长和重新选择人生的机会。问题是你愿意真诚地把握这次选择的机会吗？

其二，拯救处于危机中的婚姻，并不是咨询的唯一目标。无论你是否打算离婚，为孩子、为自己的未来，现在都应真心努力一次，但这次努力与以往你们自己的努力所不同的是，这次是在专业心理医生的参与下进行的。如果当事人这样真心足够地付出了，即使最后还是离婚，他也会坦然面对，将对孩子的负面影响降到最低；有助于帮助当事人认识到，离婚并不等于办理一个法律手续就结束了。事实上，离婚需要经过经济上、法律上、空间距离上、感情上、心理上的痛苦割裂的多个阶段。当事人是否能从婚姻冲突中吸取某些教训和人生经验，其情商和心智是否有所成长？是否能厘清与对方和他人的既往“情债”，是否能走出离婚的阴影，是否有能力追求未来充满变数的新生活？婚姻咨询的结局有可能是挽救了濒临解体的婚姻，也可能是让无法避免的离婚变得平静文明一些，可能使当事人的愤怒和悲哀减少一些，可能使当事人获得一些新的成长的顿悟，但这一切主要取决于当事人双方愿意付出努力的程度。

其三，婚姻心理咨询属于家庭治疗，并不是为某一方设置的，夫妻双方，甚至是孩子和第三者都有必要或鼓励共同参与咨询过程。婚姻咨询师必须保持价值中立的非批判原则，不偏袒任何一方；坚持与人为善，成人之美的态度；婚姻咨询与律师的婚姻法律咨询是完全不同性质和目标的咨询，婚姻咨询的前期要坚持夫妻双方分开晤谈的原则，心理咨询师要替双方保守个人隐私的秘密，不向对方转达和讲述任何不利于夫妻双方团结和谐的话。

其四，出现婚姻问题非一日之寒，婚姻心理咨询需要一个较长的过程和系统咨询。婚姻问题往往是当事人双方长期多方面积累的问题的总爆发，涉及原生家庭背景、婚姻基础、家庭角色、家庭权利、性生活、家庭财务管理、婆媳关系、工作性质等多个方面的问题，因此，婚姻咨询不能一蹴而就，需要按咨询目标分次分步实施。

（二）问题的界定与适合对象

1. 准备结婚而又发生冲突的情侣。现实社会中的许多情侣常常开始同居，过上了准夫妻的生活或已经成为事实婚姻。这些咨询对象的特殊性在于双方的感情没有建立在法律保护的基础之上，不仅没有可靠的经济保障和稳定的住房，也常意味着双方父母尚未认可当事人自愿建立的恋爱关系。对这种准婚姻状况的心理咨询常见有婚姻的调适程度和婚姻是否要继续下去的评估，并将涉及一些相关的法律和道德问题。

2. 处于激烈冲突之中和有离婚意愿的夫妻。尽管在所有家庭里，夫妻之间发生矛盾是常见的，但大多数夫妻并不会因此而前来咨询。在另一种极端的情况下，那些已经下定决心离婚的夫妻也不会来寻求心理咨询师的帮助。事实上，那些自愿前来咨询的女人或男人一般是内心充满矛盾的人，处于想离婚，又害怕离婚，爱恨交织的纠结状况。对于这类对象的咨询问题，常见的是婚姻走向的决策和婚姻调适的生活艺术。

3. 一方有外遇的夫妻。现实中最先前来进行婚姻咨询的对象以女性为多，咨询中的情绪大多充满愤怒与伤感，咨询中最常见的起因是发现丈夫有外遇，在这种情况下的咨询难点是如何设法让男方也进入咨询过程。如果是女性有外遇，她们来咨询的首要问题大多是对丈夫的缺点和家庭的抱怨，而常常在咨询即将要结束时才将自己有外遇的事做最后的暴露。这类咨询对象的问题常见有：是否要即刻离婚？或怎样修复这种有问题的婚姻？

（三）咨询目标

1. 长期目标：①重建新的稳定和谐的婚姻关系。这种关系的具体内涵是：将危机当作自己成长的机会，学习调整自己不适应的生活态度和生活方式；调整自己对婚姻和幸福生活的期望值；彼此理解和体谅对方的过去；摆脱过去的阴影；建立新的“和而不同”与“有容乃大”的生活态度或家庭关系模式。②如果非离婚不可，经辅导，达到双方心平气和，理智地分手；避免或减少因离婚带来的心身性疾病或精神障碍；友好商定财产分割，协商共同保护和教养子女的规则。

2. 近期目标：①减轻不良的情绪体验，建立心平气和的沟通方式，停止伤害对方的言行，避免家庭暴力。②认识婚姻失败或家庭解体的原因，尤其是自己的原因和责任。③认识自己的性格与婚姻、家庭矛盾的关系。④认识自己的行为方式给子女和家庭其他成员带来的影响。⑤理清自己的情绪和情感问题，不至于带到下一次婚姻。⑥认识初婚与再婚的重要区别，告知再婚发展的各种可能性。

（四）婚姻质量的评估

婚姻质量是指夫妻双方主观感受到的家庭生活和谐与幸福的程度。有研究对当代中国婚姻质量总体状况的估计是：高稳定高质量的家庭占 3%，高稳定中等质量的家庭占 75%，高稳定低质量的家庭占 22%。

婚姻质量的内涵丰富，包括经济生活、性生活、感情生活、孩子抚养等要素。1997 年，全国人口与生殖健康调查对我国已婚育龄妇女性生活满意度

及其影响因素进行了分析。结果发现已婚妇女中对目前性生活满意和比较满意的分别占56.8%和17.8%，不满意的占10.0%。影响妇女对性生活满意度的因素有：妇女的生理、心理，婚前教育状况，人流史，妇科疾病史等多种因素。

婚姻质量的评估具有多重意义：现状评估有助于分析婚姻冲突的性质和原因，有助于指导如何促进家庭成员互动关系改善的方向。

婚姻质量评估的维度和内容主要包括：

1. 婚姻基础：当事人的婚姻是自由恋爱或经人介绍；父母对婚姻的看法与态度；双方在价值观、人生观、生活态度与生活习惯、情趣爱好、是否有婚前性行为、家政管理、待人接物、宗教信仰或其他俗信、文化程度等方面的一致性如何；是否同乡或异乡人、区域文化的兼容性或冲突性如何。婚姻基础评估可借助于专业的量表或问卷来完成。

2. 家庭背景：当事人双方的家庭所处的城乡地域、父母文化程度、社会阶层、职业类型的差异；双方在原生家庭子女中的排序、各自的社会化经历、童年有无与父母分离和特别的创伤经历、父母的教养方式；双方与对方姻亲的关系如何。

3. 职业与经济现状：双方的职业及其稳定性、收入水平、家庭经济的支配权和管理方式；女方经济的独立性或控制性或依赖性如何；家庭经济的分配与管理模式如何；职业风险如何，职业交际圈情况等。

4. 家务参与和公平感：双方实际参与家务的情况、丈夫与妻子的PAC角色扮演的认可性如何、双方对参与家务的公平感及其评价如何。

5. 教育子女的情况：单方或是双方参与子女教育；双方对孩子教育的态度与方式的一致性如何；长辈是否参与孩子的教养；是否有溺爱或放纵，过于束缚或过于忽视的情况；双方的亲子关系如何。

6. 认知与归因方式：双方如何看待婚姻冲突的责任和缘由；是内归因还是外归因，将失败的婚姻归因为稳定的还是不稳定的因素，如果认为是前者的婚姻冲突不易消除；看其归因是可控的还是不可控的因素，如果认为是前者的，婚姻冲突不易消除；看其归因有无绝对化、过分概括、读心术等非理性的认知方式。一般来说，倾向于外归因的人是较难以自我察觉自己的问题和改正自己的缺点的，而倾向内归因的人则比较容易察觉和反省自己的问题。观察其归因方式时，还看其是归因为是稳定的因素，还是偶然的因素如果认为是前者的，婚姻冲突不易消除；看其归因是可控制的因素，还是不可控制的因素，如一方说“问题全在于他”或“这不是我们的错”的人是外归

因和不可控因素归因；说“我们性格不合”的人是稳定的和不可控制的归因。

7. 身心健康与性生活：生殖系统的健康状况、同房或分床、性生活的满意度和频率如何；是否患过重大疾病、性病或神经症等精神性疾病；是否有不良嗜好；是否有手淫自慰的习惯；是否有外遇。

8. 沟通与表达的方式：夫妻沟通与表达的方式如何，沟通和表达时的语速和语气，沟通的地点与时间如何；夫妻双方在一起进行的家庭活动有哪些，重要节日和结婚纪念日的表现或活动。

9. 性格评估：在影响婚姻质量和稳定性的因素中，性格因素最为持久和重要，可运用EPQ量表评估婚姻双方个性的互补性。如果用P维度代表性格的倔强型，E代表内外倾向型，N代表情绪稳定型，那么可以综合双方在三个维度的得分及其匹配情况来评估和预测婚姻质量。根据经验和相关研究，可以将男女双方得分及其匹配情况和对婚姻质量的推断归纳为下表：

男女双方性格匹配的类型与婚姻质量的关系

P分 倔强型	婚姻质量	E分 内外倾向型	婚姻质量	N分 情绪稳定型	婚姻质量
男高—女高	很差	外向—外向	较差	稳定—稳定	很好
男高—女低	较好	外向—内向	中等	稳定—不稳定	中等
男低—女高	中等	内向—内向	较差	不稳定—不稳定	很差
男低—女低	较好	中间—中间	很好	稳定—中间	很好
男中—女中	很好	外向—中间	较好	不稳定—中间	较差
男中—女高	较差	内向—中间	较差	中间—中间	较好

10. PAC角色评估：夫妻之间的交往其实就是男女双方人格的碰撞，和谐或矛盾与否都与人格这种相对稳定的因素密切相关，而每一个人的人格形成与构成都是复合性的，既有父母的影子，也有儿童时期的烙印，还有后天社会化习得的结果。一个人在每天生活中的言行总是表现出父母和童年人格原型的影子，即每个人身上都有PAC三种人格成分。所谓父母自我状况（parent ego state）是指从父母身上学来的想法、感受和行为模式；成人自我状况（adult ego state）是指针对此时此刻情境的想法、感受和行为；儿童自我状况（child ego state）是指重演儿时的想法、感受和行为。

根据每一个人PAC的自我状况，可以将人的角色类型分为：NP抚育型

父母角色，即表现为温和的，照顾、安慰与保护的行为模式；CP 控制型父母角色，即表现为严厉的，设定限制的行为模式；FC 自由型儿童角色，即表现为自发性、直接的表达需求和感受的行为模式；AC 顺从或逆反型儿童角色，即表现为顺从或逆反行为的模式。依照一个人在生活中所表现的三种不同的自我状况的时间的多少，可以排列出人格角色成分的高低顺序，或绘出其自我图。PAC 理论有一种基本假设：即假定一个人能投注在五种自我状况中的能量总和是固定的，那么，在某一个自我状况的强度增加，势必导致其他自我状况就会呈代偿性减少。

PAC 理论认为，自我状况本无好坏，只有在相应的情境下选择运用角色是否恰当的问题。一个人能察觉自己该于何时、何地，选择哪种适当的自我状况以使自己感觉舒服与关系和谐，且能在不同情况下进行自我状况的转移与变换，才是心理健康的。一般来说，当 P 被排除时，自我容易失去方向，且无法照顾自己；当 A 被排除时，则无法处理日常工作；当 C 被排除时，人将变得僵化、无趣。当一个人很少或几乎不用某种自我状况，而将所有的精力都投注到其他自我状况上，结果只能以压抑、僵化的方式来处理现实时，叫作排除（exclusion）；如果父母自我或儿童自我，或彼此两者同时侵入成人自我，以致造成角色混乱和模糊时，叫作污染（contamination），这些都是夫妻角色扮演中常出现的问题。协助夫妻从“污染”中将自我状况区分清楚，可以称之为“去污染”。

研究表明，夫妻之间良好的沟通方式是互补沟通（complementary transaction），例如 P－C 和 C－P 的模式，双方保持一种“一个愿打，一个愿挨”的互补沟通方式，对话就会良性地进行下去。不良的沟通方式是交错沟通（crossed transaction），例如 P－P 和 C－C 的模式，“一个想控制，而另一个不愿被管”，“一个想说，而另一个不愿意听”，对话就无法进行下去，沟通就会停止。此外，隐藏的沟通（ulterior transaction）是指一个人行为中包括两个以上的自我状况，即在一个公开的社会层次的信息后面隐藏着另一个心理层次的信息，也即“言不由衷”的现象。简而言之，夫妻沟通模式和角色扮演的情况决定了双方对婚姻生活质量的感受，PAC 是一种关于婚姻功能状况的有效评价方法。

附录：Locke-Wollance 婚姻调适测定①

---

① 汪向东. 心理卫生评定量表手册［J］. 中国心理卫生杂志，1993（增刊）：121－122.

指导语：每个括号的数字是标准分值，请你根据自己的感受选定一个符合自己实际情况的分值。

1. 请在下面横轴上标示出能反映你的婚姻幸福程度的一个点：

（0）	（2）	（7）	（15）	（20）	（25）	（35）
非常不幸福			（幸福）			（很幸福）

	总是意见一致	几乎总是意见一致	偶尔意见不一致	经常意见不一致	几乎总是意见不一致
2. 操持家庭财政	（5）	（4）	（3）	（2）	（1）
3. 娱乐方面的事	（5）	（4）	（3）	（2）	（1）
4. 感情的表示	（8）	（6）	（4）	（2）	（1）
5. 关于朋友	（5）	（4）	（3）	（2）	（1）
6. 性生活	（15）	（12）	（9）	（4）	（1）
7. 习惯性（正确的、好的、习惯的行为）	（5）	（4）	（3）	（2）	（1）
8. 人生观	（5）	（4）	（3）	（2）	（1）
9. 对待姻亲的方式	（5）	（4）	（3）	（2）	（1）

10. 当意见不一致时，其通常会：

A. 丈夫让步（0）B. 妻子让步（2）C. 相互让步达到意见一致（10）

11. 你和你的配偶一起从事感兴趣的户外活动吗？

A. 完全一起（10）B. 有时（8）C. 极少数时间（3）D. 没有（0）

12. 在闲暇时，你通常宁愿：你的配偶通常宁愿：双方均待在家里（10）

A. 待在家里 B. 待在家里 双方均外出活动（3）

C. 外出活动 D. 外出活动 双方不一致（2）

13. 你但愿过你没有结婚吗？

A. 经常（0）B. 偶尔（3）C. 极少（8）D. 从没有（15）

14. 如果你有再婚的机会，你将：

A. 与同一个人结婚（15）B. 与另一个人结婚（0）C. 不再结婚（1）

15. 你信任你的配偶吗？

A. 几乎不（0）　　B. 极少（2）

C. 在大多数事情上（10）　　D. 在每件事情上（10）

计分标准：（1）记分方法：将各题得分相加的总和即得到问卷总分。得分范围是 2～158 分。（2）评估：90 分以下提示夫妻调适存在有一定的问题；100 分以上表明婚姻状况良好，分数越高，夫妻调适性越好。

（五）婚姻心理咨询所涉及的理论与技术

1. 婚姻家庭社会心理学：可能涉及的概念化工具有社会化、性别角色、态度模型、家庭结构与家庭成员关系等。

2. 认知行为疗法：合理情绪 ABCDE 模型、贝克和雷米认知疗法、提问和自我审查技术、语义分析技术、行为矫正技术等。

3. 性心理学：可能涉及的概念化工具有性态度、性取向、性行为、性别角色、性功能状况等。

4. 精神分析学说：童年经历与当下情绪行为的关系、家庭成员的关系、性生活在夫妻矛盾中的作用和表现，躯体化症状与性生活不满意程度的关系等。

5. 家庭治疗：可能涉及双方原生家庭的结构、教育功能，与父母的关系、子女排序、重要未竟事件、跨代影响等。

（六）婚姻咨询的阶段性工作要点

1. 第一阶段：提问和自我审查。

（1）从单一对对方的指责向自我责任反思的过渡：①在对方出现外遇的过程中自己有什么责任？如：自己是否太争强好胜，太过于专注事业？是否疏于关心对方？你是否过于以自我为中心、自以为是？尊重不尊重你配偶的意见？②是否对对方父母和亲友过于吝啬刻薄？不良的姻亲关系是否影响到你们的夫妻关系？③是否自己没有履行应尽的家庭责任？家庭角色扮演不成功？自己的行为是否符合社会习惯的性别角色期待？④结婚后自己是如何逐渐放弃参与家务和管理经济的权利的？

（2）从对方单一的道德指责向“情有可原”的共情理解转变：①为什么婚外恋发生在现在（Why now?），而不是在相爱的时候？②为什么是她或他吸引了我的配偶？与她或他相比，自己的弱点在哪里？一个有合法身份的我，有什么理由输给没有法律地位的第三者？③为什么自己认为丈夫或妻子的缺点在第三者看来都是优点？自己对丈夫或妻子的评价是否存在着刻板印象？

2. 第二阶段：反思婚姻冲突的深层问题。

（1）婚姻不仅仅是两个人之间的爱情问题，而且是两种世界观、人生观、价值观、生活方式、两个不同家庭社会背景中的人的协调与融合的过程。重新审视两人择偶观、审美观、幸福观、生活观等方面存在的差异，增进相互的了解和宽容，树立求大同存小异的和谐观念。

（2）出现婚姻矛盾和冲突并不只有离婚一种选择，也不是通过换配偶就可以从根本解决问题。世界上永远只有经过相互适应的幸福婚姻，而没有天生就是最好的婚姻。想通过离婚寻找幸福的人常常是将恋爱的感觉当成了婚姻的本质。事实上，平凡的婚姻生活总是忙碌、具体和现实的，而不是浪漫的理想国。

（3）性格不和成为许多人离婚最常见的原因，也是似乎最堂皇，没有道德谴责的理由。当事人的信仰就是：江山易改，本性难移。事实上，性格的确难改，但不是不能重新塑造，只是时机未到；离婚的危机就是一个可能触动改变和成长的机会；如果认为对方的性格难改，那么当事人的性格亦同样难移。因此，不能只要求别人改，而自己则没打算改。最容易做到的其实是建立一种求同存异的家庭和谐观。

3. 第三阶段：树立"要改变别人，必须先从改变自己起"的观念。

（1）树立自立、自强的信念：保持正常生活、正常工作、正常交往，尽量恢复自己的职业工作，保障有自己的收入，保持自己对家庭经济的知情权和参与决策权。

（2）建立自尊、自爱、自信：有自己的事业追求和情趣爱好，参与继续教育和健身运动，提高个人修养；避免为情所迷的"一根筋"思维。

（3）建立社会支持系统：尽快恢复或修复久违的家庭亲情关系，向信任的亲人征询参考意见，听取长辈建议；关心对方的工作、生活和身体健康；关心对方的父母和所有姻亲，避免孤军作战。

（4）关心孩子：关心孩子的学习、生活和情绪，避免将孩子拉拢成自己的同盟军而与另一方对抗，避免将自己的负性情绪向孩子发泄，保持与孩子的良性互动，不要刻意地向孩子隐瞒真相，可以无偏见地适当地向孩子介绍父母冲突的基本问题和原因。

（5）对于不可避免的婚姻解体，应做好下列辅导：①明白失败的原因，正确归因，总结经验和教训，防止将仇恨泛化，避免将不良情绪和不良的应对方式带进未来的生活中。②帮助当事人建立自强、自立、自珍、自爱的人生观，克服在情感、经济和生活能力等方面对原配偶依赖的阴影，树立继续

生活的自信心，提高抗挫折和适应生活变化的能力。③理性思维，合理分割财产，维护自己的合法权益，妥善处理子女教养等问题。④正确看待和评价离婚对孩子的各种影响。⑤既然一定要离婚，就一定要从原有的婚姻中吸取教训和经验，有所成长；只有厘清在原来婚姻中的情债，才能走出原来婚姻的阴影，才能打开闭锁的心灵，接受新人的追求，开始新的生活。⑥不要将孩子的抚养问题和大人之间的矛盾混为一谈，父母的离异并不等于孩子失去父母的任何一方，不要在孩子面前贬低对方。⑦既然不能同生，但不要同死。婚姻不是一把锁，放过别人也是放过自己。离异分别决不能成为报复的开始。

（6）对于再婚心理问题的心理咨询。常见的问题有：两人亲密世界的重新适应性问题；相互信任的问题；与前伴侣比较的感受及其阴影问题；经济来源与财产关系的问题；子女血缘不同带来的各种问题；进入新的亲友圈和被接纳的问题；性的适应性问题。为再婚对象进行心理咨询的工作要点有：①学会彼此理解和体谅对方的过去，学会摆脱过去的阴影；建立和容许“和而不同”的生活风格或生活方式；认识初婚与再婚的某些重要区别；认识初婚失败或解体的原因，并且注意在再婚中不犯同样的错误；重新调整自己的生活期望值；协商财产协议或进行必要的公证，给对方一个安全感；协定子女教养规则，避免为此发生矛盾。②改变某些非理性的认知，如认为“初婚失败是对方的错，再婚就能重新来过或改变一切”。“我是受害者，我自己无需改变什么。”“一切都是我的错，我只有舍弃一切要求而依从于对方才能赢得对方给予的爱。”事实上，出让正当的权利不能赢得爱情。③我们关系本来很好，双方谁都没有错，只怪环境诱惑太多，是第三者插足破坏的结果。（事实上，苍蝇不叮无缝的蛋。）④我们之间的矛盾都是小事情，他对我的不满意似乎反应并不大。⑤我的幸福全都建立在他对我的爱的基础之上。（事实上，人的生死病痛都是由个人来承受的，人的本性是孤独的。个人的幸福不能建立在别人的选择和关注的基础上。）⑥面质：你是否想过：自己给予了对方多少幸福？我的精神独立吗？我的情绪问题都与对方有关吗？家庭各种矛盾与家庭经济模式无关吗？爱与经济的联系如何？经济与安全感的联系如何？你自以为是的想法与对方的想法一致吗？我理解和扮演的丈夫或妻子的角色与对方的期望一致吗？我是否常常将对方与我过去的配偶做比较呢？结果引起的情绪是什么？对现在家庭的影响如何？积极的或消极的？

 6 性神经症

我们应当将破坏性生活、压制性活动、歪曲性目标的因素视为精神神经症的病因学原因。

——（奥）弗洛伊德

神经症是指当事人自觉不能控制自认为应该加以控制的心理活动或行为，处于一种无力自拔的精神痛苦的精神障碍。其特点是没有任何可证实的器质性改变，当事人有相当的自知力，没有人格分裂，行为一般保持在社会规范所容许的范围内，常迫切要求治疗，病程超过 3 个月。神经症一般可以分为：焦虑症、强迫症、疑病症、恐惧症、神经衰弱等类型。

在这里，性神经症既不是指某一特定的疾病单元，也不是指区别于神经症的另一个新类型，而是指可见于各型神经症，但与性问题密切相关的，又区别于性变态的一组性心理障碍的总称。其共同特征是：当事人反复陈述有性器官或性功能的躯体症状，即使经医生检查确实无异常发现，当事人也无视反复检查的阴性结果，具有与症状或检查不一致的焦虑、疑病或强迫思维、强迫行为等精神痛苦，即使症状的出现和持续与不愉快的生活事件和冲突相关联，当事人也不愿探讨或否认心理病因的可能性，他们常偏执地将症状归因于躯体因素，迫切求助于新的特效药或其他物化的医疗手段，不愿在心理和社会行为等方面付出必要的自觉努力。因此，我们不妨将这些与性问题密切相关的神经症统称为性神经症。

本组疾病包括：性器官或性功能焦虑症、性病和性变态等疑病症、因性问题所致的恐惧症、因性生活缺失所致的失眠症、因性压抑所致的强迫症等。

一、临床类型

（一）性器官或性功能焦虑症

这类病人的基本特点是：对性器官或性功能状况给予过度关注，对因此可能造成的后果过度担心，持续性焦虑或反复发作的惊恐不安，其焦虑情绪并非由实际躯体障碍或危害所引起，或其紧张不安与现实处境并不相称。不断要求给予医学检查或更换治疗药物，对医生提示的与症状有关的心理社会因素或改进建议不予理睬或不愿做深入的探讨。

临床常见的类型有：男性担心阴茎过小、过短，睾丸过小；担心阳痿、早泄；担心肾虚，不愿过正常的性生活；性生活前紧张焦虑；等等。女性对性交的焦虑、对无阴毛的焦虑、对乳房大小的焦虑，等等。

案例 6－1：某男，19 岁，初中文化，务农。自述 14 岁时跟兄长一起看过三级黄色片，对影片中性交的情境久久不能忘怀。与影片中的模特相比，自觉自己性器官短小，勃起功能不能持久，担心未来不能结婚，不能使配偶满意。虽然很想与异性交往，但一见到异性，就局促不安，心慌意乱，额头冒汗。尤其害怕见到熟悉自己的人，担心别人知道自己的内心秘密。已经在性病科和男科多次求医，做前列腺等常规检查未见异常，久服中西药物未见明显疗效。

在男科和性心理咨询门诊可见到不少这类男性青少年，医生常需要帮助这些担心性器官过小的人测量睾丸的大小和阴茎的长度。

翻开如今的各类报纸，丰乳隆胸的广告可谓满天飞，这正是那些担心自己乳房过小魅力不强的女性心理需求的市场反映。

（二）性病和性变态等疑病症

这类病人的基本特点是：因为某次偶然的不洁性行为，怀疑自己患上或认定已经患上某种严重的性病，或因为某次偶然的念头或受到暗示认为自己有性变态，其精神痛苦的程度与当事人的身体实际状况并不相符。经反复检查或评估，当事人并没有患他所担心的性病或性变态，但当事人不是担心自己的情况比较特殊，化验结果不准，就是担心疾病尚处于潜伏期中，医生的解释只能暂时缓解当事人的疑虑。当事人反复去多家医院做检查或咨询。症状的出现和持续常常与某些医生不恰当的语言或药物运用等医源性影响，或广告、报纸等传媒的暗示有较大的关系。随着精神疾病和性病的患病率增多，怀疑自己患精神疾病或性病的人亦有增多的趋势。

临床常见的类型有：担心已感染上艾滋病或其他性病，担心自己是同性恋，怀疑自己的性幻想异常，怀疑自己的性兴趣异常。

案例 6－2：某男，23 岁，恋爱失败后，有一次在观看有关同性恋的电视节目时突然冒出“自己是不是同性恋”这个念头，至此这个念头就一直像魔影般地缠着他，而且有很多联想，如在报纸上看到有关基因问题的文章，即刻联想到自己是不是由某个基因决定了的同性恋或两性人；看了三级片后满脑子是口交、肛交等念头时，又认为这正是同性恋者才有的想法。为了解除自己的疑虑，当事人已经看了不少心理学方面的书籍。结果，更认为自己的问题非常复杂，开始怀疑自己的这种变态与幼年时的性游戏有关。目前表现为对自己的身体微小变化，尤其是对生殖器的勃起状况十分关注，情绪低落，担心自己未来的婚姻前途。

案例 6－3：某男性，25 岁，已婚。半年前曾在外出差时有过一夜风流，之后惶惶不可终日，心神不宁，自觉尿频、尿急，次数增多，阳痿。在多家医院已经做过多种性病检查，均未发现异常。但终日闷闷不乐，疑心重重，担心艾滋病潜伏期很长，会传染给自己的妻子，从此也找各种借口拒绝与妻子同房。

（三）因性问题所致的恐惧症

这类疾病的基本特点是：对某些对象、情境或活动产生持续的和不合理的恐惧情绪，并有回避其害怕的对象或情境的行为。经深层心理学分析，可以发现问题的根源却与性压抑有密切的相关性。当得到性的满足或性的能量有所指向和依附对象时症状即可消失。

临床常见的类型有：对生殖器的恐惧、对精液的恐惧、对细菌的恐惧、对封闭空间的恐惧、对黑暗的恐惧等。

案例 6－4：某女，40 岁，十几年前在怀孕期间乘坐公共汽车时，突然一阵心慌、胸闷，想呕吐，十分难受，好不容易熬到下车。因当时正怀着孩子，其反应似乎还好理解。可奇怪的是，自从那以后，当事人就逐渐不能呆在封闭的场所，如开着空调的中巴和的士里。最近因卧室里装上了空调，可待不到半个小时就自觉憋闷，“气不够用”要往室外跑。有人说她体质太虚弱，又有人说她“气虚”，所以夫妻生活一直很不正常。从症状表面上看，

当事人是一个畏惧狭窄幽闭处所的“幽闭恐惧症”（claustrophobia）。虽然当事人从理智上知道自己并不会在有空调的汽车和房间里憋死，但还是无法克服由之引起的恐慌和强迫性的逃离行为。经过心理咨询可知，原来当事人的丈夫不仅有过外遇，而且长期患有早泄，夫妻性生活一直不和谐，妻子对性生活从失望、冷淡发展到卧室的恐惧。

案例6-5：某女，30岁，因见到一自杀者尸体后开始患有“黑暗恐惧症”。表现为每晚发作，要将家里门窗紧闭，灯光大开，坐立不安，彻夜难眠，此时如与丈夫相拥而睡，症状才能稍有缓解。服用过多种药物，疗效不佳。后通过精神分析才知，夫妻俩人的性生活情趣极不一致。当事人对丈夫在性生活中对自己裸体的不欣赏，及其缺乏情趣的被动表现极其不满，当事人自觉自己的形体不够吸引整天在外有应酬的丈夫而有自卑感。

上述两个案例都提示了恐惧与深层的性压抑的相关性，以及症状获益的意义。在第一个案例中，其恐惧是为了“惩罚”花心的丈夫和逃避无趣的性生活；在第二个案例中，恐惧却是为了“拴住”每晚想外出应酬的丈夫。

（四）因性生活缺失所致的失眠症

这类病人的基本特点是：长期以失眠为主诉，多在内科就诊，采用镇静安眠药物治疗的效果不佳；精神分析可以发现当事人多有夫妻关系冷漠，性生活不尽如人意，缺乏性福感，对自己的身体、前途过分担忧等心理社会因素。

临床上的常见类型有：丧偶后的失眠、夫妻分居后的失眠、夫妻感情不和谐的失眠、丈夫性功能障碍所致的失眠、因为夫妻一方奉行某种特殊的文化俗信而禁欲所致的失眠。

案例6-6：某女性，60岁。自述长期失眠，在内科服用中西医镇静和安眠类药物，久治不愈，苦恼不堪。经心理咨询，发现主要是入睡难，梦多，20年前其丈夫因公殉职，自己一直未再婚，两个孩子已长大成人，物质生活无忧无虑，与子女、孙儿关系和睦。经梦的分析，知其常有性内容和异性的梦。当病人了解到自己的失眠与丧偶后性生活的长期缺失有关后，便不再服用安眠类药物，医生后又向病人推荐了使用自慰器具，一周后，当事人原来顽固的失眠症很快就被治愈。

（五）因性压抑所致的强迫症

这类疾病的基本特点是：反复出现的没有现实意义的，不必要的或多余

的强迫观念和强迫动作，尽管当事人很想摆脱，但却无力摆脱这些多余的想法和动作；患者与同性别的父或母多有敌意或冷淡的关系，俄狄浦斯情结明显，性生活不正常多见，性压抑突出。

常见的临床类型有：洁癖、强迫性手淫、强迫性洗手、强迫性洗澡、强迫性步伐等。

案例 6－7：某女，20 岁，大学生。因人际关系不良而求医。自述上课时如周围有异性同学时会出现焦虑不安，注意力不能集中。虽渴望与异性交往但见到异性时又心慌意乱，不知所措。在家与父亲独处时亦有同样症状，不可自制。有频繁的自慰行为，常常为不能摆脱有关性的想法而苦恼不堪。心理医生对当事人的日记做过仔细分析，发现当事人曾有过梦见父亲睡在自己床上的梦境记录和自己曾怀孕的幻想记录。由此可以推断事主有较强的恋父情结。从这个案例来看，由于青春期是性本能最活跃表现自己的时期，而这一时期性心理发展的任务是必须全力摆脱父母的约束，包括摆脱以父或母为对象的俄狄浦斯情结而将力比多引向一个新的性对象。而对于神经症患者来说，这种摆脱则完全是失败的。弗洛伊德认为，从这种意义上说，俄狄浦斯情结可以视为神经症的主因①。

案例 6－8：某女，17 岁，中学生，住校。自述特别爱卫生，每次洗衣服要 1～2 个小时，特别在阳台的洗手盆内洗衣服时，最担心有人在卫生间上厕所后冲水，这时不由自主的想法是：担心卫生间的“臭水”会通过管道冲到阳台这边来。虽知道这种想法不合理，但无法摆脱这种联想。经过对童年经历的自由联想，原来她 5 岁左右在一个公共厕所内曾遭受了一个色狼的性骚扰，事后，她将此事告诉了母亲，母亲难以相信和接受，便用“别人只是想抢劫东西而已”的说法文饰了过去。当时当事人也接受了这种体面的说法，以后就渐渐淡忘了。因此，当事人的洁癖及其对卫生间水声特别敏感的情况可以理解为童年性创伤与性道德冲突的复现。

案例 6－9：某男，19 岁，大学新生。入学刚不到一学期就出现了一种自己也觉得不可理喻的行为：每天从宿舍到课室的路上，伴随着每一步总是联想到生活中的一些人名，如左脚迈出时想到父亲，右脚想到母亲，如此等等，而且走进课室的那一刻必须是左脚，因为那代表着男性和吉利，否则在课室里就坐立不安，无法集中注意力听课。经咨询方知，他在中学时已有较频繁的手淫习惯，上大学后曾痛下决心要戒除这个恶习，而且他的确也做到

---

① （奥）弗洛伊德. 精神分析引论［M］. 高觉敷，译. 北京：商务印书馆，1986：269.

了。大约 2 个月后，上述奇怪的症状就出现了。这个案例可以用弗洛伊德的观点来解释，即关于“大多数强迫性动作都是变了样子的手淫，而手淫则可视为各种性的幻想的唯一的基本动作”①。

二、性神经症的病理机制分析

如何解释神经症的病因病理，各学派莫衷一是。巴甫洛夫认为，神经症是在超强的刺激作用下兴奋和抑制两种基本的神经过程失调导致的高级神经活动障碍，神经症的不同类型是由患者特有的高级神经活动类型决定的。行为主义心理学家华生则认为，神经症就是通过条件反射和操作性条件反射获得的非适应性行为。

弗洛伊德将神经症分为现实神经症和精神神经症两类，认为前者是性功能紊乱在躯体方面的直接反映，而后者则是性功能紊乱在心理上的反映。精神分析的社会文化学派霍妮则认为，神经症的根源在于社会文化中的矛盾和人类生存的困境，神经症是时代和文化的副产品。在精神分析学派看来，所有的神经症都无一例外的是性神经症。虽然各种性神经症的具体病理机制复杂不一，但基本病理还是有规律可循的。

（一）易感因素

1. 社会文化因素。临床上不少案例情况表明，许多性神经症的发病与当事人所接受和内化的某些文化观念有直接的关系，具体来说就是由于某些观念导致的性的不合适的节制与焦虑的形成具有密切的关系。如事主听信一些游医和广告所说的手淫会导致前列腺炎、阳痿、早泄等说法后，下决心自觉戒除了自慰行为，结果性张力骤增，导致焦虑症状更加严重。案例 6－6 中，事主深受传统社会中“从一而终”的思想束缚，守寡 20 余年，性生活被意外事件剥夺，性欲被严重压抑而转化为失眠、焦虑和性梦。相反，在案例6－5中，女事主受社会上性解放思想的影响而对性生活有较强的兴趣和对性交方式有新奇的要求，因而对不尽兴的交合愈容易有过度的焦虑反应。与那些性欲一般的女性相比，即使是同样遭遇丈夫如此的态度也不会导致如此严重的恐惧。在案例 6－1、案例 6－2、案例 6－3 中，当事人均受新闻媒体或色情片的影响，当事人对什么是正常的性功能，什么是性感，何为同性恋

① （奥）弗洛伊德. 精神分析引论［M］. 高觉敷，译. 北京：商务印书馆，1986：244.

等知识一知半解，并且将这些没搞清楚的“文化标签”贴在自己身上，从而诱发出一系列的不适症状。

中国传统文化中还有许多与性有关的不正确的或未经证明的观点可能成为人们性生活中的文化病因或归因理论。如“肾虚”可能就是一种与特定文化信念相关的躯体化症候群。生活中不知有多少人受“男人肾，半条命”这种特定文化观念的影响而将自己的腰膝酸软归因为“肾虚”，并因此而导致过多的求医行为。

2. 人格等个人因素。人类文明的发展是以牺牲或压抑性的本能为代价的，虽然这种压抑对于所有的人都是一样的，但是神经症患者自我的发展拒斥了力比多的特殊冲动，并对这种精神矛盾特别易感。在性神经症患者中，大多可以发现具有某种不适应的性的观念和不良的性动力结构。例如性神经症患者中性格内向，不善于表达者多见；平时做事认真刻板，生活态度与生活方式缺乏灵活性的人多见；社会活动能力弱，人际关系一般者，尤其是缺乏与异性沟通者多见；生活缺乏情趣爱好者多见；受暗示性强者多见；体格非强壮者，体相体貌平平，自卑者多见。按照心理学家霍妮将神经症区分为情境性神经症（situation neuroses）和性格神经症（character neuroses）的学说，决定性神经症症状的主要因素是其当事人的神经症的性格结构。表面上看来，神经症的反应也是由情境因素引发的，但是，为什么在大多数人看来只是微不足道的刺激因素也会造成神经症者强烈的反应，说明决定反应的根本在于冲突前就已经定型了的神经症性格。所以说，神经症患者的行为就是其性格结构围绕着内心冲突而建立起来的一种无意识的防御性努力，当然这是一种紊乱的和不成功的防御。

3. 性生活经历和境遇创伤及其对它的执着：弗洛伊德早就分析过，期待的恐惧或一般的焦虑与性生活的某些历程有很密切的关系。例如丈夫没有充分的性能力，或为避孕起见而草草完成性交的行动等，力比多的兴奋就会消失而代之而起的是焦虑或期待性的恐惧或与此焦虑相等价的症候。性神经症患者常见因各种原因遭受过与异性交往的失败或挫折；夫妻性生活质量不高，因某种原因被迫中断或被剥夺性生活；或经历过初次性交的失败，或遭受过异性或性伴侣的挖苦与讽刺等不良事件的刺激。其实，神经症患者所经历的挫折和失败许多人也曾有过，但与众不同的是神经症患者有一种对创伤的执着或固着（fixed），而这种执着源出其童年或过去潜意识的某种历程。

（二）病理机制的分析

弗洛伊德早就分析过，神经症的病理机制在于力比多的执着（内心成

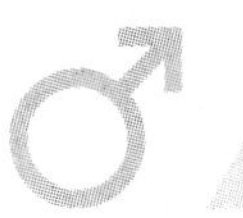

因）与性的剥夺（体外偶因）和个体对矛盾的易感性（the susceptibility to conflict）三个因素的综合作用。[1] 所谓矛盾的易感性乃由自我的发展拒斥了力比多的特殊激动所致，或在病人追求力比多的一种新满足的时候。这种机制过程大体上可以描述如下：当事人有某种人格发育不全或性动力结构上的缺陷等易感条件，生活中遭受过两性交往关系破裂等某种精神创伤，并且当事人执着于此。与此同时，自我意识又不能接受潜意识中力比多的冲动或产生不可调和的矛盾，于是被压抑或拒绝的力比多便以某种无关紧要的物体、情境或动作取代了引起心理冲突的人或事，表现出消耗身心精力的痛苦。

按照弗洛伊德的看法，神经症的症候不是性的满足就是性的制止的代替物，神经症具有性的起源和其症候具有性的意义。所以，从这种意义上说，性神经症的研究亦具有增进对所有神经症理解的普遍意义。

三、性神经症的诊治要点

既然神经症的形成机制是一种个体意识不能接受的想法或情感经压抑并退化到潜意识的过程，那么精神分析就常常成为首选的心理治疗方法。由于中国病人心理问题的躯体化表现倾向，心理医生不要被患者不断强调的躯体化症状所迷惑，尤其要注意分析其心理因素在病因、病程持续和求医行为中的重要作用。对当事人的性生活状况、性创伤情境的全面了解十分必要。尤其是当用世俗的眼光看来，具有那些脱离现实的、莫名其妙的、无效用的观念与动作的案例特别合适于精神分析。

精神分析的治疗机制就是从潜意识中召回那个被压抑的东西，并将其转化成“自白”的意识。从精神分析学的角度来看，心理医生的工作就是：通过求解无聊观念的无意识根源，求解无用动作产生所需要的情境来破解神经症之谜。这里讲述一个患者关于鱼之梦的案例。某个中年妇女告诉心理医生，她有一种特别喜爱收集有鱼形图案工艺品的癖好。比如，鱼形的花瓶、印有鱼形图案的桌布等，但她既不喜欢吃鱼，也没有与鱼类打交道的特别生活经历。因此，她对自己的这种癖好的理由和来源困惑不解。经过一段时间的精神分析，心理医生逐渐明白，原来该患者的癖好与其婚姻的特殊经历和性压抑程度密切相关。按照弗洛伊德的经验，无论是关于鱼的梦或者是对鱼的莫名其妙的癖好都可能提示性的压抑。在中国传统文化中，阴阳鱼正是雄

① （奥）弗洛伊德. 精神分析引论［M］. 高觉敷，译. 北京：商务印书馆，1986：281.

性和雌性性交的典型象征图案或原型（见性文化心理一章）。因此，对性神经症的治疗基本过程是：借解释与暗示将潜意识的历程引入意识，排除压抑作用，迫使力比多离开症候，而集中于移情作用；经再教育，自我与力比多取得和解，自我扩大其范围，自我对力比多要求的畏惧减弱，并给力比多以某种程度的满足，极力进攻移情作用而恢复力比多的自由。

除解除性压抑之观念，仅仅将其潜意识召回意识层往往是不够的，被释放出来的强大的力比多可能会像饥饿的猛兽一般使个体转而成为一个性放纵者。因此，应辅助以实际的性压力释放措施，包括正确评价自慰行为，适当借助自慰方法帮助其解除由多种原因造成的性需求的剥夺或压抑是必要的。此外，适合于其他神经症治疗的森田疗法、药物疗法对本组疾病同样有效，还可试用文学艺术疗法、工疗等方法。

对于性神经症者，医生尤其不要随便给其使用壮阳之类的药物，否则可能会带来医源性疾病，或经暗示反而更加重其躯体化症状。对于有配偶的患者，应同期对性伴侣实施家庭治疗，可以收到事半功倍的效果。

7 性功能障碍

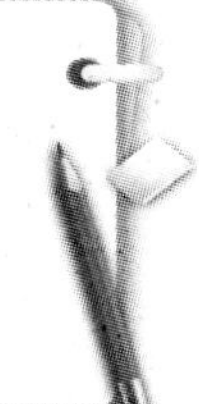

性交通常是情欲的完结，而不是它的真正目的。[①]

——法国哲学家　萨特

人类的性活动除了生育功能之外，还有性愉悦的心理满足功能。性功能障碍专指因为心理的、生理的或其他原因所导致的性快乐受到干扰的问题。[②]性功能障碍包括男性性功能障碍和女性性功能障碍。女性性功能障碍主要有性欲缺失、性唤起障碍、性高潮障碍与性交疼痛障碍四种类型。男性性功能障碍主要有阳痿、早泄、非器质性的不射精、性欲亢进等类型。

人类的性交区别于动物性交的关键点莫过于人类性交中所蕴含的主体意识性。从这种意义上说，心因性性功能障碍专属于人类的疾病。

一、性欲缺失

所谓性欲缺失（anaphrodisia）或称之为性渴望障碍，是指对性活动缺少兴趣或欲望。奥地利精神病理学家，性学研究创始人克拉夫特－艾宾（Richard von Krafft-Ebing，1840—1902）在《性病态》（*Psychopathia sexualis*）一书中称之为“性知觉缺失”。[③] 性欲缺失既可见于女性，也见于

① （法）萨特. 存在与虚无［M］. 陈宣良，等，译. 北京：生活·读书·新知三联书店，1987：511

② （美）埃托奥·布里奇斯. 女性心理学［M］. 苏彦捷，等，译. 北京：北京大学出版社. 2003：135.

③ （奥）克拉夫特－艾宾. 性病态［M］. 陈苍多，译. 台北：左岸文化事业有限公司，2005：83.

男性。在克拉夫特－艾宾报道的案例中以健康男性为多，而据美国医学专家所作的调查报告，被调查的43%的美国女性患有各种形式的“性功能障碍”。有1/3的女性说她们经常对性毫无兴趣，26%的女性说几乎从未感受到性高潮，有23%的女性说性生活使她们感到不舒服。① 由此可见，女性性功能障碍的发病率比人们预料的高。

（一）临床表现与诊断

这些患者的生殖器官发育正常，具有月经排出，或精液分泌、阴茎勃起，能进行正常的性交活动，但他们对性生活几乎完全缺乏常人应有的兴趣和兴奋情绪，但可以排除同性恋。他们中间的很多人过去不曾手淫。他们即使出于夫妻的责任与义务而过性生活，也很少有其相应的心理快感和性兴奋。观察表明，性知觉缺失的程度因人而异，从先天的完全的性知觉缺失到后天不同程度的性欲缺乏之间可能存在着许多过渡的案例。有些案例对性活动甚至有厌恶感，这时可称之为性厌恶障碍（sexual aversion disorer），当事人表现出对性接触和性生活的焦虑不安和回避。

性欲低下诊断量表（The Diagnosis Scales of Hyposexuality，DH）② 根据当事人主观上对性生活的愿望、性梦、性幻想、接受配偶的性要求、性冲动的多少可将性欲低下分为5度。

（二）性欲缺失的原因

大部分性欲缺失者并没有明显的可以找到的原因。但常见有：①对性活动有负面或消极的态度和认知，如认为“性活动是肮脏的”，“女性对性的兴趣是不应该的”，“在性活动中女性应该是被动的、含蓄的”，等等。弗洛伊德认为，女性的性冷感与男性的精神性阳痿的发生机制是相同的，即同样被儿童时期的社会伦理令律“教养”所误。既不能在家内乱伦，也不能在家外寻找满足的性对象，而只能躲避现实中所遭遇的性爱，在梦幻中得到想象的满足，即使在婚后好长的时间内女性仍旧对性生活表现出惯性的冷淡。与阳痿男性需要降低性对象的身份一样，这种精神上性冷淡的女人似乎也需要犯禁的气息才能克服情与欲结合的障碍。②曾遭受过创伤性的性经历。如曾遭受过强奸或被人玩弄，多次恋爱的失意等。③在以往的性经历中，男性表

---

① （美）安妮·金斯顿. 妻子是什么［M］. 吴宏凯，译. 北京：中国妇女出版社. 2005：127.

② 张作记. 行为医学量表手册［M］. 北京：中华医学电子音像出版社. 2005：283.

现粗暴，女性没有得到应有的尊重，以致女性对性活动紧张、恐惧。④生理或疾病方面的原因：正常情况下，性腺的功能状况对性欲的强烈有着很大的影响，如性腺退化、睾丸萎缩、身体衰弱、性交过度或手淫过度，营养不良、患有抑郁症、脑部和脊髓疾病、甲状腺机能低下、糖尿病等内分泌疾病时可能会出现性欲下降，乃至完全丧失。克拉夫特－艾宾就曾报道过几例因脑部发育欠正常或无精症导致的先天性性知觉缺失障碍者；抑郁症、神经症或歇斯底里症患者也可见性知觉缺失障碍。⑤药物因素的影响，如长期服用降血压药物、抗精神病药物、酗酒和滥用某些成瘾药物等。⑥环境等因素的影响，如过分拥挤的住宿条件，与父母、孩子等其他亲属一起拥挤地住在没有间隔的房间内均会对人的性趣产生干扰。过度强烈的学习等脑力活动，长时期的禁欲都可能导致性欲望逐渐下降。

（三）心理治疗

对性欲低下者的心理治疗可采取以下方法：①认知疗法，纠正对性事的认识偏差和非理性信念。②针对过去的创伤性性经历进行精神分析、倾诉和释放痛苦。③针对生理问题和内分泌等疾病进行对症治疗。④停服或改服对性功能有影响的药物。⑤改善住宿条件，与孩子分床睡觉，保证夫妻有独立的居室。⑥增进夫妻之间关于性问题的讨论交流。⑦或借助一些增强性刺激或性情趣用品。

二、性欲唤起障碍

性唤起障碍，又名生殖器反应缺失，生殖器麻痹，性兴奋障碍（sexual excitatory dysfunction），是指在充分的性刺激下仍未能唤起对性的兴趣和兴奋反应。男女性都可能发生这种障碍，以女性多见。据估计约有 1/7 的女性患有这种障碍。性唤起障碍者常同时有性渴望障碍或性高潮障碍。

（一）临床表现与诊断

人类的性反应周期有四个可以区分的阶段。阶段一：兴奋期，男性表现为阴茎勃起；女性表现为阴道湿润，乳头隆起。阶段二：兴奋平台期，男性阴茎头流出前列腺液；女性阴道外 1/3 紧张，乳房充盈。阶段三：情欲高潮期，男性表现为射精，骨盆部等肌肉不由自主地收缩；女性表现为阴道外 1/3收缩，骨盆会出现不自主地拱动。阶段四：消退期，男性和女性都表现为肌肉松弛，充血消退，心理满足感，但男性生殖器出现一段无反应期。所谓的性唤起障碍是指生殖性的性反应不充分（或不能达到性兴奋或兴奋平台期），虽然可以感到性快感。性唤起障碍要与人为主观的性生活抗拒相鉴别，前者的反应是无意识的，后者则是故意的。

性兴奋障碍诊断量表按阴茎插入阴道后女性是否出现阴道分泌及其湿润程度和所需要的时间将其分为5级。0级为“从无反应”，1级为30分钟以上才出现反应；2级为20分钟内出现反应；3级为10分钟内出现反应；4级为插入后立即出现反应；5级为未插入时即出现反应。①

（二）性唤起障碍的原因

性唤起障碍的原因有：①青少年时期过度手淫，对性刺激强度或刺激形式要求特殊，以致一般常规的性刺激不足以引起性兴奋。②有人际关系和婚姻问题，潜意识里不接受或抗拒性伴侣。③性伴侣缺乏性挑逗技巧，调情时间不足。④女性因为工作压力、生活负性事件而伴有消极情绪。⑤因为男性早泄、阳痿等性机能障碍而致使女性对性生活缺乏信心。⑥女性性机能出现增龄性自然衰退。

（三）心理治疗

对性唤起障碍者的心理治疗可采取以下方法：①无爱则无性，改善夫妻关系才是提高性趣的根本性措施。②改善性生活技巧，变换性生活情境。③接受专业的性治疗，尤其注意阴道兴奋G点与性刺激敏感区的探索定位。④减轻工作压力，增加运动与健美活动。⑤改善饮食结构，增加营养。⑥借助必要的药物或成人性卫生用品。

三、性乐高潮障碍

性乐高潮障碍（female orgasmic disorder）均可见于男女性，指虽然经历了性反应周期的兴奋阶段或兴奋平台期，但不能达到极度的性乐高峰期。性高潮既是一种全身具有通电感、肌肉紧张、骨盆等肌肉群节奏性收缩的生理性反应，也是一种快乐的心理极度满足感。

---

① 张作记. 行为医学量表手册［M］. 北京：中华医学电子音像出版社，2005：284.

（一）临床表现与诊断

男性或女性在性交过程中如果性刺激和时间都足够而始终不能达到性乐高潮者可以认为有性乐高潮障碍。但一个在生理上没有出现典型的性高潮反应的女性，只要她主观上对这次性活动十分满意的话，一般也不认为她有性高潮障碍。据研究，由于一个男子常常将自己能不能使性伴侣达到性高潮作为衡量自己的性能力，以及作为伴侣对性生活是否满意的指标，因此，约有2/3 的女子为了不让性伴侣失望，常常假装已经达到性高潮。

性乐高潮障碍诊断量表（The Diagnosis Scales of Orgastic Dysfunction, DOD）一般根据6 个月内的情况进行评估。[①] 如果性生活中个人没有欣快感，阴道外1/3、子宫颈、会阴肌未发生节律性收缩，全身肌肉也未发生短暂紧张，血压、脉搏未出现升高，意识清晰无变化的话即可诊断为性乐高潮障碍。根据以上症状严重程度的不同，可以将性乐高潮障碍分为1～4 度。

（二）性乐高潮障碍的原因

性乐高潮障碍的原因有：①易引发性兴奋的部位因人而异，如一些女性属于阴蒂兴奋型，性伴侣对阴道的性刺激不足以引发性高潮。② 正常情况下，女性性生理反应速度较男性缓慢，而因为男性早泄或性刺激时间太短则不足以引发女性的性高潮。③性生活中注意力分散或感情投入不足，性兴奋遭到人为的抑制和自制。④性生活环境不良，或与小孩同床；或与其他家庭成员同房，隐私性较差。⑤已经习惯于婚前的自慰或独自进行的性活动方式才有性高潮。⑥长期服用5－羟色胺再摄取抑制剂（SSRI）、单胺氧化酶抑制剂（MAOI）、呱乙啶、甲基多巴、硫利达嗪等药物。⑦患有脊髓下部神经丛损伤等疾病。[②]

（三）心理治疗

对性乐高潮障碍者的心理治疗可采取以下方法：①对女性患者，男性性伴侣需要改善性生活技巧，延长性前戏时间，增加对性器官多部位的温柔刺激；在阴道性交的同时，用手对阴蒂进行轻抚。②针对男性可能患有的阳痿、早泄进行对症治疗，可使用颗粒型安全套增加对女性阴道壁刺激的强

---

① 张作记. 行为医学量表手册［M］. 北京：中华医学电子音像出版社，2005：284.

② （美）汤姆. 精神病学［M］. 张勉，译. 天津：天津科技翻译出版公司，2001：222.

度。③对男性患者可先进行自我射精训练，对女性患者可先使用自慰式人造阴茎模型进行性高潮体验，然后再进行夫妻治疗。④可尝试音乐放松心理治疗，必要时可以对过去的性经历进行精神分析。

四、性交疼痛与阴道痉挛

性交疼痛（painful intercourse）是指女性在性交过程中出现阴道疼痛难忍，以至于性交困难或性交不能（dyspareunia）、阴道痉挛（vaginismus），又名性交恐惧症，它既可能是性交疼痛的合并症，也可能单独发生，是指在性交时阴道外 1/3 的肌肉和盆底肌肉系统不自主的剧烈而持续地收缩，外阴部、大腿内侧及下腹部的感觉异常敏感，以致阴茎插入困难，严重的病例可能导致长期的无性婚姻和童贞夫人（virginwives）。

（一）临床表现与诊断

性交疼痛表现在性交过程中出现阴道不同程度的疼痛，并引发焦虑情绪，或致阴道痉挛，性交不能。

性交疼痛诊断量表（The Diagnosis Scales of Dydpareunia，DD）一般根据 6 个月内个体的情况进行评估。[①] 该量表将性交疼痛分成不适感，阴道浅表处疼痛、深处疼痛、严重疼痛 4 度，并将对性交的态度分为被动服从、勉强、很不愿意、坚决拒绝 4 种。

阴道痉挛诊断量表根据性交中出现不同程度的气短出汗，脉搏快等惊恐发作，阴道外口括约肌及阴道内 1/3 肌肉痉挛，阴茎难以插入，会阴肌痉挛抬起，两腿内收后撤等现象将本症分为 4 度。

（二）性交疼痛障碍的原因

可能是生理性，也可能是心理因素引起的：①性交疼痛常与宫颈炎、阴道炎、其他盆腔炎有关。阴道感染，使阴道壁充血，摩擦时易导致疼痛。②曾遭受过强奸等性暴力或有生殖器创伤史，或有先前的性创伤（silence about sexual problems）等负性记忆。③对结婚无奈，对婚姻现状内心不甘，对丈夫不满；对性生活有负面的或消极的抗拒态度。④性知识缺乏，对男性生殖器插入怀有恐惧和焦虑心理，性交前女性没有足够的充分的思想准备，

---

① 张作记. 行为医学量表手册［M］. 北京：中华医学电子音像出版社，2005：284.

男性动作急迫和粗暴；因紧张焦虑造成的阴道痉挛和阴道分泌受到抑制而导致润滑不够。⑤阴道结构异常，如处女膜过厚，阴道内有息肉，性交疼痛所致。⑥敌对的婚姻关系或性交流障碍。

（三）心理治疗

对性交疼痛者的心理治疗可采取以下方法：①针对可能的疾病进行对症治疗。②认知疗法，纠正对性的认识偏差。③系统脱敏治疗和放松治疗，克服对性交的紧张感和恐惧感。如使用阴道扩张镜，在3～5天逐步增加扩张尺寸可以收到良好的效果。④尝试进行精神分析，释放曾经遭受过的性创伤的痛苦。⑤改善夫妻关系，改善性生活技巧。

五、性欲减退

性欲减退也称之为性欲低下障碍，严重者可以称之为性厌恶障碍，是指当事人的性欲曾经正常，后因各种原因而发生不同程度的减退，性欲激发周期延长。

（一）临床表现与诊断

表现为性兴奋抑制或性高潮的抑制，甚至表现为对性生活的主动回避和厌恶，对既往令人不愉快的性生活的敏感状况。女性患者多于男性患者。

（二）性欲减退的原因

可能有生理因素、行为因素、心理因素和疾病因素等，包括：①属于增龄性变化的自然减退，如进入更年期后性激素分泌的自然减少。②一次正常的性冲动得以完成，依赖于从大脑皮层到腰骶脊髓，再到生殖器整个神经反射功能的健全，而手淫性交过度，色情放纵因过频的神经兴奋，以致造成脊髓反射功能受损。③过度疲劳，体质虚弱，精力不济。④睾丸受炎症、高温、放射线照射或化学毒物损害；垂体功能障碍，继发性腺功能低下。⑤全身性或其他器官疾病：如慢性活动性肝炎、肝硬化、慢性肾功能衰竭、心衰、高乳素血症、甲状腺功能减退、结核病、贫血、营养不良、脑血管疾病、慢性阻塞性肺部疾病、甲状腺机能亢进、低血糖症、低血钾症、癌症等。⑥药物因素：服用过量的雄激素、雌激素、抗高血压药、抗组织胺药、镇静剂、利尿药等。⑦其他因素：如强烈的宗教观念、强迫性人格、抑郁与焦虑情绪、害怕怀孕、夫妻冷战矛盾等。

(三) 心理治疗

对性欲减退者的心理治疗可采取以下方法：①暂停或减少性生活次数，减少性刺激，减轻对性生活的心理负担，帮助性机能的修养恢复。②针对可能的疾病进行对症治疗。③减少泡温泉等可能损害睾丸功能的行为。④停服或更换可能降低性欲的药物。⑤试用甲基睾酮。⑥加强体质锻炼。

六、性欲亢进

性欲亢进是指性欲异常增加或性知觉过度，其性欲极易诱发，其性冲动或性行为不正常的高涨，甚至达到不可自制的程度。性欲亢进可见于正常男性或女性，也常见于神经症患者或歇斯底里症患者。

(一) 临床表现与诊断

在一些轻微的案例，其表面日常行为可以完全正常，可以遵守公认的礼节和表现文质彬彬，但一有可趁机会就会设法来猎取周围的异性。一般的婚内性生活往往不能满足其亢进的性欲，在性生活中表现得很狂野，一天内要求性交数次。严重的案例还表现为：对异性接触有过分敏感的知觉，看到漂亮和喜欢的异性或即使碰触一下异性的手臂与身体就足以引发性冲动，作为权宜之计他们常借手淫来自我满足；甚至在异性面前手淫，或表现为不断引诱异性的道德堕落的行为。克拉夫特 - 艾宾就报道过一例有 7 个孩子的父亲和学校校长在学生面前手淫的案例。[①] 一方面，性欲亢进使当事人因无法自制的性欲望而有自责和痛苦感，另一方面也可能因为无法抗拒的性冲动而引发性罪错等严重的社会问题。

(二) 性欲亢进的原因

引起性欲亢进的原因可能有：①接受过强过多的性刺激，如观看色情影像，引发当事人对性活动的过度关注和好奇心。②精神分裂症的色情妄想。③大脑及垂体病变；雄性激素异常增高。④染色体异常（如 XXY 综合征）。⑤服用过量的壮阳中药或催情化学类药物，如可卡因等。⑥错误的性观念，

① （奥）克拉夫特 - 艾宾．性病态［M］．陈苍多，译．台北：左岸文化事业有限公司，2005：95.

如认为“采阴补阳，可以长寿”。⑦生殖器官患有搔痒症或湿症，刺激了性器官的兴奋。

（三）心理治疗

对性欲亢进者的心理治疗可采取以下方法：①减少和避免色情刺激，将注意力转移到其他有益于健康的事情上。②停服壮阳药物或催情药物。③纠正对性的认识偏差。④针对生殖器官的搔痒症或湿症进行对症治疗。⑤可服用清内热的中药凉茶；或试用利尿药物。⑥对神经症进行精神分析治疗。

七、阳痿

阳痿，又称之为勃起障碍，是指在适当的性刺激下或性活动中男性阴茎不能正常勃起，或勃起硬度不足以完成正常性交中的插入功能，或勃起时间不长以致不能完成一次男女双方都满意的性生活。据 2006 年美国辉瑞公司对 27 个国家的 12 563 名男女进行的“全球和谐性生活调查”（GBSS），62% 的男性想要改善性生活质量，45% 的男性表示性交时其阴茎不能自始至终保持满意的坚挺。

（一）临床表现与诊断

一个人的性功能如何是一个隐私的领域，只能依靠当事人自己的报告，但主观报告的差异很大，阳痿不仅有多种不同性质的类型，也有不同程度的障碍，在咨询和治疗前需要进行必要的评估。运用国际勃起功能指数问卷（International Index of Erectile Function，HEF－5）（见下表）有助于心理医生对阳痿的评估更为标准化。

国际勃起功能指数－5

说明：本问卷共有 5 个问题，其中有 3 个问题是了解勃起功能的，另外 2 个问题是了解患者性生活总体满意度和对阴茎勃起和维持勃起的自信程度。分 5 级评分。0 分为最差或最低，5 分为最好或最高。评分≤ 21 分可诊断为勃起障碍，其灵敏度为 98%，特异性为 88%。

题目：

（1）您对获得勃起和维持勃起的自信程度如何？

续上表

(2)您受到性刺激而有阴茎勃起时，有多少次可以插入？
(3)您性交时，阴茎插入后，有多少次能够维持勃起状况？
(4)您性交时，维持勃起直至性交完成有多大的困难？
(5)您性交时有多少次感到满足？

①从病因来分，阳痿可分为器质性、心因性、药物性。②从起病来看，可以分为原发性和继发性等不同的类型。③从时间来看，可以分为短暂的和长期的阳痿等类型。

器质性和心因性阳痿的鉴别诊断对于治疗具有重要的意义。一般常用的方法有：[①] ①阴茎夜间勃起测定，包括使用阴茎勃起强度带测定和阴茎勃起周径测定。②阴茎—肱动脉压比值测定。③阴茎海绵体内注射罂粟碱试验。④盆腔窃血试验。⑤肌电图测定球海绵肌反射。⑥阴茎海绵体造影等。

（二）阳痿的病因

1. 病因。

①生殖器疾病等局部因素：如阴茎发育不良、阴茎海绵体炎、阴茎外伤、包皮炎、睾丸发育不良。②内分泌因素：如雄性激素不足、甲状腺机能障碍、高乳素血症等。③行为因素：如房事过度、婚前手淫过度、大量吸烟、酗酒所致酒精中毒、缺乏性技巧、长期缺乏正常的性生活而导致的“功能废退”。④心理因素：如对性交的各种恐惧和担心、对自己的性功能缺乏自信心、初次或偶然的性生活失败导致对性生活的紧张焦虑；夫妻感情不和、女方不满意或挖苦的言行给男方带来的心理压力；婚外恋或再婚后存在的比较性心理影响。⑤环境因素：性生活环境存在着隐秘性差或受环境干扰的情况。

2. 病诊分析。

在精神分析学派看来，心因性（或精神性）阳痿是除焦虑之外的最常见的男性心理病症。他们观察到了这种病症的一些特别的心理现象：①精神性阳痿常发生在性器官正常，且性欲很强的男人身上，但在性行为开始后性器官却不肯合作。②其性机能障碍只在与某些女人做爱时才会发生，他似乎感觉到自己的性功能被女方身上的某种品质抑制住了，而自己内心似乎有一种

① 金秋. 性教育实用手册［M］. 广州：广东人民出版社，1995：173－174.

说不清道不明的抗力。相比之下，和其他人（一种被降格的人）做爱则不会发生阳痿。③自己会不自觉地常常将阳痿归因于过去失败的经历，而这种负性的记忆又进一步带来焦虑和干扰。

这种说不清道不明的潜意识原因究竟是什么呢？弗洛伊德认为，一般情况下，正常人的爱情依靠两种感情的结合，一是温柔而执着的情，另一种是肉感的欲，然而在心因性（或精神性）阳痿这些病例中，这两种感情并没有合流，或者说情与欲两方面不能达到很好的配合。在心因性阳痿者，其性欲受"敏感的情结"和"被抑制的东西的恢复"两大定律的支配。[1] 所谓"敏感的情结"是指起源于婴幼儿期对母亲等照顾者的执爱之情或乱伦的原欲，后来随着青春期的到来，防止乱伦的堤坝的建立，这种敏感的情结被压抑或隐藏起来。如果后来男人离开父母亲，找到适合自己的异性对象，柔情和肉欲便合二为一，成就健康的爱情生活；而假如在现实生活中选择对象受到挫折或没有可供选择的合适对象，或者这种男人恋母情结过分强大或对婴幼儿期对象的过分固着依恋，那么，原欲的发展就会出现障碍。所谓"被抑制的东西的恢复"是指当男人所寻找到的女人（配偶）的某些形象或气质的特征引发了他对潜意识中埋藏的女人（母亲）的回忆时，眼前这个准备做爱的人立刻反而变成了必须是回避的性对象。在这种"被敬重的"女人面前男人的所有"不合常规的"放纵的性要求都可能遭受到批评或讽刺，相反，如果一旦将性对象降了格，男人不会为那种潜意识中的乱伦罪恶感和羞耻感所抑制时，男人的性能力才能发挥正常，肉欲就畅行无阻。

（三）心理治疗

对心因性阳痿者的心理治疗可采取以下方法：①性感集中训练：主要目的是降低对性生活的焦虑。分为三个阶段：第一步，非生殖器性感集中训练，夫妻双方进行除乳房和生殖器之外的裸体爱抚，一方采取背向另一方的体位进行爱抚；第一个阶段结束后双方应坦诚地交流愉悦的体验，但不能进行性交。第二步，生殖器性感集中训练，将上述爱抚范围扩大到乳房和生殖器，此时，双方不会因为对方抚摸而感到紧张焦虑；第二阶段结束后双方应坦诚地交流愉悦的体验，还不能进行性交。第三步，阴道容纳性训练：在第二阶段训练的基础上，采取女上位，由女性用手缓慢自然将勃起的阴茎导入

---

① （奥）弗洛伊德．性学与爱情心理学［M］．罗生，译．南昌：百花洲文艺出版社，1996：169－172.

阴道，并轻柔摆动臀部以增进阴道对阴茎的刺激。整个训练过程要轻松愉快，循序渐进，不可急于求成，尤其要注意避免自己的言语和非言语行为给对方带来的任何压力。②精神分析治疗，挖掘潜意识的病因。③可暂时借助万艾可等药物帮助一次性交成功而重建自信心。④性交前进行肌肉放松训练，降低焦虑。

八、早泄

早泄是指男子在性交过程中不能自主控制射精的时间和机会，以致使性伴侣难以得到性满足的现象。这个定义与其他强调以阴茎抽动的时间或次数来定义早泄不同，更强调人类性交的主观能动性和双方的主观快感的满意度。如果仅仅以阴茎抽动的时间或次数来定义早泄的话，那么几乎所有的动物性交都是符合早泄定义的。因为只有人类存在有意控制射精的现象，而控制射精的目的则是为了延长享受快感的时间，增进性福的感觉。由于女性性兴奋发动较慢，性高潮出现较迟缓，因此，男人阴茎勃起时间对于性伴侣是否能达到性高潮具有绝对的影响。所以，早泄这种人类特有的性问题只能以违背当事人主观意愿的标准来界定，这与美国精神病学手册上的定义“射精常常是在患者想要开始以及配偶达到性高潮之前就已经发生了”是完全一致的。①

（一）临床表现与诊断

早泄可以分为如下几类：①根据发生的条件，可以分为境遇性的早泄和真性的早泄，前者见于久别重逢的情侣、夫妻或与特定性伴侣性交才会发生，后者是指在任何场合或与任何性伴侣性交时都会出现早泄。②根据发生的频率多少，可以分为偶见的早泄和习惯性早泄。③根据发生的原因，可以分为精神性的早泄和器质性的早泄几类。

（二）早泄的原因

早泄的原因有：①性交次数较少，性交间隔时间较长，性压抑明显。性交和性满足就像饮食一样是正常人的心理和生理需要，是维持人的身心健康的必要条件。如因为外出打工、出差分居、特殊工作（如远海海员）、特殊

---

① （美）汤姆．精神病学［M］．张勉，译．天津：天津科技翻译出版公司，2001：221.

人身限制（如监禁）、因为住院生病等原因久未过性生活。②性刺激过于强烈。性生活时，性伴侣表现过于挑逗，动作过于激烈刺激。③性生活时心情紧张焦虑，在乎性伴侣对自己性能力的评价和满意度，或注意力过于集中在阴茎插入或运动时的感觉。④包茎、包皮系带过短，龟头对刺激过于敏感。男子未成年时，阴茎龟头被包皮遮盖，成年后，随着阴茎的发育膨大和性生活时包皮后翻，龟头大部分渐渐露出，此时龟头神经末梢对摩擦刺激尤其敏感，因此，许多早泄发生在阴茎刚刚插入阴道之时。⑤酗酒过度，兴奋而自控能力削弱，对射精时间无力加以控制。⑥其他：脊髓疾病、泌尿道感染、前列腺炎、精阜炎都可能因为使阴茎对刺激过敏。

（三）心理治疗

对心因性的早泄者可采取以下方法治疗：①性生活时可用双层安全套减弱对龟头刺激的敏感性。②性生活前可借自慰先降低性的张力。③性生活时运用运动—暂停间隔技术，缓慢释放性冲动。④性生活前 1 小时试服扑尔敏等抗过敏或镇静药或使用氟西汀、舍曲林、氯米帕明等 5 - 羟色胺再摄取抑制剂抗抑郁药可以延缓射精时间；亦可在龟头局部涂抹 2% 的地卡因，可降低龟头感觉神经的敏感性和兴奋性。⑤三步脱敏训练：第一步，先进行性感集中训练，让男方学会逐渐将注意力转移到皮肤和全身的抚摸上来。从人类情爱的本质来说，既然“情欲是使他人的身体肉身化的企图”，爱抚就是必需的，而且是必要的。萨特说：“因为爱抚不单是轻抚：它是造就，在爱抚他人时，我通过爱抚使他的肉体在我的手指之下诞生。爱抚是使他人肉身化的整套仪式。”[①] 第二步，由妻子爱抚男方的阴茎，当它勃起坚硬有性高潮来临时立即停止刺激，并用拇指和食指对阴茎冠状沟处进行挤压或紧握数秒；直至性高潮来临感消退；如此反复数次，体验性高潮来临、消退以及控制射精的感觉；坚持上述训练 1 ~ 2 周后可进行阴道容纳脱敏训练。当阴茎勃起时，由女方用手将阴茎缓慢导入阴道，静置一会儿，如男方可自主控制不射精时，可适当缓慢轻柔地运动；当有射精的感觉时应暂停运动或将阴茎暂时抽出阴道之外；如此反复训练。

---

① （法）萨特. 存在与虚无［M］. 陈宣良，等，译. 北京：生活·读书·新知三联书店，1987：503.

8 性 变 态

各族人民的本性最初是粗鲁的，以后就从严峻、宽和、文雅顺序一直变下去，最后变为淫逸。[1]

——（意）维柯

一、性变态的界定、分类与基本原因

（一）性变态的界定

性变态（sexual deviation），又称之为性心理障碍（psychosexual disorders）或性倒错（sexual perversion）。性变态是一个相对的概念，在不同的历史时期和不同的文化中有不同的界定和含义。首先，我们需要讨论一下关于性变态与正常人性爱生活的关系问题。如何界定性变态？有几种不同的界定标准：

一是泛指那些不符合绝大多数人的性爱和性行为方式，甚至改变了性活动的性质的性行为。

二是指只对那些非同寻常的或怪诞的刺激发生性兴奋，[2] 性冲动与不寻常的对象发生过度的胶着状况或固结不解的关系，而无法自拔的性行为。

三是指对于常人没有多大性爱价值的事物或全无性爱价值的事物，都变成有性爱价值的象征。

---

① （意）维柯．新科学：上［M］．朱光潜，译．北京：商务印书馆．1989：127．

② （美）汤姆．精神病学［M］．张勉，译．天津：天津科技翻译出版公司，2001：224．

四是指具有排他性与固置性的与常态相比不正常的性行为。

（二）性变态的分类

性变态可以根据不同的标准进行分类：

性变态还可以按性问题的性质分为：①性身份障碍：有变换自身性别的强烈欲望。②性偏好障碍：采用与常人不同的异常性行为来满足性欲；③性指向障碍：对不引起常人性兴奋的人和物品却有强烈的性兴奋感。以上亦可统称之为性审美的反转现象（sex-asthetic inversion）。中国和美国的精神疾病分类手册一般按上述标准分类。

按性变态的攻击性或危害性可以分为：①攻击性性变态：是指以性交的手段来宣泄其攻击欲和敌意，换言之，是通过攻击他人的性行为来达到满足性欲的目的。这些性变态对他人和社会的危害很大，并常与违背社会伦理和触犯法律的行为联系在一起。包括施虐癖和受虐癖、恋童癖、鸡奸、色情狂、慕男狂、恋尸癖，以及部分强奸和淫乐杀人。②隐匿性性变态：是指那些对异性仅有有限接触的愿望和行为即获得性满足的一类较轻微的性变态行为。这些人对异性的攻击性相对小些，但仍可能会涉及违法和社会伦理等问题。它包括：触摸—挨擦癖、露阴癖、窥淫癖、猥亵电话、书信和言语的色情挑逗、恋物癖等，这一系列性变态从前至后，其与异性对象接触的距离逐渐递减。

性变态者主动求医的极少，其亲戚朋友或父母亦较难发现，往往是由于性变态行为引发违法事件后才被人发觉，但往往为时已晚，教训是惨痛的。由此看来，性变态重在早期预防和早期发现。

（三）性变态的基本特点与病因

表现五花八门的性变态却有一些基本的具有共性的特点与病因。

其一，性变态者在爱的表达和性行为上表现出充沛和丰富的精神能量，不仅想象力丰富，追逐的热情高涨，意志力增强。换句话说，精神衰弱，性格懦弱的人是没有这种能量的。这些热情、想象力和意志可以表现为热辣和直露的言语和各种爱的表达方式里、病态的幻想或妄想中，以及疯狂的没有羞耻感的追逐异性的行为。如据 2006 年 11 月的一则新闻报道，有一名男子身背写着“我是同性恋，诚征终身伴侣”的挎包在北京街头游逛。这样的行为恐怕即使是大多数同性恋者也是不赞同的。

其二，性反常的行为对于性变态者来说具有极其重要的意义或无上的价值，或者说是一种不能缺少的基本的精神需求。如果当这种需求与事业、金钱、名誉、亲情等发生冲突的话，这些人中的大多数人宁肯放弃这些世俗的东西，而要保全他们认为关乎一辈子的性爱好。性变态表现出极其的偏执性和不可变通性。

其三，性变态常常与其他的心理病症相联系，并且是与性有关的内心冲突的结局。如果说性变态是心理冲突的直接发泄的出口的话，那么，心理病态则是性变态的负面的或被动的表现，症状是性能量发泄的替代物，性本能是心理病症的推动力。精神分析学认为，“只有是以性为中心的冲突，才使精神活动从常态中退缩，使疾病成为可能”。这种内心冲突常见的情形是对性爱的渴望与对性爱需求的否定。因此，对于神经症者而言，禁欲是最不可原谅的。

其四，性变态大多有可寻找的儿童早期的家庭环境不良因素。一方面常常是幼年恋母情结未能解决的后效，另一方面也是后天正常性生活受到阻碍，遇到挫折的结果。性变态者常有依附性的或淡漠的亲子关系，成年后又遇失败的恋爱或婚姻关系不良的经历。

其五，社会文化环境因素，诸如男扮女装或女扮男装的职业戏剧角色、开放的性观念、淫秽的色情物品和卖淫现象、不良伙伴等因素对个体性变态的形成亦有不可忽视的影响。

二、性变态的类型

（一）性别认同紊乱

性别的认同（gender identity），也称性别的同一性，即一个人对自己的性别意识，即是男是女的自我认定。大多数情况下，一个具有男性生殖器官的人在心理上认同自己为“男子汉”，或一个具有女性生殖器官的人在心理上认同自己是“女儿身”，就是性别的认同。但是，一个人生理上的性特征与心理上对性别的认同有时并不是完全一致的。如果心理上的认同与生理上的性别相背离，认为或想象自己是相对的性别，对自己的性器官感到不自在，即具有与其生物性别不一致的性别认同，就称之为性别认同紊乱或性身份障碍（gender identity disorder），症状模糊或边缘状况时可称之为性属焦虑症（gender dysphoric individuals）。持续存在着想改变本身的解剖生理特征以实现转换性别的强烈愿望，并有同性恋取向时，可称之为易性症

(transexualism)。如实现了变性可称之为变性人(transgendered individuals)。

性别认同障碍按年龄和性别不同而可分为如下几种类型:

1. 儿童的异常性角色行为。

主要指儿童时期就表现出的性别认同障碍。

(1)临床表现:儿童期即喜欢身着异性服装,乐意参加异性游戏及玩耍异性化玩具,喜欢与异性为伙伴并模仿异性的言谈举止,在游戏中常乐意扮演异性角色,在作画时也常爱画异性的人物。

(2)病因:可能因为受重男轻女传统文化的影响,尤其在家庭多子女中缺少男孩时,父母常常会不经意流露出对生育男孩的期盼,或父母对女孩的男性行为常表现出欣赏、纵容或漠然处之的态度;父或母一方溺爱,而另一方则遗弃或冷淡孩子,孩子缺乏父母双方协调一致的爱;孩子在成长中缺乏一个年长的同性别的人作为模仿的榜样;男孩可能因为俊秀貌美,女孩则因体格高大或皮肤粗黑而被成人不恰当地评价或嘲笑而受到异性角色的暗示;表演行为模仿、绘画模仿也可能在儿童的异常性角色行为形成中有一定的影响。《霸王别姬》中的演员性别认同紊乱的形成就是一个典型。

(3)心理治疗:选择与就诊对象性别相同的医生进行治疗,使其为被治疗的儿童树立一个同性别角色的样板,这对于被父亲或母亲遗弃的儿童来说显得特别重要;医生要提醒孩子的父亲或母亲改善与子女在情感上的疏远,建立一种共享的家庭生活关系;多举行一些家庭野炊、郊游等户外活动;设法用与儿童性别一致的穿着、游戏取代原先被人嘲笑的服饰与游戏,用奖励同性的行为举止逐渐塑造儿童合适的性别角色行为;鼓励儿童与同龄同性别的伙伴娱乐和建立良好的人际关系;用故事、绘画、电影、电视等手段给孩子讲述同性别"英雄人物"的故事,塑造模仿的榜样,但不要超出孩子的理解能力。

据国外的追踪研究,儿童时期的异常性角色行为如果未得到及时纠正,青春期后容易发展为同性恋、易性癖和易装癖的比例相当高。

2. 男性易性癖。

(1)临床特点:持久和强烈地为自己是男性而痛苦;虽然性器官解剖结构正常,却固执地认定或想象自己应属异性群体,厌恶自己的阴茎和睾丸;极力寻找改变性别的方法,甚至产生自残行为,企图使自己的体相与异性相一致;喜欢专注于女性的日常活动,偏爱女性着装,渴望参加女性的游戏或娱乐活动,拒绝参加男性的常规活动。由于易性癖者的异性化行为常遭到周围人的讥笑,因而常有悲哀、孤独、抑郁或焦虑情绪。如果条件允许,易性癖者得以以其所希望的性别角色出现时，上述悲哀和焦虑可能会迅速消失。

（2）病因：部分易性癖者可能是原发的。据《江南时报》2003 年 5 月份的一则报道，全国首例登记结婚的变性人章琳，原籍为四川成都双流县，原为男性，幼年就文静、内向、害羞，羡慕穿裙子、留长发的女孩子，讨厌自己男人样的打扮。24 岁时，经别人介绍及在家人的一再要求下结婚，不久后生育一女，后因夫妻生活不协调而离婚。离婚后他结识了来他理发店当学徒的男青年杨某，两人一见钟情，在杨的支持下章琳做了隆胸、除胡须、割喉结等一系列的变性手术，最终实现了做女人的梦想。

一些成年男性易性症者的病因可能源于儿童期的异性角色行为未能得到及时纠正；或者生活在一个夫妻不和的家庭里，父亲对家庭的漠不关心促成了母亲与儿子之间形成了一种过于亲密的共生依恋状况，结果儿子潜移默化地“学会了”母亲的女性气质和意识，这种家庭境遇中的母亲对儿子有时表现出的男性意识和行为反而会加以训斥和惩罚；再次，男孩体相上某些天然的女性或中性特点遭受周围人不恰当的评价，反过来对男孩的心理造成不良暗示。

经验表明，职业对易性也可能有一定的影响。如梨园生活中女扮男装或男扮女装的演员，发生易性倾向的比率较高。据报道，某省现代实验舞团艺术总监金星就是一个经变性手术由男人变成女子的舞蹈人。[①]

（3）预后：由于家庭和社会对易性癖者的易性行为不易接受，故当事人内心的愿望与社会评价的矛盾所带来的苦恼、焦虑，可能使易性癖者发展成各种神经症。如果家庭和社会接受其变性手术，其焦虑、抑郁可能迅速得到改善，但这并不意味着心理适应问题就得到了解决。相反，易性手术后还将面临重新适应新的性别角色等问题。据报道，台湾第一个由男性易性为女性的变性人林国华由于经济和感情生活都不顺遂，终因理想敌不过现实而最后选择了自杀的不归之路。

（4）心理治疗：改善家庭父母之间、父子之间、母子之间的关系，避免母亲有意或无意对儿子心理治疗的阻挠；对符合性属的行为给予奖励强化训练，对不恰当的异性化行为给予厌恶疗法，由医生、父亲或同伴施以积极的影响，鼓励其模仿和重塑其男性行为。

（5）变性手术：对以上方法无法逆转的易性癖，当事人往往有强烈的手术变性的要求，经家属同意和心理专家诊断，确认对社会及伦理无不良影响

---

① 广州日报，2002－10－24：娱乐版.

的，可考虑尊重其选择性别的权利而施行变性手术。手术前一定要先进行心理咨询，并先从改变其第二性征开始，如祛除胡须、改变发型，使用雌激素丰乳等，让其有足够长的时间体验初步易性后的各种刺激和社会评论，如适应不良，则建议停止易性手术；如适应良好才进一步考虑进行外阴整形等变性手术。

3．女性易性癖。

（1）临床特点：持久和强烈地因自己是女性而感到痛苦，渴望自己是男性；虽然解剖结构正常，但坚持认为或想象自己本为男性，甚至表示已经有或将长出阴茎（她们常将稍大的阴蒂误以为是阴茎），她们不愿取蹲位排尿，讨厌乳房发育和月经来潮。她们常以极端男性化的形象打扮，如理男式发型，爱穿牛仔衣裤等男性化服装，动作粗犷，常采取张开双腿的站姿或坐姿，喜与男性为伍。

（2）病因：幼年异常的性角色行为没得到及时纠正；或幼年时显得体格粗壮有力，皮肤粗糙，体毛黑长，常有不够秀丽漂亮的容貌；或在母亲常年生病而得不到母爱时与父亲有更多的生活接触，受父亲气质和言行影响较大，潜移默化地模仿了男人的气质和行为方式；女孩的勇敢和能干也许还得到了父母的赞许，并从父母那里获得了男尊女卑的观念；成年后，女性男性化行为在同性中成了对付异性欺侮的保护力量，因而可能更加重易性癖者男强女弱的心理；亦可能由于男孩气质的行为与男性相处时没有害羞而更融洽，与女性相处时因直爽而更友好，这种状况也许会更加坚定了当事人以为即使易性也有很好的社会适应性的错觉。有些家庭因为没有男孩而受邻里欺负辱骂，其女孩则立志要成为保护家庭的男人；有些多病的女孩则想模仿动画中强壮的武生或超人，具有驱走病魔的力量，自我暗示的力量引导着易性的发展。有些易性者病因不清，也可能是生理自然逆转的结果。据报道，江西修水县大椿乡上坑村的一名乡村女子徐某，1982 年与某男子结婚生有一儿一女，7 年后她的身体竟然自然开始发生变化，无故停经，双乳开始萎缩，喉结变粗，阴蒂变长变大并像阴茎一样经常勃起，对夫妻生活越来越冷淡讨厌。1992 年她离婚后外出打工，但常遭人误会和歧视。后来一位姓王的同乡姑娘对徐某的遭遇十分同情，与徐结成秦晋之好。据徐自述，小时候她就喜欢剪男孩头，穿男孩衣服，喜欢跟男孩摸鱼虾，乡邻都叫她为“假小子”。

（3）心理治疗：易性癖的治疗效果很大程度上取决于被治疗者自己接受治疗的态度和主动性。常见的方法有：通过家庭治疗，改善父女之间、母女之间、父母之间的复杂互动关系，平衡三者之间在家庭话语权、依恋性等多方面的关系，对于年纪尚轻的女性易性癖者仍具有积极的意义。使用行为疗法，对当事人的女性化行为给予奖励强化，对男性化行为给予厌恶刺激，可以促进其合适的性别行为表现的改善。不少研究认为，变性手术只是改变了人的外形，而且改变是不可逆的，因此变性手术最后的结果也不一定会比单纯的心理治疗更好，也许更差。[①] 手术失败也可能带来新的心理问题，如部分易性癖者缺乏医学知识，轻信一些无良医生的夸口，以为男子变性后可以移植子宫，生儿育女，结果出现男人的器官没有了，而女人的性器官又没有的“不男不女的”尴尬局面，后悔莫及。对于女性易性癖者，由于变性手术很难使女性的外阴变为男性的外生殖器，而最多只可能通过应用睾丸激素、乳房切除有限地达到外观易性的目的，以致不可能完全摆脱性别不明确的和不完整的心理。

（二）性偏好障碍

性偏好障碍（disorders of sexual preference）是指采用与常人不同的异常性行为方式来满足自己性欲的状况，症状一般超过 6 个月。性偏好障碍有如下类型：

1. 恋物癖（fetishism）又称之为“物恋”。这一名词是 1888 年法国心理学家比内首创的。物恋就是指以异性所用物品产生性唤起与性满足的变态现象。以男性居多。

（1）临床表现：以收集、抚摸、嗅闻与异性身体直接接触的物品（如文胸、内裤、丝袜等）的方式来激发和满足自己性欲。所恋之物为恋物癖者激发性兴奋的基本条件，性兴奋一经唤起，即不再需要恋物的操纵。性学家霭理士分析道，“恋物的呈现不但足以激发积欲的过程，并且足以完成解欲的过程，既无须正常的交合，亦足以供给性欲的满足，那就成为一个明确的歧变了”[②]。

一般可将其所依恋的物品按质地分为硬质恋物（如异性鞋子）和软质恋物（如文胸等）两大类。软质恋物的人常把这些恋物裹缠阴茎之上进行手淫，而硬质恋物的人则常对这些恋物产生性幻想和亲吻行为。

足恋、履恋和发恋（hair-fetishism）通常也被认定为物恋的一些变化形式。霭理士认为，每一种恋物（fetish）多少都有它的某种象征意味。例如

---

① （美）汤姆．精神病学［M］．张勉，译．天津科技翻译出版公司，2001：227.

② （英）霭理士．性心理学［M］．潘光旦，译．北京：商务印书馆，1997：218.

“足是一个生动的象征现象。它所给人的满足是从它的动态中来的，而此种动态，因为同样有节拍，同样用压力，最足以教人联想到性交合的基本动态”①。

案例 8－1：某男，20 岁，康复专业大学生，自述对女性玉足特有兴趣，在见习期间特别乐意帮顾客按摩足底、足趾和双腿，有时还在网上发帖，自愿帮陌生的年轻女性免费按足。有一次预约了一位年轻的少妇在公园见面，在草地上帮这位刚结识的少妇按摩足底，看着对方很享受的样子，自己不禁将对方的双足裹进自己的胯下，即刻感动一阵性的冲动，非常满足。回顾小时候寄养在外婆家，住在北方，外婆常说孩子脚冷，将他的双足夹在自己的大腿中暖足，印象特别深刻。由此看来，恋足癖的形成与发展也可能源于童年期的某些经历和偶发事件。

此外，兽毛皮革恋（stuff-fetishism）也是一种特别的物恋。这类人的性欲激发偏重于触觉，喜爱通过抚摸动物的皮毛或怀抱动物在身上摩挲，或通过触摸女性身上类似动物皮革的衣服而激发性欲及获得性的满足。兽毛皮革恋者常喜欢穿戴带毛的皮货和类似皮货的丝绒、鸟羽和不带毛的皮革制品。凡一切直接的和间接的动物身上的产品都可能成为这类人的性欲满足对象。兽毛皮革恋与恋兽癖之间可能存在着混合现象，一些人将宠物视为伴侣一般带进被窝睡觉可疑似为有性变态倾向。

恋物癖者因为恋异性之物而常发生偷窃行为，或伴有强烈的性兴奋，故亦被称之为“偷窃色情狂”（Kleptolagia），并常因此而可能导致犯罪行为。

案例 8－2：海南某厅副厅级干部，因经济犯罪被捕，在其文件柜中没有发现巨额财产，但却发现了 200 多个塑料包装袋，打开一看，令人惊讶地发现都是五颜六色的女性内裤，甚至每个包装内都留有一小撮女性阴毛。经询问才知，这位傲慢道然的官员背地里却是一位恋物癖者。原来他每次嫖娼时都要留下那位女性的内短裤和几根阴毛。他还有几本日记记录了他寻花问柳的过程。

（2）病因：与挨擦癖、窥阴癖相比，恋物癖者离他们性爱对象的空间距离更远，这可能意味着这类患者既渴望得到异性的性爱，又存在对异性的交往恐惧和对直接的性生活的胆怯；恋物癖者多为单身男子或已婚离异者，这提示他们与异性接触时存在着较大的焦虑。此外，较高的性张力可能是恋物

① （英）霭理士．性心理学［M］．潘光旦，译．北京：商务印书馆，1997：225．

癖者的共同基础。有学者认为，恋物癖的形成与幼年性心理发展障碍有关。如儿童在卫生间看到或玩弄母亲或姐妹的女性用品可能促成本症的形成。恋物癖常发生于性成熟期，条件反射学说认为，某次性冲动与异性物品的视觉、触觉的偶然联系而建立的条件反射可能导致恋物癖形成。

（3）心理治疗：可试用羞恶疗法（shame aversion therapy），例如，将关于恋物癖者异常行为的教学影片播放给包括患者在内的某人群观看，借助其他人对影片中的恋物癖者的嘲笑反应而促进当事人对自己异常行为的改变，以减缓别人给予他的羞恶压力。对于成年的恋物癖者，针对当事人的婚姻状况，可引导其建立正常的、和谐的异性关系，及时释放过强的性张力。恋物癖者虽明知偷窃异性物品可能被抓，但仍无法自制，其行为具有一定的强迫性。因此，可将异性物品当作诱导刺激物，对其进行逐级脱敏治疗或厌恶治疗。

2. 易装癖（transvestism）又称恋物性易装症，是恋物癖的一种特殊形式。易装癖一词是由德国性学家海尔希费德（Magnus Hirschfeld）于 1910 年在他的《易装癖研究》一书中首创的。同一时期，性学大师霭理士将相同的病例称之为“性知觉倒错”（sex-aesthetic inversion），后来为了避免与同性恋的性对象倒错相混淆，又建议用伊昂症（eonism）一词取而代之，这个术语取自于 18 世纪法国一个叫伊昂的男易装癖者，因为他的外交官身份而使他的性别身份之争闻名于世。

（1）临床特点：喜爱穿着异性服装，展现异性仪态，从而可以获得性的快感和满足。多数易装癖者可有公开的异性爱人并可结婚，他们并不一定认为或想象自己就是异性，而只是通过身着异性服饰来获得性满足，他们大多并不要求改变自己的性别，而是过着一种自我满足的生活。这与易性癖不同，即易装癖者并不仇视自己的生殖器，他们愿意做一个有男性生殖器的“女人”，或有女性生殖器的“男人”，他们的病态活动通常呈周期性发作。

（2）病因：有学者认为，易装癖属于一种性心理发展迟滞现象。其成因与幼年时对母亲的依赖性认同期间的发展不良有关。① 回顾性调查显示，易装癖者在过去常有过一定程度的性别意识和气质的发展受到阻滞的现象，在儿童期或有过在令人羞辱的气氛中被迫穿上异性服饰的经历；或有性冲动与异性服饰偶然建立了条件反射的特殊经历；也可能因为某种社会原因使易装更有利于生存发展或获得某种利益。

---

① 张春兴. 张氏心理学辞典［M］. 上海：上海辞书出版社，1992：673.

（3）心理治疗：对易装癖者进行童年经历的精神分析可能有助于寻找易装癖者曾经发展但后来停滞的性别意识的断端，重新塑造其合适的性别意识与相应的角色行为；或帮助当事人在性快感与对异性对象的审美情感之间建立条件反射。对于儿童期的易装癖，父母应对其不良行为给予及时的正确引导，强化适宜行为。易装癖者主要在于有一种异性模仿欲和性欲激发对某物品的偏好依赖，因此，可能常常会遭到周围人的取笑，当这种行为受到抑制时可引起其明显的不安情绪。少数易装癖者有可能发展成同性恋。

3. 露阴癖（exhibitionism）又称裸恋，是一种反复通过在陌生异性面前暴露自己的生殖器的方式，目击别人在情绪上的难堪反应而引发自己的性兴奋和满足自己的性欲望的性变态。如果仅仅就裸体而言，并不是所有的裸体就是变态。在原始社会或现代一些亚文化里的男女都有一种自我炫耀性器官的现象。在一些民俗中，男人们在澡堂里比试谁的生殖器大，妇女们比试谁的乳房丰满也许是司空见惯的事情。一般来说，童年裸体仅仅被当成是一种天真烂漫的行为，成年人在洗澡时裸体的自我欣赏也无人指责。

（1）临床表现：露阴癖可以依照年龄和病因不同等标准分为三种：一种是正常的，如前所述的儿童裸体和露阴行为；第二种是衰老的或未老先衰的裸恋，这类人大多是性功能衰退而借露阴以取得性兴奋；第三种是青壮年的裸恋，也是最有心理问题的裸恋。

露阴癖者常在街头巷尾人少寂静处、图书馆、自修室中或在家里对寓所窗外的无防范的异性暴露自己的生殖器，在女性怕羞的、惊吓的、发怒的或惊恐的反应中获得性快感，他们用突如其来的性器官暴露激发的异性的反应仿佛和正常的交合所得到的性满足一样。他自觉在精神上已经破坏了或占领了一个女子的贞操。一般来说，露阴癖者常在暴露生殖器时伴有强迫性手淫。露阴癖行为往往具有强迫性和不可自制性，他们明知在公共场所的露阴可能会因扰乱社会秩序而遭处罚，但也无法克制其露阴的冲动。他们通常并没有进一步的侵犯性。本症几乎只见于男性，但亦有少数女性穿裙不穿内裤的癖好，当属轻微的或边缘的露阴癖倾向。

（2）病因：据临床所见，露阴癖者多有性格内向、胆小、腼腆害羞、人格发育幼稚的特点。他们在与异性的交往中往往是胆怯畏惧的和不成功的，露阴行为可能为其排解性压抑的一个出口，从被观者的惊吓中他们可以体验到自己“雄风”力量的象征。其临床表现常停留在反复固定的变态方式上，而不具有更进一步的性侵犯的意图。大多数患者有性功能障碍或性能力薄弱，对真正的性生活缺乏自信心。一些学者认为，裸恋的人实际上往往是不修边幅的“影恋”者，这或许是一种类似原始时代的性表现方式的返祖现象。①

有报道认为，露阴癖者幼年常有一些记忆深刻的性经历。如自己裸露生殖器时不仅没有被大人指责，反而被当成说笑的话柄而自以为得意。部分露阴癖初期喜向异性儿童暴露身体，他们中的一些人往往同时还是恋童癖者。

（3）心理治疗：运用精神分析方法帮助患者消除潜意识中幼年沉积的错误的性观念或情结。例如让患者向他亲近的人做问卷调查，内容是：“不熟悉的异性究竟是喜欢还是讨厌在公共场所看到男性生殖器?”这类调查可以帮助当事人从被调查对象的否定性回答中认识到自己成年后露阴行为的幼稚性，划清儿童露阴和成年露阴行为性质上的区别。与此同时，让其与非配偶的异性正常交往，消除对异性的神秘感，消除焦虑情绪，纠正其错误认识；还可以用异性画像作为刺激物，对其实施厌恶疗法；使用氟西汀等5－羟色胺再摄取抑制剂亦可能对露阴癖者的强迫性冲动具有一定的疗效。

4. 窥阴癖（voyeurism）以反复窥视他人的裸体或性活动而引发自己的性唤起，从而满足性欲的一种性变态行为。

弗洛伊德认为，视淫欲与自我裸露欲是一组相互对立转化的“矛盾心理”形式的性本能。② 一般来说，视淫欲先于裸露欲出现，它的目标是直接指向外在的他人的身体或性活动的；后来放弃外在目标，视淫欲转向主体自身的某一部分，从而自身成为被动的被观看者；最后形成一个新的主体，这个主体为了被观看而裸露自身。

（1）临床表现：当事人常潜行于澡堂、厕所、游泳池的更衣室，或借助于反光镜、望远镜等工具去偷窥异性洗浴、排便或性活动，并因此而获得性的兴奋和性欲满足。窥阴癖者常在窥阴的现场手淫或在事后回忆窥视景象并手淫；这类变态者通常并没有暴露自己生殖器的意向或与被窥视者发生性关系的冲动。由于他们的行为诡秘，常因此被人抓获。本症几乎仅见于男性。

（2）病因：窥阴癖者大多性格内向；缺少知心朋友，与异性交往能力不足；对性解剖结构与性生理无知并有神秘感，缺乏有效的性知识教育的途径，色情影视和黄色书刊对其行为可能有一定的诱导作用；此类变态者多有强迫性手淫习惯。

（3）心理治疗：让其接受科学和正面的性知识教育，使用有关生殖器官

---

① （英）霭理士．性心理学［M］．潘光旦，译．北京：商务印书馆，1997：248－249.

② （奥）弗洛伊德．性学与爱情心理学［M］．罗生，译．南昌：百花洲文艺出版社，1996：211.

的图片进行直观教育，有助于消除其对性器官和性行为的神秘感；鼓励与异性建立公开的正常交往，提高患者的自信心，并可实施脱敏疗法；经与当事人商量可以考虑使用厌恶疗法；加入合法的日光浴运动可能有助于充分满足这类患者的影恋需求，从而减少非理性的性反常行为。

5. 触摸—挨擦癖（frotteurism）是指在拥挤场合或趁别人不备之际，通过触摸异性的乳房和臀部等身体部位，或用生殖器去挨擦异性身体的方式来唤起性兴奋和获得性满足的变态行为。多见于青春期男性。

（1）临床表现：热衷于去拥挤的场所，在容易逃脱的公共场所反复寻找与异性接近的机会，并进行身体紧密接触和摩擦的行为；伴有或不伴有暴露自己生殖器的愿望。它通常被认为是边缘性的性变态。

（2）病因：与幼年的性经历有关，如某次偶然通过与异性的触摸或被异性（如女性保姆）触摸生殖器获得快感而记忆较深或沉积于潜意识中，或当事人处于性欲旺盛和易冲动的青春期，或性欲过强的成人缺乏自制力；有渴望接近异性但又害怕交往的内心矛盾。

（3）心理治疗：对其进行精神分析，认识问题的根源和幼稚性；引导其端正认识，告知异性并不乐意接受这种不文明的、下流的侮辱行为；亦可运用想象脱敏疗法对当事人对异性的敏感性进行脱敏治疗，如先可用异性画像进行性冲动脱敏，循序渐进，到其与异性共舞也可平静时即达到了较理想的脱敏。还可考虑使用厌恶疗法，对公共场所的不雅行为（靶行为）进行治疗。

6. 性施虐癖（sexual sadism）与性受虐癖（sexual masochism）是指以向性爱对象施加虐待或接受虐待为性兴奋手段的性变态。性施虐癖也称之为施虐恋，在西方亦称之为“沙德现象”（sadism），此名源出法国18世纪一个叫沙德的侯爵，在他的作品中充满着这种歧变的描写。性受虐癖也叫受虐恋，在西方也叫“马索克现象”（masochism），此名源出奥地利小说家马索克在作品中描写的这种性变态。如何解释性施虐癖与性受虐癖将性兴奋与身体的痛楚相连接的变态心理？是一个众所纷纭的问题。

（1）临床表现：施虐癖是指从虐待性伙伴的过程中获得性兴奋和性满足的变态行为，当事人是虐待行为的提供或施加者；而受虐癖则是从性行为过程及前后所经的痛苦中获得性兴奋和性满足的变态行为，当事人是愿意接受虐待的人。施虐与受虐常常是同时发生的。但事实上，似乎是受虐者反而更加主动地去寻找施虐者，有时，施虐者癖者和受虐者的角色行为是可以相互变换的，两人亦常有同性恋倾向。施虐与受虐常见方式有鞭笞、捆绑、手

拧、口咬等。

（2）病因：施虐狂可能对异性怀有一种敌意，而受虐狂则可能有一种自我否定、自我惩罚的卑微感。施虐者在施虐中体验到一种占有、统治感，而受虐者在受虐中则体验到一种被爱感或抵偿自己某些模糊不清的罪恶感。因此，施虐与受虐癖变态的病因可能在于其人格的缺陷和性发展上的歧变。

（3）心理矫治：对于施虐癖者和受虐癖者可以尝试进行精神分析，了解并消除潜意识中的罪恶感或某些错误情结，纠正其幼稚、依赖等人格障碍，加强自信心训练，重建性行为与一些文雅的替代物（如音乐）之间联系的条件反射，学习对异性美的欣赏，或运用想象进行脱敏治疗，认知治疗也是可以尝试的方法。

7. 恋尸癖（necromania）是指通过与异性尸体发生性活动来满足性欲，或者先行强奸再进行谋杀的变态行为。包括猥亵、奸尸、毁伤尸体性器官、食尸（necronhagio）等表现类型。几乎只见于成年男性。艾宾称之为“色欲—谋杀”，并且记载了十几个案例。[①]

（1）临床表现：尸恋亦常被归纳在施虐恋一类之内。据报道，这类变态者大都是患有严重的精神疾病或智力低下，常有嗅觉等感觉缺陷。这些病态的男子是一般女人都不屑接受的，所以他们的性兴奋不得不借助于与尸体接触后一番惊骇的情绪所激发。这些变态者甚至有对尸体加以割裂肢解的行为。[②] 他们常活动于坟场或在殡仪馆、太平间这些停放尸体的场所，常选择以年轻未婚的女性尸体为对象，或采取奸尸，或仅仅只是触摸尸体引发性兴奋而后自己手淫；少数变态者或在郊外残杀女性后奸尸或毁伤女性性器官。

案例 8 - 3：2003 年 10 月，广东省河源市中级人民法院开庭审理了一起杀人案：38 岁，只有小学三年级文化的农民张某，以摩托车搭客为名，在从 2003 年至 2005 年短短的两年零 3 个月时间里，一人单独作案 9 宗，杀死 10 人，酿成 10 尸 11 命的惨案（因其中一妇女为孕妇）。被张某杀害的 10 人当中，有 9 人是女性，她们之中，年龄最小的只有 17 岁，最大的 40 岁。被张某杀害后的女性，尸体都残缺不全，或被砸烂头颅，或被他猥亵尸体，有的被割掉了阴唇，有的下身被插入长长的树枝、木棍或长柄螺丝刀，受害人的死状惨不忍睹。

---

① （奥）克拉夫特 - 艾宾. 性病态［M］. 陈苍多，译. 台北：左岸文化事业有限公司，2005：106.

② （英）霭理士. 性心理学［M］. 潘光旦，译. 北京：商务印书馆，1997：265.

（2）病因：本症可能与童年性挫伤经历有关，如上述张某 16 岁在外打工时曾被一个 50 多岁的老板娘诱奸。这件事被工友们知道后，他遭到了众人的嘲笑。其次与婚姻失意可能有关，张某曾与 3 个女人有过婚育关系，但都因为他的性格暴戾而导致婚姻失败。其中一个妻子出走，一个自尽，一个被张某杀害。了解张某底细的乡邻认为，贫穷、婚姻受挫和外界歧视是张某心理扭曲变态的重要原因。

（3）心理治疗：分析童年性的创伤与个人成长经历，尤其是与异性交往的挫折及其自己的看法；进行智力鉴定和人格分析，观察是否有智力缺陷或人格幼稚问题或情商低下；可以考虑厌恶治疗和抗精神病药物治疗等。

8. 鸡奸（sodomy），广义上是指任何异于阴茎—阴道性交方式的其他性交行为；狭义上是指同性恋和好男色者的肛门性交行为。阴茎—肛门性交、口—生殖器性交多发生在同性恋之间。事实上，医学上只是把那些完全排斥异性间正常性交方式的原发性非阴茎—阴道性交才视之为性变态。夫妻或情侣之间偶尔将口—生殖器交接方式作为正常性交前的一种补充或游戏并不属于异常。

（1）临床表现：几乎完全排除正常的以生殖器为中心的（阴茎—阴道）的性交方式，仅仅采取阴茎—肛门性交、口—生殖器性交方式才能获得性刺激和性满足；此类变态行为至少有 6 个月。

（2）病因：因为生理结构的缘故，这是男同性恋者唯一能选择的性交方式；其次，为了寻求新奇的性刺激或听信某些俗信，如一些人认为吸吮男子精液或女子阴液可以养生长寿，于是采取口—生殖器的舔阴、舔阳的性交方式。

（3）心理治疗：实施认知治疗，讲解非正常性交方式带来的不卫生问题（如直肠内有大量细菌滋生，容易带来感染和性病的传播；肛门周围有丰富的血管，容易引起出血等危险），提高其预防疾病的意识；建议逐渐以体位的变换或使用卫生的性用具，通过地点和环境的改变来取代非正常的性交方式带来的快感和性刺激，逐步建立科学、卫生文明的性生活方式。

9. 排泄淫乐癖。排泄淫乐癖是指伴随着性行为往性伙伴身上排泄粪便或尿液或令性伙伴往自己身上排泄而获得性快感的变态行为。

（1）临床表现：性兴奋区突出地集中在肛门区或大小便的排泄过程。根据其排泄物的差别可区分为恋粪癖和恋尿癖两类。这类变态者在平时往往多有将异物插入肛门或尿道作为性刺激或手淫的奇特性行为。如有一对夫妻，女方常将一体温表插入对方肛门内旋转以激发对方性兴奋均属此类变态

行为。

（2）病因：按照弗洛伊德学说来理解，一个人的性心理发展一般要经过口腔期、肛门期、阴茎期和生殖器官期几个阶段。其中，幼儿期的一个重要学习内容就是学习怎样控制大小便的排泄。在这个学习过程中，儿童在大小便排泄时往往会感到轻松、愉快，并且逐渐懂得了暴露生殖器和臀部的羞耻。弗洛伊德把这一时期称为肛门期，以强调这一时期儿童的力比多（性能量）主要集中在肛门区域的特点。显然，排泄癖者的性心理具有儿童肛门期的心理特点，或者说，这类患者的性心理发育仍停滞在这一幼年时期。

（3）心理治疗：心理分析对于揭示患者幼年时潜意识中的性经历和性心理创伤或停滞是有帮助的。用性感集中训练的治疗方法使患者将性兴趣从肛门区逐渐转移到生殖器官上可能是有效的。此外，还可以尝试对粪尿排泄物的快感做厌恶治疗。

10. 猥亵电话和书写癖。猥亵电话癖是指以咨询、交友等多种借口，通过电话使用黄色下流的语言直言不讳地与异性调侃性生活和性问题而唤起性兴奋和获得性满足的性变态。

书写癖则是指通过书写有关性内容的文字（常见为打油诗、顺口溜）或描画性器官的图画给别人，或在公共场所涂鸦而唤起性兴奋和获得性满足的性变态。

（1）临床表现：猥亵电话癖者酷爱给陌生的异性（如电台主持或咨询机构的异性）“煲电话粥”，谈论有关性内容的话题，或用猥亵的语言辱骂自己得不到的异性，或臆想自己与受话者有性关系，以此来获得性满足和发泄自己的性欲。书写癖则喜欢通过以书信的方式或在公共厕所、浴室等公共场所的墙板上涂画猥亵的画像或言语，但多数并没有明确固定的猥亵对象。

（2）病因：与触摸—挨擦癖和窥阴癖相比，这类性变态与其“虚拟”性爱对象之间的空间距离更远，前者或是身体的实际接触，或有视觉上的接触，后者则只有声音上或文字上的间接接触了。这提示猥亵者更缺乏自信心，性格更内向，与异性交谈存在着恐惧和焦虑；性张力较大。童年有被性侮辱的经历，社交能力欠佳，对异性仇视的态度和情绪都可能与本变态的发生有关。

（3）心理矫治：首先，可以通过分析其所作的性图画或书信挖掘其内心中的性创伤或特别经历。其次，通过团体活动，引导其与异性建立良好的正常接触是非常重要的。此外，亦可考虑用想象厌恶疗法对其强迫性猥亵行为进行治疗。

11. 混合型性偏好障碍，亦称为性偏好多相障碍（mixed disorder of sexual preference）。常见的有恋物癖、易装癖和性施虐与性受虐癖的组合，同性恋与易装癖的组合，同性恋与易性癖的组合。

（1）临床表现：为相应变态行为的组合表现，注意分析鉴别其症状发生之前后、主要与次要之分。

（2）病因：人格发育偏差或障碍者多见。或先有其中某种变态，继而再有第二种变态，如恋物癖、易装癖和性施虐与性受虐癖的组合。也可能是两者的发生难分彼此前后，如同性恋与易装癖可能是一个相辅相成的发生过程。

（3）心理矫治：可采取分阶段的靶目标进行行为治疗，或对性发育过程进行精神分析治疗，对于青少年还需要进行家庭分析与治疗。

12. 色情狂和慕男狂。色情狂通常指以病态的性幻想方式来满足其性欲的男性；而慕男狂（furor uterinus）则指以病态的性幻想方式来满足其性欲的女性。

（1）临床表现：他们通常编出细节逼真的情爱故事，把意中人或某个杰出男士或女士想象为自己的性对象。喜爱收集、珍藏和携带幻想中的意中人的照片或其他物品。这种性幻想与精神分裂症钟情妄想的区别是，后者还具有其他精神分裂的症状，而且完全不具有自知力，生活与社会工作能力低下。

（2）病因：不少色情狂和慕男狂者相貌平凡，缺乏性感，自感对异性的吸引力不够，但内心却十分渴望得到爱情和与异性或暗恋对象发生性关系，但现实中又希望渺茫，只好以虚幻的想象来满足性欲。在部分案例中，黄色录像可能有一定的诱发作用。此外，脑功能失调，脑梅毒，过量使用大麻、可卡因、性激素等也是常见的诱因。一些案例曾有追星的狂热行为。

（3）心理治疗：可试用厌恶疗法，即当患者进入性幻想并有生殖器兴奋反应时，给予某种厌恶刺激，使其在病态的幻想与厌恶刺激之间建立一种条件反射，最终使其逐渐放弃这一类病态的想象。少数色情狂可能会在幻想的支配下发生性罪错行为，而慕男狂则可能轻易向男性献出贞操，对这种不良后果治疗者应有所预见，并嘱咐其监护人或当事人加以防范。

（三）性指向障碍

性指向障碍（sexual orientation disorders）是指与性发育和性爱对象定向有关的心理和行为障碍。他们之中的某些人主观上本不希望有如此心理和行

为，或曾为此困惑不解或犹豫痛苦，焦虑、抑郁，甚至曾试图寻求治疗和改变。① 主要包括如下类型：

1. 同性恋。狭义上，同性恋（homosexuality）是指在正常生活条件下，从少年时期就开始对同性表现出性爱的迷恋倾向，并因此难以与异性建立或维持家庭关系。

（1）流行状况。同性恋是古今中外都有的社会心理现象，而且世界上几乎任何一个洲、任何一个不同社会制度的国家里都存在着同性恋这种人类性爱的变异形式。据史料记载，成年男子的恋（男）童风盛行于公元前4—6世纪的希腊社会，由具有"同性之爱"的士兵组成的斯巴达军队被认为受到爱神的鼓舞。在柏拉图所著的《宴席》一文中，就讨论了一名叫尤浪诺斯（Uranos）神的同性恋问题，故又叫Uranos现象。在中国古代，"龙阳""分桃""断袖"的故事记载了一些帝王迷恋和宠幸男色的生活；在汉、唐、元、明、清各代，"狎昵娈童""溺于男宠"为君王贵族阶层流行的一种癖好。带有商业色彩的男妓和同性恋，是19世纪以来英、法、德、美、日等工业化国家"性工业"的特点之一。现在，这种情况已经逐渐蔓延到亚洲一些国家和地区。

从人群分布来看，同性恋者几乎分布在所有的阶层，从政府机关、军队，到工厂、公司、学校和居民区，无论老板或打工仔（妹）、经理或职员、教师或学生，不管其经济状况如何，居住在城市或农村，事实上都有一些公开的或潜伏、隐秘的同性恋者存在。据估计，同性恋在总人口中的比例，从5%～10%不等。下表是一些不同年代的调查数据。

同性恋在人口中的发生率

调查年代	研究者	调查对象	结果
1902年	罗蒙	600名荷兰女大学生	2%专意于同性恋，4%为双性恋者
1920年	赫茨弗尔德	3 665名德国男性	2.3%专意于同性恋，3.4%为双性恋者
1948年	金赛	500名白人男性	10%专意于同性恋，13%有潜在同性恋倾向
1953年	弗雷德彼格	500名原西德男性	23%承认有过同性恋行为
1965年	索弗尔德	1 873名未婚英国青年	5%的男性、2%的女性承认有过同性恋行为
1967年	吉斯	2 835名男大学生，831名女生	19%的男性、4%的女性承认有过同性恋行为

① 中国精神障碍分类与诊断标准.［M］. 3版. 青岛：山东科学技术出版社，2001：139.

（2）病因和病理。同性恋究竟为何发生？不仅大多数同性恋者本人困惑不解，国内外学术界也百家争鸣，莫衷一是。大抵上有如下几种学说：

1）器官双性学说：这种观点认为，人的性别虽然由遗传决定，但男人和女人的生物学界限并不是绝对的。在胚胎的前 2 个月，男女性别尚未分化，睾丸和卵巢源于共同的原始生殖细胞，男女外生殖器在胚胎发育 7～8 周以后，在共同的生殖原基上才朝不同的方向上分化发育。性分化不仅受遗传，还受内分泌（特别是雄激素）的控制。当遗传性别为男性，而因某些原因致使雄激素不足，或遗传性别为女性，而雄激素过多时，都会引起胚胎生殖管道和外生殖器原基的分化紊乱。即使在发育正常的成年男女，其体内各自都分泌着雄性激素和雌性激素两种性激素，只不过是其比例和数量多少不同而已。正如中医所说的那样："阴中有阳，阳中有阴。"从这种理论来看，同性恋是以生物上的先天双性为基础的另类性行为倾向，与异性恋一起构成人类性爱模式的两极，处于这两极之间的状况是"双性恋"。

2）遗传学说：卡尔曼（1952）认为，单卵双胞胎发生专意于同性恋者的比率高于双卵双胞胎者，提示同性恋可能有遗传因素存在。事实上，染色体异常可导致性分化紊乱，出现两性畸形（俗称阴阳人），但大多数染色体异常的病人却并不是同性恋者，而多数同性恋者又未见有遗传倾向，可见遗传学说的解释并不完善。另有些学者的调查显示，同性恋者在姊妹中晚出生的较为多见。

3）内分泌学说：洛雷尼（1970）的研究报告认为，同性恋男子在 24 小时内的尿内睾丸酮常偏低。马格勒斯（1970）的研究则认为，同性恋和异性恋者在睾丸激素尿内降解物方面，即雄甾酮（A）和还原尿睾酮（E）的比值是有差别的，即 A 值相对较高的新陈代谢状态往往伴随对女性伴侣的选择，而 A 值较低则偏向选择男性伴侣。科洛得尼（1971）也报告，同性恋者的血浆睾丸酮激素明显低于相应的异性恋者。但内分泌改变究竟是原因，还是同性恋的症状，现在尚不能肯定。

4）"双亲命运之星"学说：比波（1962）综合了许多精神分析学家的临床资料后认为，导致同性恋的主要原因与一种特殊的家庭双亲模式相关：即一个疏远和具有敌意的父亲和贬低丈夫的母亲；或一个冷淡和具敌意的母亲和过分亲密而有失身份的父亲；或一个漫不经心的父亲和灰心丧气的母亲；或一个强悍的母亲和软弱的父亲。由于父母角色不和谐和不平衡的家庭环境，造成了孩子性别认同的社会化过程障碍，或惧怕女性或男性，或与同龄群体交往发生困难，最终导致成年后的性取向倒错。

5）情景性和社会关系学说：不少个案表明，他们常常是在其他有经验的同性者的引诱下才变为同性恋者的。他们或是同学、工友、邻居，或是酒吧、牌桌上的伙伴，或是师生、师徒、教官和士兵等具有亲密的工作或生活关系的人。这些人或因社交能力差，对异性恐惧；或周围为清一色性别的人，缺乏与异性的正常交往；或存在着想逃避男性或女性社会责任与义务的潜意识。

有一些同性恋者告诉心理医生，他们原本对自己内心朦胧的爱慕同性的念头感到自责，甚至想“痛改前非”，但可能由于体形的性别化特征不够典型，常被周围人取笑，男孩被人称为“大姐”或“娘娘腔”，女孩被人称为“男仔头”或“假小子”，这不仅使他们本来就脆弱、孤独的心灵失去了抗争的勇气，也更加重了他们对自己原先认同的性别的怀疑：“我真的有问题吗？”临床上常常可以听到当事人这样的发问。可见，人的性别意识受到环境评价信息的很大影响。

6）心理双性说：弗洛伊德的精神分析学说认为，以人类先天的生物双性为基础，每个人都存在着心理双性，即没有任何一种心理品质只专属于男性或女性，而只有优势与否。就性爱而言，每个人在童年时都会经历一个同性恋性欲发展的阶段。如果由于家庭背景和社会因素等原因使正常的性角色社会化过程和心理发育受挫折，便可能导致潜在的或童年的同性恋意识复苏。同性恋是先天的倾向和后天的经验紧密地联系在一起的。

7）精神病学说：精神病学家认为，同性恋偏离了生物性生理发展的正常轨道，而且大多数同性恋者内心矛盾重重，社会适应困难，并无幸福可言。所以，同性恋应当属于精神异常。

8）性压抑学说：弗洛伊德从文明社会“一夫一妻制”与人性压抑之间矛盾的角度来看待同性恋问题，认为正常性生活受到阻止之后可能导致的一个后果就是同性恋的日渐普遍。“除了少数天生有同性恋倾向或因为幼年环境的影响而染上这种毛病的人，大多数同性恋者都是在成年之后因为原欲的主流受阻，才不得不进入同性恋这个支流中去的。”①

9）反主流文化学说：社会学家和文化心理学家认为，同性恋者是一些蔑视传统婚姻制度和反主流文化的人士，或具有一种反社会人格。他们痛恨以性交换为核心的男女之恋，赞美他们之间纯粹的“精神之恋”，反对以物质经济利益交换的世俗爱情，而欣赏自己的神交的友谊。他们与其说是不能

---

① （奥）弗洛伊德. 性学与爱情心理学［M］. 罗生，译. 南昌：百花洲文艺出版社，1996：211.

爱某一个异性，还不如说是厌恶自己的性别文化，而自愿成为另一个本不属于自己的性别文化中的一员。

然而，不论学者们如何来解释与看待同性恋的原因和病理，但可以肯定地说，同性恋者们是一些在生理、心理和社会三方面均非完满的特殊人群，他们需要理解和帮助。

（3）临床类型及其特征。世界上任何事物之间的界限从来都不是绝对分明和固定不变的，一切经中间阶段过渡和连接。在人类大多数的异性恋和少数的同性恋之间亦存在着一些连续的环节。金赛研究小组（1948）根据两性关系中性对象指向的倾向性及其关系的强度不同，将这个连续的中间环节划分为7个等级或类型，见下图。

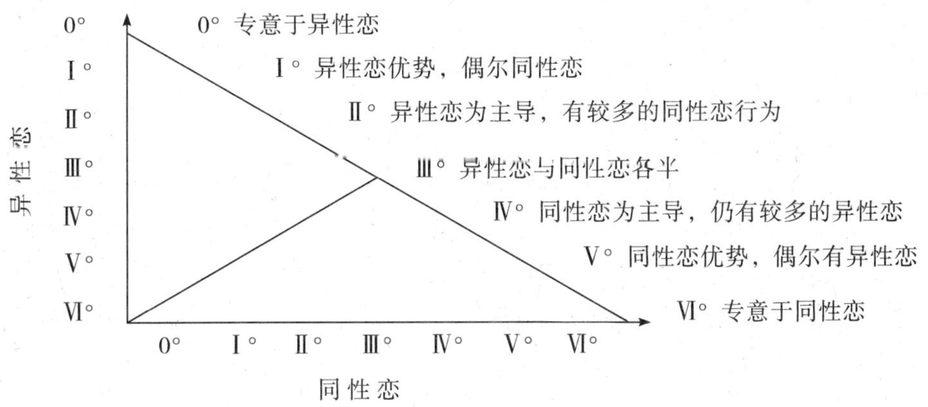

人类性爱谱

0°为大多数正常人的性爱模式，成年后性爱对象能指向同龄异性。

Ⅰ°和Ⅱ°为基本正常的性爱模式，他们虽爱慕异性，且异性可激发他们的性欲与性行为，但在一些特殊的境遇下可发生同性恋行为，这些行为通常仍在主观意志控制之中，亦可自行终止或避免，故可称之为“任意性同性恋”者，如在监狱内长时期服刑的犯人可能与同性别的犯人发生境遇性同性恋。Ⅰ°和Ⅱ°的区别仅仅在于同性恋行为程度上的区别。

在Ⅲ°和Ⅳ°的人中，他们既有异性的“意中人”，甚至可以结婚和生儿育女，同时也有炽热的同性恋者，故被称之为“双性恋”者。Ⅲ°和Ⅳ°的区别仅仅在于同性恋行为程度上的区别。

在Ⅴ°的人，大多从小或青春期开始便对同性的兴趣大过异性，性别角色的认同逐渐发生不可自主的反转或倒错，故这类人可称为“强迫性同性恋”。他们中的少数人虽然偶尔或既往有过短暂的异性恋或婚姻史，但多因为屈服于父母和社会文化的压力而结婚，故自我并不感到幸福，在性生活中处于被动或无快感的状况。反而一直保留着对心仪同性的强烈的爱恋而不可自拔。

在Ⅵ°的人是一心一意地专意于同性恋的人。他们通常义无反顾地专意于同性恋，抵制婚姻。

由于Ⅴ°或Ⅵ°的人同性恋发生的时间较早，故统称之为“素质性同性恋”。

根据同性恋在交往中的主动性程度，可以将其分为主动型和被动型两种。根据在交往中角色扮演的不同，可以将其分为男性角色同性恋和女性角色同性恋，即在两人关系中一人扮演丈夫或男子的角色，另一人扮演妻子或女性的角色。但随着女权主义运动的兴起，当代同性恋的双方已经不再刻板地履行某一传统的夫妻角色，而是以个人的技能和兴趣为基础进行家务劳动、决策和其他活动，同性恋似乎比异性恋关系更具有权力平等性。

同性恋除了众所周知的“性对象倒错”这一明显的特征外，还有许多心理行为问题。从临床所见，同性恋者较常见的临床特征有：

1）缺乏自信心的忧郁：不少男同性恋者体格矮小或苗条瘦弱，发音尖细，自认为外生殖器发育和第二性征发育欠佳，于是普遍担心自己缺乏男子汉气，对异性缺乏吸引力。他们往往害怕去公共澡堂，不愿去游泳，害怕在别人面前裸体。另一方面他们又非常羡慕和欣赏身材魁梧、男性化的同性。女同性恋者则常有第二性征发育不良或较为中性的体格相貌，自感缺乏女性魅力，即使有欣赏的异性，亦害怕与其谈情说爱，怕被异性拒绝接受，常处于一种自卑、压抑和忧郁的情绪之中。

2）焦虑与恐惧：同性恋者一方面内心对同性爱具有不可抗拒的渴望；另一方面承受着所受的教育和周围文化环境对同性恋否定的巨大社会压力，这种矛盾使他们困扰不安，产生对自己的强烈自责、内疚、抗拒、厌恶，甚至频生自杀念头。他们想找人倾诉，又怕别人耻笑，想去找医生，又惧怕被曝光。虽有倒错的恋情，却不敢付诸实践，惶惶不可终日。

3）易装癖或易性癖倾向：一些同性恋者偏爱参与异性的文娱活动，或具有异性生活习性的爱好，甚至频生易性的念头；相反，另一些人则有强烈的反异性倾向，厌恶或敌视异性。故前者为常扮演异性的同性恋者，后者为仇视异性的同性恋者。还有部分同性恋者在性行为中扮演什么角色，完全随伴侣的情境变化而改变。

4）同性恋之间是否具有唯一的性关系，不能一概而论。据调查，女同性恋之间性接触的频率低于异性恋或男同性恋。甚至有些女同性恋者维持着一种不涉及性的浪漫主义关系，可以称之为波士顿婚姻（Boston marriage）①。

（4）同性恋引发的法律等社会问题。不同历史时期或不同文化中对同性恋的态度是不同的，据以订立的法律也因而不同。《圣经旧约》等古希伯来的宗教法律明确禁止同性恋。在中世纪，同性恋者将被判处酷刑，赎罪 10 年以上。19 世纪以前，英国法律禁止肛交，包括同性之间的和男女之间的肛交都同属非法。1885 年同性性行为甚至被刑事化，当时的保守派认为同性恋和卖淫一样是大英帝国没落的象征。1895 年，英国诗人及剧作家、唯美主义艺术运动的倡导者奥斯卡·王尔德（Oscar Wilde，1854—1900）就因爱上俊美不羁的年轻爵士而遭爵士的父亲控告，并因同性恋的“有伤风化”获罪入狱 2 年。对王尔德的审判是英国司法史上最引人注目的案件之一。他在狱中写给同性情人波西的长信《自深深处》流传于世，他甚至成为以后同性恋文化的偶像。19 世纪初法国的《拿破仑法典》只对那些采取强迫手段，或侵犯未成年人，以及在公共场合有碍风化的同性恋才判决触犯法律。19 世纪到 20 世纪初，在美国各州均有惩治同性恋的法律，称为“反常性交罪”。反常性交（sodomy），原指“鸡奸”（或肛交）。在美国意指除阴茎—阴道交合以外的一切“反常”性交，包括口交、肛交、相互手淫等。对所谓的“反常性交”仍属非法。最严厉的可判终身监禁，最轻的则判 30 天监禁，或罚款 500 美元。20 世纪最轰动的同性恋案件是图灵（Alan Turing）案件。图灵是英国著名数学家，计算机科学的创始人。他因在第二次世界大战期间破译纳粹德国的情报密码而荣获大英帝国勋章。但他的同性恋身份被暴露后，被迫接受药物治疗而成为性无能，胸部女性化，他在 41 岁时自杀身亡。20 世纪中叶，美国参议院通过 280 决议案，要求调查政府里的同性恋者和性反常者，结果认为同性恋者不合适担任政府雇员。但从 20 世纪 50 年代开始，英国国会对同性恋的非刑事化问题进行了数月的激烈辩论，1954 年 8 月政府成立了以雷丁（Reading）大学副校长沃尔芬登爵士（Sir John Wolfenden）为主席的“同性恋和卖淫问题委员会”，经过 62 次会议以及听取 200 个以上团体和个人所做的证词，于 1957 年 9 月 4 日发表“同性恋罪行和卖淫委员会报告”（简称“沃尔芬登报告”）。报告主张将成年人在相互同意下发生的同性性行为合法化。认为除非私人生活侵犯公众利益，法律不得干预私人生

① （英）奥斯卡·王尔德．自深深处［M］．朱纯深，译．南京：译林出版社，2008.

活。1964年英国国会讨论沃尔芬登报告，并因此提出了《性罪行法案》，其中规定："如果参与者年龄在21岁以上并出于自愿，私下进行的男同性性行为不是犯罪。"1966年该法案获得两院通过。1994年又通过同意将当事人年龄降至18岁的修正案。英国法院后来又逐渐给予同性恋者以婚姻、成立家庭、抚养、领养、探视孩子等权利。1988年，丹麦国会通过《同性恋婚姻法》。该法案规定，同性婚姻中的配偶双方在遗产、继承、住房津贴、退休和离婚方面，享有与异性婚配相同的权利。该法案通过后3个月内，丹麦即有600余对同性恋者成婚，其中80%是男同性恋者。1993年挪威、1994年瑞典也分别通过立法承认同性婚姻。美国也经历过许多复杂的案例争辩之后，逐渐有多个州立法承认同性婚姻，并准许同性恋"夫妇"领养子女。事实上，已有不少孩子在同性恋的家庭中长大。

尽管当今社会对同性恋的态度逐渐宽容和理解，但同性恋还可能因为婚姻权利、财产继承、领养孩子、性病传播等涉及法律问题。触犯法律的同性性行为有：同性卖淫、同性恋童癖、同性乱伦、同性强奸、同性施虐狂、同性乱交等。还有一些同性恋者迫于家庭和社会压力结了婚，但对妻子或丈夫隐瞒了自己的同性恋倾向，因此也涉及道德和婚姻法律问题。因同性恋带来的性病传播问题也应该引起高度重视。据中国卫生部通报，从1985年到2001年，通过同性恋性传播感染艾滋病病毒和成为艾滋病病人的占总感染人数的0.2%。据全国艾滋病病毒感染实际人数60万人推算，全国约有1万多人经由同性恋行为而感染艾滋病病毒。

（5）同性恋的预防。尽管人们对同性恋的性质看法不一，但一些同性恋者本人和他们的父母及家庭成员都希望改变这种不为社会普遍接受的性爱行为模式。这些同性恋者不仅忧心忡忡，而且一旦公开，在就业、工作、法律等方面可能备受歧视，将导致社会生活适应困难。因此，预防与心理矫治同性恋仍然是有个人和社会需求的。

同性恋重在预防，因为同性恋一旦形成，心理矫治则必须有当事人的参与配合，特别是当事人必须要有愿意纠正其性爱模式的动机才有可能。除极少数原因不明的素质性同性恋出现时间较早之外，大多数同性恋的形成并非一朝一夕，而是与家庭社会化过程及个人性心理发育过程密切相关。因此，同性恋是可以早抓早防的。其要点是：

1）注意性别角色塑造：性别的社会化（gender socialization）是指父母对孩子的性别角色加以塑造的过程。父母应依据孩子的生物性别注意引导孩子确立相应的性别角色行为，避免将父母有关与孩子实际性别相反的愿望投

射到孩子的姓名、穿着打扮、游戏和教育等方面。对于孩子有悖于性别的行为要及时加以纠正，如女孩子喜欢男孩子的游戏，而不喜欢女性的着装和发型；或男孩子喜欢织毛衣、穿戴女性服饰等。孩子的模仿力很强，要避免孩子与清一色的异性长期相处和游戏。应注重培养孩子对异性父母有感情而无矛盾的健康心理，引导孩子与同辈同性别的孩子建立良好的伙伴关系，不要因为父母本身曾受过异性的某种伤害而对孩子进行反异性的教育，否则可能会对孩子以后与异性的信任和交往造成困难。

2）抓好关键时期的性教育：在青春期和婚前青年期，加强性知识教育和角色行为训练是必要的。适当的男女之间的自然交往，对于消除异性之间社交焦虑和恐惧，增进对异性的了解和自我认识都是有益的。对青少年进行与其性别角色一致的有关礼仪风貌、行为规范、个人兴趣、生活习性等方面的教育是不容忽视的。

3）避免淫秽、黄色书刊和三级片、网络不良信息对孩子的不良影响；避免孩子与行为不良的伙伴为伍。

（6）同性恋心理咨询的原则。

1）坚持生命价值第一的原则。人的生命只有一次，生命的价值胜过包括性取向在内的其他一切价值，即使当事人不愿意改或改不了。当事人也不应因此而放弃生命。当父母及其他家庭成员极力反对当事人的性取向而与当事人发生矛盾时，当事人有可能出现过激行为，父母亦要以爱护当事人生命，尊重个人对生存方式的选择为最高准则。

2）自愿参与心理咨询的原则。性格与行为的改变必须以当事人的自愿参与为前提，只有自愿参与才有改变的内在动力。如果只有父母强迫孩子改变的愿望而没有当事人自己主动自愿的参与，是不会有治疗效果的。一些当事人虽然自己愿意改变，但只是寄希望于医生有什么特效药物和方法，主动性和参与性不够，这也是不会有奇迹发生的。

3）内心的改变需要一个过程，但外部行为的改变可以先行。其总则是去其有余，补其不足。即去除与性别角色不符的“多余的”不适应行为，补充与自己性别一致的但发展不足的行为。如可以先从服饰、发型的改变开始。女孩戴个耳环和戒指，男孩剃个平头都是不难做到的事，尽管只有一点点改变，必将获得周围环境中的正面评价的强化，可能引发相继的一系列的良性改观。

4）改变必须是循序渐进和多方面的。性取向问题往往只是当事人人格发展中的一个缺陷，表现的不适应行为往往只是许多潜在性问题的部分显

露。找出这些基础性的缺陷，逐渐加以改变，需要周密的治疗计划和持之以恒的毅力。改变绝非一朝一夕、一蹴而就的事。新的行为还需要不断地巩固才能成为自然的习惯，即“习以成性”。就事论事的治疗主要解决外在行为的问题，而全面的改变才能重塑人格。

5）配合个体心理咨询的家庭治疗非常必要。当事人问题的形成亦非一种孤立的事件，而与家庭父母角色扮演以及与家庭成员之间人际互动关系的模式密切相关，改进父母与子女之间沟通方式、交往的频率和质量，消除因代沟、当事人和旁观者的差别而带来的冲突，父母等家人保持宽容理解、诚恳倾听、开放探讨的态度，勇于承担父母应负的责任，对于促进当事人的改变都是非常有必要的。相反，惩罚和强迫改变只能事与愿违。

（7）同性恋心理咨询的步骤与方法。

1）唤起当事人愿意改变的动机。要点有：①共情与理解。一旦孩子出现了同性恋意向和行为，家长和其他家庭成员应有更多的理解和关心，而不是简单的拒绝与指责；父母应同期反思家庭教育等方面的失误，承认后天教育对性格的决定性影响；父母应示范与孩子一起承担自己的责任，而不只是一味地责怪孩子。②性别身份的重新确认。在同性恋的心理咨询中，首先对其进行外生殖器和第二性征发育情况的检查是必要的，甚至可以用染色体检查的方法帮助其确认真实的性别身份，打消其对自己性别身份的质疑；在治疗的自始至终都要不断地帮助他们确认自己先天遗传的性别。用自信训练提高同性恋者的自信心，克服自卑感，用系统脱敏方法治疗其与异性接触时的焦虑和恐惧感也是必要的。回顾幼年经历和性别角色形象，客观认识与评价自己早年的社会性别和心理性别的认同情况，排除有先天遗传问题的可能性。③引导当事人认识自己非理性思维的存在，以及在行为上自主选择的责任，如放纵自我、固执己见的非理性信念，故意寻求新奇的刺激和另类的感觉等。④引导当事人认识性取向选择对自我发展和社会适应的后果，包括社会评价对当事人幸福感的影响等。⑤培养当事人的移情能力和家庭责任感，即设身处地地理解父母情感的能力，认识人的本质是社会关系的总和的道理，促使其意识到自我选择对父母和家庭带来的精神压力和痛苦。只有以愿意改变性取向的强烈动机为基础，其后的治疗效果才有可能实现。

2）树立同性恋是可防可治的信心，不要自暴自弃。要点有：①通过阅读与案例分析，认识行为可变、性格可塑的原理；认识信念、认知和态度影响情绪和支配行为的原理；明白要改变行为，必先放弃原先偏执的某些想法和“行为禁忌”，如对自己性别的痛恨和拒绝尝试参加自己性别的常规活动，

坚持穿异性服装的态度。②启发当事人察觉并记录自身原有的性别特征，如五官相貌等，肯定幼年原有行为中符合期望角色的表现。③运用人际网络对其新行为、新形象予以积极的反馈和肯定，鼓励当事人在一定的场合，运用一定的形式让其表达愿意改变的决心。④克服害怕因改变被人刮目相看，引起轰动的畏惧情绪，树立为自己活着和选择人生的独立自主的意识。

3）与当事人一起协商制订改变行为的计划。要点有：①与当事人协商制订改变自我的近期、中期以及长远目标。②先确定应放弃的不适应行为，如故意模仿异性的行为举止等。③通过观察与模仿学习符合自己性别角色的行为方式。④确定完成目标的评价指标，如周围人的评价等。⑤确定完成目标后的鼓励或奖励方式。

4）尝试实践改变性别角色的策略。其要点有：①性别的统合训练。努力将客观的生物性别与社会性别的认同和心理性别的感受统合起来。引导其认识不要将情绪或想象误认为是事实来欺骗自己，要承认事实，服从事实，事实唯真。将友谊与爱情、朋友关系与婚姻关系区别开来，放弃对同性性爱的追求和占有的错位执着。②羞辱攻击训练，从外在行为矫正开始的策略。由于同性恋者常因受到来自周围环境中诸如“娘娘腔”“女人样”“假小子”之类的评价，无异于加重了他们内心的痛苦和角色认同，社会舆论的暗示更易促使他朝专意于同性恋的方向发展。因此，首先从衣着服饰、步态言行等外观行为开始矫正，将有利于较快地获得来自环境中的积极评价，而这种信息反馈，有助于提高同性恋者纠正歧变的行为模式的信心。如心理医生可以示范的方式要求患者以粗犷的男子汉步态取代原来女人味的小步态，这是不难完成的一个作业。对于每一项完成的行为矫正，治疗者要给予鼓励并逐步提出更高要求的训练计划。鼓励当事人“冒险”去做一些自己原来不敢做的事情，比如，尝试穿着原先排斥的而符合自己性别的衣饰，女生保留长一些的发型，男生则在适当的场合裸露上身，挑战害怕难堪的恐惧感，尝试建立新的性别体验。③尝试开放自己。不要关闭对异性的追求和爱慕的心扉，尝试与一个温文尔雅的异性发展“柏拉图式”的友谊关系，即仅仅只以精神恋爱为限，而不发生性的关系。尝试对异性和同性的心理的同异进行比较，寻找各自种种值得欣赏的优点，并对异性产生相应的美好愉悦的联想。一些学者认为，如果同性恋者受某个自己欣赏的异性热烈追求的话，其性取向可能会迅速发生改变。④性意象转移治疗。可以采用条件反射训练的方法，重建与恢复当事人对异性的性兴奋和矫治同性恋者性欲对象倒错的歧变。先从当事人以幻想手淫或幻想性交取代实际的与同性恋的身体接触开始，等他认为性兴奋已逼近且高潮不可避免时，借助画像或异性录音将其性幻想转移为合适的异性幻想。通过不断练习，使其在性兴奋与异性恋之间建立起新的条件反射，重建和恢复与其性别角色相应的性兴奋模式，这种方法可以称之为“移花接木”。

5）柏拉图恋爱的策略。即在异性中物色一个温文尔雅、善于体贴的对象，和当事人建立“柏拉图式”的恋爱关系。霭理士认为，如果在这个异性的朋友身上能找到当事人在同性身上所能找到的种种特点，而这些特点又能为当事人所欣赏，那么这种友谊关系也许能起到一种类似上述联想治疗（即移花接木）的效果。①

6）厌恶治疗的策略。可以运用厌恶疗法摆脱当事人对同性恋行为的痴迷。对于一些迷恋于同性恋行为的当事人，可以将药物诱发的恶心、呕吐或无害但强烈的电刺激与患者的同性恋幻想或视觉刺激联系起来，建立当事人对同性恋行为厌恶的条件反射，从而摆脱与同性的精神依恋关系。

案例8-4：某男，25岁，职业营销商。主诉：近年来与同性别的人交往时总有莫名其妙的性冲动出现，因此而感到难堪，影响自己的工作。迫切要求获得医生的帮助，以克服这种不想要的性冲动。性激素测定显示：RL 4 ng/mL，FSH 13 mIu/mL，LH 19 mIu/mL，E2 625 pg/mL，P 0.68 ng/mL，T 9.6 ng/mL。生殖器和第二性征检查均无异常发现。初次ZUNG自我评定焦虑表（SAS）测定，标准得分110分。

由于考虑到来访者治疗前已有较明确的纠正动机和强烈愿望，经过协商决定使用厌恶疗法。治疗前对厌恶治疗的基本原理、方法、疗程和不适等进行了必要的说明，取得了当事人的知情同意和积极配合。程序是：①在安静的治疗室内，让当事人舒适地坐在有靠背的椅子上，双目轻闭，先聆听几分钟的轻音乐，稳定情绪。②让当事人想象平时见到的有吸引力的同性男子并有性冲动的情景；嘱咐其每当在脑海里进入这类情景或角色时，用食指弯曲向医生略做示意。③心理医生使用厌恶治疗仪，对当事人的“合谷穴”予以突然的电击。④电击后，当事人立即中断了正在呈现的念头，从想象的情景中清醒过来，继而让当事人做深呼吸和肌肉放松练习。⑤治疗期间测量当事人的脉搏、血压，观察其面部表情，并同期用“阴茎勃起测量纸带”测量其生殖器的反应情况。⑥每次治疗结束后，与当事人晤谈治疗的体验；下次治疗开始前先让当事人介绍回家后在生活中的变化情况。

① （英）霭理士. 性心理学［M］. 潘光旦，译. 北京：商务印书馆，1997：230.

每次治疗持续1小时左右，1周2次，5次为一个疗程，然后休息1周，再进入第二个疗程的巩固性治疗。疗程结束后，测定性激素和SAS变化值。考虑到本案例有明显的雌激素异常增高现象，于是在治疗中增加了用868－Ⅱ针灸治疗仪对“内关”等穴位的刺激。

治疗时观察，当事人的脉搏和血压在治疗开始前加快和增高，随着当事人对刺激与强迫念头之间联系的建立，冲动出现时间的延长，脉搏和血压逐渐趋于稳定，阴茎勃起带不再因兴奋而撕裂，表明治疗中阴茎勃起强度减弱。

每次治疗后，当事人诉平时想到同性恋情景的间隔时间明显延长，性冲动减少、减弱；经过第一个疗程治疗后，与同性接触时的焦虑程度明显减轻。经过两个疗程的厌恶治疗，当事人已能适应业务中的正常人际交往。

在治疗后期，布置当事人在家自慰或有性冲动出现时做与想象中的异性做爱的联想训练。1个月以后SAS测定，其值已降为55分；E2值下降为265 pg/mL。一年后当事人与原来就认识的意中女性结婚。

7）转移注意力，让行为顺其自然的策略。培养当事人对学业、文体活动等有兴趣之事的热爱与追求，从情爱的困惑中解脱出来；树立人生价值多元的观点，升华性的能量，追求工作事业上的成功或献身某种博爱的事业。

8）认知策略。学习用正面而成功的心像取代负面的心像，用合乎实际而认知取代过分理想的认知，用正确的认识取代有偏差的认知。让当事人陈述那些反常行为方式的理由并尝试挑战那些“所谓的理由”。激励当事人发展出一套理性的生活观，并用理性的信念和思维方式取代非理性的信念与态度，不再做非理性信念和偏执态度的牺牲品，学会与环境相适应的情绪和行为反应模式，才能从根本上打断恶性循环的自我责备的过程。继续教育与再学习是必要的：鼓励当事人学习心理学、人文社科等新知识是有益的，广泛阅读哲学、逻辑、历史、伦理等作品对于避免非理性思维，认识自我是有帮助的。当事人应该不断提醒自己：人生是自己选择的结果！

9）文化休克策略。改变对人际关系过于敏感和依赖的观点，培养独立自主的自我意识，可采取迁徙、移民，突然放弃或终止与原先人际圈子内所有人的联系等措施，在新的环境中一切重新开始。

10）精神分析与升华策略。运用精神分析的方法，分析当事人同性恋行为与其内心的情结，幼年家庭生活的记忆和所见所闻的性故事，以及性经历的内在联系。弗洛伊德认为，精神分析就是一种帮助当事人恢复被遗忘的记忆，将其潜意识的东西转变成意识的东西，从而消除病因的方法。不少心理学家认为，升华（sublimation）是一种可以将生理上的性冲动转变为比较高尚的精神活动或力量的心理机制，而艺术的创造和性的升华关系最为密切。因此，可以推荐同性恋者忘我地投身于艺术、科学等工作之中，从而消耗自己原先在性对象上投注的较多的能量。

11）药物治疗策略：根据临床观察，部分同性恋者可能有第二性征发育异常等身心症状和焦虑、抑郁等精神症状，因而适当使用性激素等内分泌调节药物和精神类药物可能有必要。

12）其他方法。团体辅导方法也可试用：以4～10人为一个治疗小组，每周安排1～2小时的心理辅导“沙龙”，由心理医生主持。团体成员既可以是清一色性别的同性恋者，也可以是异性恋同性恋混合的群体。前一组团方式可能有助于消除患者的焦虑和孤独感，后一方式则有助于提供一个异性感情交流和认识的机会，消除与异性交往时的恐慌感。团体辅导的优点是可以利用团体成员之间互动的力量和团体所营造的氛围促进当事人对问题的顿悟。

对于难以克服同性恋行为的人，进行艾滋病等性病防治的教育和性罪错预防的教育是非常必要的。

总之，同性恋的心理咨询或心理治疗并没有统一固定的模式，只能根据个体具体情况，因人而异制定治疗方案，才能收到良好效果。完整计划的每一个环节都很重要，贵在持之以恒。

2. 双性恋（bisexuality）是指对同性和异性两种社会成员均可以持续地表现出性爱的倾向。

2003年香港影星张国荣自杀身亡，关于其自杀的原因有许多不同的传闻，不排除其抑郁症、严重失眠、事业受挫、童年创伤的烙印、性格缺陷、对风水和相术颇为入迷的怪癖等因素的影响。然而在诸多可能的原因中，张国荣在遗书中自白的“为情所困”还是最为真切的当下体验。人知己莫过于自己，尤其是对自己的内心世界，心对心的观照只有当事人自己才能完成。有不少报道认为，张国荣所说的这种“为情所困”就是他17年错位的性爱出现了危机。事实上，张国荣一方面曾经有过许多亲密的异性朋友，同时也有痴迷的同性恋者。中医说：“左右者，阴阳之道路也。”左为阳，象征男，右为阴，象征女。张国荣有一首歌叫《左右手》正好反映了他生活中的实际情况，即他是一个受男女朋友都欢迎的公众人物。就性取向而言，与其说他是一个同性恋，还不如说是双性恋也许更为恰当一些。

从张国荣的案例来看，他似乎既有家庭环境不良、童年不幸的记忆，也有男扮女装的戏剧角色经历。在舞台上，他是一个不错的演员，认真、投入、传神；在生活中，他是一个性情中人，但忧伤的神情似乎笼罩着他的舞台风格，这也许正是他内心世界的一种无意识的投射。从心理学的角度来看，没有内心冲突就不会有精神的痛苦，而没有剧烈的精神痛苦就不会有轻生事件的发生。对于张国荣来说，舞台上的成功及能自由驾驭的表演与生活中情感生活的失意和不可控制性使他内心充满矛盾。纵观张国荣一生，痛苦与快乐、成功与失意、自豪与自卑、完美与变态、受人追捧与被人取笑集于一身，令人感叹蹉跎。人既是文化的创造者，也是被文化塑造的产物。张国荣一生塑造了不少艺术的形象，而他自己又何能逃脱出一种亚文化刻骨铭心的影响呢？

（1）临床表现和诊断标准：符合性指向障碍的定义；在正常生活条件，从少年时期开始就表现出对同性较为强烈的爱慕，而且亦不排斥异性之间的感情；成年后往往在家庭和社会的压力下被迫结婚生育；但在家庭生活之外，又热望寻觅同性之爱。其同性恋行为一般较为隐秘，一旦被家人发现，往往难以面对家庭关系的破裂。

（2）病因：与同性恋基本相同，只是性心理发展偏离的程度有所不同，也可能是先天的素质倾向与后天所受教育及环境压力矛盾和调和的结果。

（3）心理咨询：除与同性恋的辅导方法相同之外，积极利用家庭成员的帮助，增进夫妻关系，提高性生活质量，增强对孩子等亲人的社会责任感是基本的矫治策略。

3. 恋童癖是指主要从儿童身上获得性唤起，迷恋以青春前期的儿童为性活动对象的性变态行为。这些性活动通常有触摸、暴露、相互手淫、偶有性交。恋童癖主要见于男性。

恋童癖已经成为时下一种流行的性变态。据新闻报道，美国著名的医学家、诺贝尔医学奖获得者加吉杜西克在 1997 年 2 月因在过去的十几年里对 10 多个男孩进行性骚扰和性虐待而被押上审判台。20 世纪 70 年代初，加吉杜西克曾率领美国专家小组到赤道巴布亚新几内亚研究疯牛病。经过研究，最终确定该病是由一种叫库鲁的病毒引起的，他也因此而获得了 1976 年的诺贝尔医学奖。加吉杜西克在法庭上承认，他在巴布亚新几内亚工作期间，对这个热带国家的男孩裸体嬉戏的情景发生了强烈兴趣，研究结束回国时他带回了一群男孩，美其名曰资助他们到美国念书。80 年代，加吉杜西克以美国卫生学院的名义出版发行了一份医学报纸，可是这份报纸与众不同的是很少刊登医学研究方面的文章，登载的却是加吉杜西克写的情诗和对男孩的露骨描写。由于这份报纸受到了国际上恋童癖者们的极力推荐，警察顺藤摸瓜，抓到了加吉杜西克这个伪装得很深的恋童癖者。经过调查，经他资助的儿童无一幸免，都遭受过他的性骚扰或性虐待。

事实上，恋童癖已经成为一种对儿童安全和健康具有很大威胁的性变态。1997 年 4 月美国在打击以儿童为目标的“性旅游”的犯罪活动中指控的第一个人竟然也是亚特兰大大学的一位 58 岁名叫马文·赫什的商务学教授。他在洪都拉斯旅游时，不仅同一名 15 岁的男童发生性关系，而且伪造出生证，将这一男孩非法带入美国。随后，在与这名男孩共同生活的一年时间里与他多次发生性关系。警方在赫什家里的计算机文件里发现有一些关于儿童的色情描写和一些关于如何从穷国获取儿童来从事性活动的资料。

2003 年，意大利警方与微软公司合作，联合建立了一个名为“我爱儿童”的虚拟儿童色情网站。该网站反复提醒浏览者在注册会员前一定要三思而行，但还是有 1 032 名恋童癖者进行了注册。最后他们被警方以下载儿童色情图片的罪名起诉。据公诉人称，这些恋童癖者主要来自于意大利、俄罗斯、法国、马来西亚等国家和地区。据新华社电，2008 年 5 月 8 日国际刑警组织借助网络力量缉拿了一名 58 岁的名叫韦恩·纳尔逊·科利斯的演员，他涉嫌性侵犯儿童，并在互联网上传播相关照片。

据报道，近年来，香港地区性虐待儿童的案件也大幅增加，呈现出虐待者年轻化的动向。对此，香港已经制定了严惩恋童癖者的法规。

（1）临床表现与诊断：当事人对与青春前期的儿童发生性关系有特别的兴趣，反复发生或试图进行针对儿童的性行为或性虐待；恋童癖者常认识那些被性骚扰的儿童，在日常接触中可能表现出对儿童的特别关注或亲近行为；常诱骗亲戚朋友或邻居家熟悉的儿童与他们玩性游戏、相互手淫或诱奸儿童。

恋童癖可分为三种常见的类型：一是异性恋童癖，常选择青春期的女孩；二是同性恋童癖，常选择小自己十几岁的男孩；三是混合型性恋童癖，选择时不分孩子的性别。①

诊断恋童癖要与对儿童的性侵犯或性骚扰相区别。性侵犯是一种为减轻个人性冲动而针对儿童的偶发的犯罪行为。性侵犯者可能具有精神发育迟滞或某种精神病态或处于婚姻危机和孤独状况，也可能有恋童癖倾向，但这并不等于恋童癖。恋童癖者则是在具有正常成年人性生活机会的前提下迷恋或

① （美）汤姆. 精神病学［M］. 张勉，译. 天津：天津科技翻译出版公司，2001：225.

依赖儿童来唤起性欲的心理变态。当然，恋童癖必然会造成对儿童的性侵犯和身心伤害。

（2）犯罪问题：恋童癖将性行为指向未成年儿童，是一种严重的性犯罪。因此，否认心理（denial）是恋童癖性犯罪中的重要表现。2000 年 7 月英国一名 8 岁女童萨拉神秘失踪，后发现被奸杀。此起事件震惊世界，为此，英国内务部立即决定严惩强奸幼女犯。强奸幼女犯即使在被释放以后身上还要强制带上电子标签，以便随时可以监控犯罪嫌疑人的活动。据统计，英国每年约有 11 万宗是针对未成年女性的性犯罪，其中就有不少是恋童癖的惯犯所为。英国《世界新闻报》就曾公布了 49 名被确认曾对少女进行性侵犯的罪犯的姓名和照片，结果引发了群众对一些疑似者的围攻。

（3）病因：恋童癖者常缺乏一种良好的和满意的性生活，或对传统的成年性生活感到厌倦，并伴有阳痿或对成年异性的性恐惧或患有性功能障碍或性无能，潜意识中对成年异性怀有敌意、忿恨或报复欲，常伴有焦虑或抑郁情绪。近年来，恋童癖在不少国家和地区泛滥，这种倾向与害怕感染艾滋病等性病的社会心理有一定关系。

恋童癖还与当事人与儿童在生活、工作中有亲密接触的情境有关。据美国华盛顿约翰·霍普金斯大学历史学教授和哈佛大学英国文学教授肯尼斯·林恩在他出版的《卓别林和他的后代》一书中列举了卓别林可能是恋童癖的种种证据。1921 年作为群众演员的只有 12 岁的利利塔·格雷在《孩子》一戏中扮演性感的天使，当年 32 岁的卓别林与她结婚并让她怀孕后，又与她分手。在这之前，卓别林还有一个 13 岁的妻子。在这之后，卓别林还有许多亲近幼女的痕迹，直至 54 岁他与一位 18 岁的姑娘结婚后才摆脱了恋童癖的行为。

（4）心理治疗：采用调查、反驳和角色扮演打破当事人的否认心理，让其正视和承认对儿童性犯罪的行为，承担所发生行为的责任。精神分析对于恋童癖者来说，有助于澄清其幼年时期某些性心理事件的伤害或不良记忆；对于已婚者来说，改善夫妻关系，提高夫妻性生活质量是很重要的；通过手淫饱和法（masturbatory）调控过强盛的性能量也许是必要的；亦可以尝试进行厌恶治疗，摆脱对儿童性刺激的依赖；伦理与法制教育也是不可缺少的。对于习惯性性犯罪者亦可以考虑实施精神外科阉割手术（psychosurgery）和使用药物的化学阉割术。

4. 恋兽癖，又称兽奸（bestialism）或人兽相交（zoophilia），指以动物交合或其他紧密接触的方式而取得性满足的行为。[①] 常见的人兽交动物有母猪、母鸡、母牛、狗、羊、鸭子、鹅等。也有学者将这类变态划归在鸡奸或物恋一类。

（1）临床表现：对与动物发生性关系有极端的爱好；对动物的生殖器、性交过程极感兴趣，可能表现为对动物宠爱有加的态度；不排除对人类异性的爱慕，但可能恐惧亲近的接触。有恋兽性交迁延历史的人很可能对与成年异性性交存在着某种焦虑、恐惧和不适应的心理。这类当事人可能智力较低，亦可能发生奸淫幼女、乱伦行为，在边远落后地区，以及与动物关系特别密切的人中较为多见。男女都有可能发生这种变态行为。

（2）病因：有调查报告，人兽相交在一些国家和地区的穷乡僻壤司空见惯，并不被看作淫恶的癖习，那些人常常智能低下、感觉迟钝，既没有妇女垂青，自己也没有能力去追求异性。即使在今天的一些文明国家和地区，一个未受教育的和未有正常性生活的农民，一个禁欲已久的士兵也可能发生兽交行为。犹太等民族特别憎恨人兽相交行为，对这些人将其处以死刑。

处于性生理迅速发育的青春期少年由于得不到正确和及时的性教育，不懂得性冲动的调节和欲望的满足，在性冲动时常可能发生情境性的人兽相交。如果以后与异性之间的情感得不到正常发展，性爱得不到满足，在特殊条件下可能发展成恋兽癖。此外，牧民和乡村的青少年或成年人在放牧时观看到动物性交的刺激下，亦可能发生与动物性交的行为。一些饲养宠物者在与异性情感发展受挫时亦有可能有恋兽癖行为。

（3）心理治疗：一般来说，大多数恋兽癖者在获得与异性成功的性生活后，其变态行为将自行消退。有专家认为，心理分析可以消除迁延至成年期的恋兽行为。脱敏治疗可以试用，即引导对象先以自慰方法取代实际的人兽交行为，然后再过渡到与异性正常的交往方式是一个可考虑的渐进方案。对于低智能的或精神不正常的人应该引导其使用手淫自慰的方法来释放性的压力。

（四）几种特殊的性心理障碍

1. 性烦躁不安综合征。又叫“无性状况”，狭义上，原指阴阳人在要求做变性手术时所表现的性别认同混乱状况。广义上，异性模仿欲、同性恋、施虐—受虐狂者等性反常行为都可纳入这个范围。

---

① （英）霭理士. 性心理学［M］. 潘光旦，译. 北京：商务印书馆，1997：203.

2. 淫狂症。是指那些无法在一般正常性生活中获得充分的性满足而又不断疯狂地去寻求性满足的一种变态行为。他们常有强烈的性欲望和狂热的性行为，不断探寻获得性高潮或性满足的新奇方式，但还总觉得不满足。

性学研究的创始人克拉夫特－艾宾在《性病态》一书中记载了几个女子淫狂症的案例。在临床中可见这种变态急性的突发状况和慢性淫狂症两种类型。前者常与月经同时出现，或作为老年痴呆、更年期精神病、躁狂症的并发症出现。她们常急性发病，表现出对性满足的过度欲望，淫乱的猥琐言语和不雅行为，甚至因沉迷于放纵的性行为中过劳而死。慢性的女子淫狂症较为常见。她们的大脑和躯体对性刺激高度过敏，头脑常为性的想法纠缠或充满色情的想象，为色情的梦所追逐，常用手淫来缓解自己性需求而带来的焦躁。一些慢性女子淫狂症者表面斯文或有修养，但当她单独与异性在一起时，不管对方是老人还是孩子，她都就会立即脱去衣裤并狂暴地要求满足其性欲。一旦性欲未得到满足，就可能导致躁狂。女子淫狂症可能引诱男人，危害男孩，甚至诉诸卖淫。

据观察，男子淫狂症较女性为少。临床表现为阴茎长时间反常勃起，可能出现连续射精和再度性高潮，甚至在第三者在场时还手淫或要求与异性性交，常易犯强暴罪，诉诸手淫和鸡奸常成为权宜之计。

3. 窃恋（kleptolagnia）。又称之性爱的窃狂（erotic kleptomania），这个名词是1917年由美国芝加哥精神病学家基尔南所创立的，意在表达这种变态具有偷窃行为与性的情绪混合的特征。

窃恋者有偷窃欲望和兴趣，并有偷窃行动前的紧张感和行动后的轻松愉悦感。偷窃的目的不在于获得经济利益。法国学者Lacassagne在1896年就记载了一些关于“窃恋”的案例，1917年左右美国精神病学家首先提出“窃恋”的概念，英国性心理学家霭理士在其《性心理学》中对此进行过评价，认为这一名词将偷窃行为和性的情绪结合起来是非常贴切的一个创造。他认为，窃恋中的性情绪的联系物是一种提心吊胆的心理，而提心吊胆的心理是一种与虐恋类似的痛楚。窃恋的过程实际上就是积欲和解欲的过程，不过其中经过了一些象征性的变换之后，就成了一种偏执性的冲动，而此种冲动在活跃之际必然有一番内心的抵抗挣扎，最后抗拒挣扎的结果变成了一种对一件很无价值的东西的偷窃。据观察，有窃恋的人多为女性，而且往往家庭经济条件不错，可见，偷窃冲动的诱发不在于东西的经济价值和使用价值。事实上，偷窃从紧张兴奋到轻松愉悦的过程就成了当事人释放性欲望的中介和方法，从而取得情绪上的宣泄。[①] 换而言之，偷窃时提心吊胆的心理与过程的刺激性可以满足窃恋者的性需求，而至于那偷到的东西不是被抛弃就是被掩藏起来而显得并不重要。

霭理士认为，“窃恋”与冲动控制障碍的“病理性偷窃癖”（或称窃狂）有所不同，前者的偷窃行为往往是筹划已久，见机会与环境合适才会下手，而后者通常是具有不可抗拒的冲动。除此之外，还有性冲动与偷窃行为的混合现象。这种人所偷窃的东西往往是一种能引起性的兴趣和性的暗示的物品，其多为性压抑的女子，通过所偷窃的物品多少有望梅止渴的象征性的性欲满足。

此外，还有一些与类似窃恋的现象。这些女人的丈夫多有阳痿。本人常有性压抑和性欲不满足，当事人常在商场偷窃在形状上酷似男性生殖器，可以引发她的性兴趣的某些商品，或象征男性的物品，以获得象征性的性欲满足。这也许是一种望梅止渴的物恋的形式。

4. 性的衰老与变节现象。女子到绝经期或男子到更年期，甚至到了风烛之年的一些老人可能出现一种性欲突然升高或爆发的倾向，甚至容易出现“晚节不保”的病态性侵犯行为。克拉夫特－艾宾在他的《性病态》一书中就记录过这类老年性变态现象，认为这种性变态大多是伴随老年痴呆的一种现象。根据不少报刊和网络新闻报道：近年来，有关老年人性犯罪的案件正呈逐渐上升的状态。如 2001 年 9 月 4 日，广东省梅州市中级人民法院以奸淫幼女罪，一审判处五华县新桥镇人 69 岁的程崇华无期徒刑，剥夺政治权利终身。案发前程某是某小学的厨师。自 2000 年 9 月至 2001 年 4 月，他利用中午该校女学生小艳、小珊、小菁到其房里玩耍之机，以给糖果或零钱为诱饵，先后共奸淫 3 名幼女 14 次。其中被害人小艳被奸淫 6 次致怀孕，由于小艳腹部隆起而案发。

（1）临床表现：老年性变态者中以文化程度低和低智能者多见，常有道德感下降趋向，表现出淫荡的言谈和手势，不知廉耻地满足自己欲望的行为特点；他们在性情上相当自私，而同情心转趋薄弱。有学者发现，做此性侵犯行为者的年龄越递加，被侵犯的人的年龄便越递减。由于老年人性功能日趋衰弱的缘故，通常只需有些浮面上的性接触就往往可以满足，[②] 而在寻求性满足的时候，他越是不知顾忌，不识廉耻。

（2）原因：老年男子性犯罪的原因可能有四：其一，是老年人过度压抑

---

① （英）霭理士．性心理学［M］．潘光旦，译．北京，商务印书馆，1997：235.

② （英）霭理士．性心理学［M］．潘光旦，译．北京，商务印书馆，1997：266－267.

自己的性需求而导致爆发。受传统文化的影响，中国社会一般将老年人的性需求禁忌化，认为老年人不能也无须进行性生活。丧偶的老年人不敢通过正常的交友或再婚途径满足性的需求，只是苦苦压抑，最终逐渐形成极度饥渴和紧张的性张力，于是一旦出现特定机会，他们的性冲动就会冲破伦理意识和法制观念的堤坝。其二，一些老年人的性取向出现歧变。通常50岁过后人体会逐渐出现一系列形态和生理上的衰退，而部分老年人不能正确对待衰老带来的生理功能衰退，好像以前吃了亏似的，出现了性心理失衡，使他们的性指向发生了偏离，似乎在幼女这类弱势人群面前较能获得心理满足。其三，老年人犯罪也与文化程度低下有关。如近几年来厦门18名老年性罪犯中，高中专以上文化程度仅有2人，占11.1%，初小文化程度有14人，占77.78%，文盲的有2人，占11.1%。其四，老年性罪犯者多是丧偶、离异、孤寂之人，他们大多单门独户居住，或子女成家立业已经远离自己，或退休在家，或老伴去世或离异，缺少与他人的沟通交流，缺少朋友和社交活动。

（3）预防：家庭和社会都要重视老年人的性问题。老年人对性伴侣的要求不仅仅是对“性”的生理需求，更重要的是情感交流和情感依靠。对于身体尚可，又有意中人的单身老年人应支持他们再婚，家庭和社会应该积极为老年人创造丰富多彩的文化生活和社交活动，积极举办老年公寓和养老机构以帮助老年人克服孤独和自闭的心态。

5. 网络意淫。即通过网络技术对异性或同性进行性挑逗的同时，自己想象与对方进行意淫，并伴有或不伴有自慰的行为。

（1）临床表现：网络意淫多发生在网络成瘾和网恋的基础上。众所周知，目前色情网页无所不在，网络性爱及色情网站在某种程度上满足了部分人的心理和生理的需求。有调查显示，有近78%的青少年有浏览色情网站的经历，有35%的青少年经常光顾色情网站。“性”是搜寻引擎中最常被检索的关键词。网络成瘾（internet addiction disorder）是当前青年人最突出的一种网络偏差行为，也称“网络依赖”（internet dependency）、“病理性网络使用”（pathological internet use）。网恋就是其中的一种。

（2）原因：网络意淫与当事人在现实中性压抑和情感得不到正常宣泄有关。通过与网友的交往可以使他们在现实中难以实现的情感得到满足。有调查显示，46.2%的学生结交异性网友是寻开心、解闷，14.1%的学生是为了获得情感慰藉，9.1%的学生是对现实生活感到失望，11.7%的学生是渴望了解异性，获得满足感。有39.7%的学生曾与网友见过面，其中，11.2%的学生常与网友见面。

（3）预防：鼓励发展现实的男女之间的正常关系，提高交往技巧。

 9 性的妄想

精神分裂性个体就是这样，生存于自我审视的黑太阳之下，那是一只苦痛而不祥的眼睛。自我意识的逼人目光毁灭了他的自发性和新鲜活泼的生机，毁灭了一切欢乐。

——（英）R. D. 莱恩①

中国社会学家费孝通先生曾这样评论道："不论对精神分析学的各种理论采取什么态度，不得不承认的事实是在当前西方社会里，由于社会对两性关系的遏制和对性知识的封锁，精神病的治疗已成了一项热门职业。"②

先让我们来看看曹雪芹（1715—1763）所著的小说《红楼梦》第十二回"王熙凤毒设相思局，贾天祥正照风月鉴"中所说的故事：贾瑞想嫂子凤姐，但被王熙凤设置的相思局捉弄了好几回，虽然受辱生病，但他还满心想着凤姐，结果出现了"心内发胀，口中无滋味，脚下如绵，眼中似醋，黑夜作烧，白昼常倦，下溺连精，嗽痰带血；梦魂颠倒，满口乱说胡话，惊怖异常"等症状。后来有个道人借一"两面皆可照人"的"专治邪思妄动之症"的"风月宝鉴"镜子给贾瑞，并嘱咐："千万不可照正面，只能照其背面！"可是贾瑞偏不听从道士劝告，发现照镜子背面"只见一个骷髅立在里面"就不再照了。而正面一照，"只见凤姐站在里面招手叫他"。于是，"贾瑞心中一喜，荡悠悠的觉得进了镜子，与凤姐云雨一番"。就是在这种性幻觉和妄

---

① （英）R. D. 莱恩. 分裂的自我［M］. 林和生，等，译. 贵阳：贵州人民出版社，1994：106－107.

② （英）霭理士. 性心理学［M］. 潘光旦，译. 北京：商务印书馆，1997：774.

想的驱使下，贾瑞如此三四次，已是汗津津的，身子底下冰凉渍湿遗了一大摊精，最后再不能说话而断了气。众人都怪此“妖镜”。可事实上，正是当事人自己“以假为真”的性幻觉和性妄想置他于死地。

性问题既可能成为精神疾病的病因学原因，也可能成为精神性疾病的临床表现之一。妄想是精神病性障碍的确切的特征。所谓妄想就是患者个人所独有的对现实的歪曲的坚信，而且它不接受事实和理性的纠正。临床经验表明，许多精神病患者常有明显或不明显的与性有关的妄想。法国学者Clerambault将钟情妄想和嫉妒妄想归为“色情妄想”。性妄想可能是力比多或性压抑下的一种极端表现，通过对性妄想的分析有助于我们进一步认识性心理的多种表现形态。

一、性妄想的临床表现与类型

妄想是思维内容障碍，而性妄想的共同特点是：思维障碍具有性色彩或“虚假爱情”的内容。多见于精神分裂症、偏执性精神障碍和躁狂症等精神障碍者，男女均可见，但尤以青春期的未婚女性多见。临床常见的性妄想有：

（一）钟情妄想

钟情妄想（delusion of being loved），是指患者坚信某异性爱慕自己，常将钟情对方的一切举动“解释”为是针对自己的爱情暗示，即使遭到对方明确的否定或严词拒绝，不仅仍毫不质疑爱情的存在，更认为这是对自己爱情忠诚度的考验，从而对钟情的异性方纠缠不清，甚至主动示爱。例如某大学一女生，每天早晨在男生宿舍楼之外假装晨读，而不去参加正常的听课和考试，坚信某男生暗示她在这里要与她发生“爱的奇遇”。当她发现该男生穿了一件新衣服时，她就认为是准备与她订婚了。

（二）关系妄想

关系妄想（delusion of observation），又称牵连观念（idea of reference）。患者把周围环境中，甚至社会上发生的一些实际与他根本无关的现象和事件都坚信与自己有关。如把别人说的话或报纸上的文章，不相识的人的举动都认为是针对他的。关系妄想如涉及异性，则常具有性的含义。如某女中学生认为，每当她经过男生面前时，男生总是用一些莫名其妙的话语影射着她的

敏感部位如何；一位50多岁的寡妇坚信当有男人从她身边走过时感到自己小腹部的“阴气”被他们吸走；一位大龄女青年听别人在饭桌上谈论做人就要像豆腐韭菜那样一清二白时就认为是在故意影射自己，便主动和公开声称自己要去做处女膜检查，以示自己清白。

（三）特殊意义妄想

特殊意义妄想（delusion of special significance），是指在关系妄想的基础上，一些病人认为周围人的言行不仅与他有关，而且赋有某种特别的意义。例如患者可将异性同事在日常语境中所说的某事“你不要小气”或“大方点”等话语或举动解释为是针对自己“性要求的暗示”。从思维性质上来看，这也是一种释义性妄想（delusion of interpretation）。此时患者对与妄想观念相矛盾的一切事实于不顾，对客观事物或生活现象做片面的解释，或从主观信念出发，固执己见，解释相关人物的所作所为和周围事物的一切安排和变化，甚至将既往毫不相干的经历和事件也解释为与当前妄想相关的事件，也可称之为妄想的逆行性扩张。

（四）内心被揭露感

内心被揭露感（experience of being revealed），又称为被洞悉感，或读心症（mind reading）。患者坚信自己所想所做的事已经被人知道，甚至已经众所周知，满城风雨。如一位女大学生坚信隔壁宿舍的女生总在“搅舌头”议论自己，只要自己想与哪个男生好，她们就在议论和传播她的“性新闻”，其目的就是想破坏她的恋爱。

（五）嫉妒妄想

嫉妒妄想（delusion of jealousy），是指患者坚信配偶或情侣对自己不忠，另有外遇，并对配偶或情侣的行为严加检查或跟踪，并可因此产生悲哀痛苦的情绪。如某中年男子看到自己妻子上班时爱打扮涂口红，就怀疑妻子是为了去偷情，常偷偷地检查妻子的内裤，并常将其白带痕迹认定是别人留下的精斑罪证。

（六）被害妄想

被害妄想（delusion of persecution），是指无中生有地坚信周围某些人对自己进行谋害、跟踪监视等不利的活动。如某中年男子怀疑自己配偶红杏出

墙，坚持不要配偶做饭，认为配偶就是当今的“潘金莲”，随时提防其妻可能会下毒谋害他，并在晚上同房时对妻子进行性暴力。又如某刚考上大学的男青年，认为自己原中学的领导很欣赏自己的才能，并很想将其独生女许配给他，但因自己不愿意服从他的意愿，所以那位领导便派遣了一个特工一直跟踪来到大学要加害于他。

（七）罪恶妄想

罪恶妄想（delusion of guilt），患者毫无根据地认为自己犯下了严重的错误和罪行，或对曾犯过的错误夸大其词，自认为罪大恶极，应受惩罚。如遭受某种挫折和疾病，便认为罪有应得，或拒食自杀。如一女青年单恋过某有妇之夫，后听从父母的意见与另一男人结了婚，婚后却坚决不与并不知情的丈夫同房，认为自己是“不纯洁的淫妇”，坚持要出家当尼姑，以赎其罪。

（八）其他性幻想和性妄想

在 1886 年出版的克拉夫特－艾宾（Kraft-Ebing）的《性病态》中就记载了在躁狂症、歇斯底里、偏执狂病例中常有性亢奋的变态现象。男性躁狂症可见有求爱、轻浮、淫荡言词以及频繁找妓、裸体的行为；女性躁狂症可见对结交男人的偏爱、对婚姻与性丑闻谈论的极度兴趣，对其他女人的怀疑，对个人装饰或香水、化装的偏爱，大谈处女、童贞等话题，甚至随意与男性发生性关系，表现裸体、淫荡的姿态，出现性幻想，缺乏女性常有的羞耻感。

艾宾认为，“在性的领域中常见到异常的征象，以不同形式的偏执狂出现”。在宗教与色情偏执狂中，异常强烈以及在某些情况下很乖张的性本能会清楚显示出来。有时候，这些人的性变态表现为过分热情地赞赏某个想象中的异性、一幅人像画或一座雕像，“性欲在手淫或宗教的热情中得到满足，而宗教的热心目标可能是一位教士、圣者等等”，“除手淫之外，在宗教偏执狂中，性的犯罪情况相对较为常见”。①

---

①（奥）克拉夫特－艾宾．性病态［M］．陈苍多，译．台北：左岸文化事业有限公司，2005：484.

二、性妄想形成的机制与影响因素

（一）性妄想产生的机制

导致性妄想的机制是很复杂的，巴甫洛夫曾以病理性惰性兴奋灶学说来阐述妄想的病理生理机制。所谓病理性惰性兴奋灶，是第二信号系统在两个相互矛盾冲突的神经过程中逐渐形成的“孤立”的病变点。它一方面像一个具有巨大引力的“黑洞”，将生活中的许多零星事件作为建构妄想的材料；另一方面则对病理性惰性兴奋灶周围形成强烈的抑制，以排除与妄想有矛盾的种种事实，从而表现出完全丧失批判能力和没有自知力等临床症状。巴甫洛夫还以超反常相学说来解释妄想中的逆转现象。观察表明，一些患者妄想的内容都是患者在发病前否定的东西，而到了发病后却变得被肯定。如病前患者否定自己暗恋某异性，病后则可能表现为认定对方爱上自己。巴甫洛夫认为，妄想者病前病后这种相互对立的观念的颠倒正是超反常相的结果。

从发生性妄想患者的共同特点来看，发生性妄想的患者以青少年、未婚大龄青年、思想相对保守或内向性格者、更年期妇女、寡妇、鳏夫、老年人多见。大致可以推测，产生性妄想的主要原因是长期的性压抑所致性愿望的投射。这一过程大致可以描述如下：

因为性生理的迅速成熟，个体对异性交往和性生活的向往与需求与日俱增，可是因为个体学习等基本的社会化过程尚未完成，同时也不具备结婚的经济条件，所以，有相当一段时间内个体是处于性饥渴和性压抑状况的。如果力比多的需求和能量足够强烈，而个体又不知道采用诸如自慰等发泄性能量的方法，性的欲望就可能会以多种乔装变换的形式投射出来，而且个体为了减轻痛苦的情绪体验，避免和减轻焦虑、心理冲突和内在挫折等不愉快的情绪状况，而非自觉地采取否认现实、歪曲现实等非理性的自我防御机制来表现这种愿望。在这种状况下，自我并未意识到自己的荒唐，也即没有自知力的。说到底，妄想就是当事人内心世界的一种变了形的写照。

根据精神动力学说，性妄想形成过程的机制可以分为两个相反发生的阶段：首先是力比多往里压抑（repression）的阶段，压抑是指自我把意识不能接受的欲望、冲动、意念、情感和记忆抑制到潜意识中；其次是力比多往外投射（projection）的阶段，投射是指自我把内心存在的，但社会不能接受的欲望、冲动、错误和意念推诿到他人身上或归咎于别的原因。在这一阶段还

可能有其他心理防御机制的参与，如反向形成（reaction formation），是指把某种不容许的冲动、欲念潜意识地转化成强烈的相反形式；或合理化（rationalization）或文饰作用，是指用一种自我能接受的、超我能宽恕的理由来代替自己行为的真实动机或理由；或移置（displacement），是指个体将对某人或某物的情绪反应（多属负面情绪）转移对象以寻求发泄的过程等。

其实，巴甫洛夫的高级神经活动学说与弗洛伊德的精神分析学说的解释是可以相通互译的。病理性惰性兴奋灶可能大致等于荣格所说的“情结”，而超反常相的实质则是去超我压抑后的潜意识的实现。简而言之，性妄想就是精神病患者压抑中的潜意识的自白。

朱光潜先生依据精神分析学说认为，“一言一蔽之，迷狂症都是性欲病，病症是一种假面具，背面藏有不甚喜欢的性欲经验”①。

弗洛伊德的高足阿德勒（A. Adler）认为，精神病就是潜意识中的一种弥补方法或闪避（evasion）。这就是说，如果患者在病前不能征服其追求的对象或达到上意志的目标，则通过精神病在自己的能力和幻想的目标之间“造出距离”（to create a distance），以便对自己在现实中的失败不用负责，而性欲则是在上意志的化装。阿德勒认为，一些精神病患者“无法驾驭妇女，是他的缺陷感觉；胜过妇女，是他的思想目标。闪避婚姻，是他达到目标的方法”。由此推理，性幻想大多是当事人对现实失败的歪曲的满足和替代。②

存在主义心理学认为，“意识到自己在这个世界上不被需要而感到无用，是精神病最常见的原因。避免绝望的唯一方法是使自己成为一个被需要者，而不是成为目的”③。临床观察表明，性妄想者的妄想内容总是想象自己被别人爱慕、追求或收到性的暗示，而这恰恰与现实情况相反，他/她在生活中并没有被人追求和感到被别人需要。

（二）影响性妄想的因素

1. 生理因素：性心理以性生理为基础，性冲动受制于性生理机制，性妄想的出现往往与性生理得不到应有的满足密切相关。所以，性妄想多见于青春期的少男少女、未婚的男女青年、长期缺失性生活的成年男女、更年期女性和老年人等。相貌、身材等形体因素导致的自卑亦可能使当事人自闭内

---

① 朱光潜．变态心理学派别［M］．北京：商务印书馆，1999：67.

② 朱光潜．变态心理学派别［M］．北京：商务印书馆，1999：100－102.

③ （美）A. J. 赫舍尔．人是谁［M］．隗仁莲，译．贵阳：贵州人民出版社，1994：53.

向，拙于情感表达，易出现性妄想。

2. 性别因素：性妄想多见于女性，这可能与女性的性压抑多于男性有关。基于文化习俗的原因，在性欲望的表达和性满足的机会与方式等多方面，女性从幼年到成年一直处于较男性更多的压抑之中。女性的性妄想与女性羞于表达性的欲望以及只能被动进行性的满足的特点可能有关。

3. 性格因素：性妄想多见于内向性格者，可能与其性需求的表达缺乏和满足机会较少所造成的性压抑有关。性格外向的人可能会获得比内向的人更多的与异性交往的机会，从而可以消耗掉积聚的力比多能量。性格内向的人则不愿，也不善于表达自己的需求，但性的需求却并不因此消失，反而因此更压抑难忍。俗语云："密实的姑娘假正经"，说的正是性格内向与内心性心理需求的矛盾性。

4. 教育因素：许多有关调查显示，受教育程度与性行为的开放性呈现复杂的关系。一般认为，受父母传统教育的人对自己的性压抑更为强烈，尤其是受那些性罪恶论、性不道德论影响较深的人对性非常忌讳，这些人较为容易产生性的妄想。

5. 超价观念或价值观：当一个人将爱情、两性关系和性活动看得过分具有价值，甚至成为意识中高度关注的焦点时，容易产生性的幻觉和妄想。

6. 境遇因素：观察表明，那些与异性交往困难，或遭受恋爱失败者，或长期单身、分居者容易发生性妄想。妄想虽然歪曲事实，但它又总是直接涉及"经验现实"（empirical reality）。"如果一个人已经超越了世俗的追求，妄想也就不会发生了。"① 换言之，性妄想多发生于现实"性福"不满足者。

三、性妄想的诊治要点

（一）性妄想的诊断

尽管性妄想是精神障碍的核心症状，但是并不一定能迅速地被临床医生识别出来，这是因为性妄想者常隐藏自己的这种属于个人隐私的"不好意思"的妄想，或者因为现在的精神障碍大多是非典型的，或只有单一的症状。具有性妄想的患者常常可以参与一些社会工作，具有一定的工作能力，故不容易被周围的人发现。大多数性妄想者是因为一些偶然事件或表现的过

---

① 许又新. 精神病理学［M］. 长沙：湖南科学技术出版社，1999：51.

激行为才最终被人发觉而送精神科就诊。例如有一位大龄未婚女青年，她写信状告公司的男性领导性骚扰她，由于她所控诉的性骚扰事件明显地不合常理，而被单位认为其精神有问题而送至精神病鉴定。经调查，事实上，女性同事和学生反映，这位大龄女青年平时就不穿文胸内衣，因为从来没有谈过恋爱，缺乏异性追求，所以产生出异性对她进行性骚扰的妄想，以满足自己内心的性渴望。

性妄想的识别与诊断需要精神科医生具有丰富的临床经验，一般来说，经核实，患者叙述性妄想的主观对象或事件与现实不相符合，叙述的性妄想事件或情境常离奇古怪，不合常理；向患者家属或其他熟悉情况的同学或同事了解当事人的生活史可以发现，当事人常有恋爱或婚姻失意、性压抑的情况。

（二）性妄想的治疗

1. 积极治疗原发性精神障碍。尽早使用舒必利、利培酮、奥氮平等抗精神病药物，减少妄想的产生。

2. 根据中医理论，可采取上病下取的治疗策略。对于精神分裂和躁狂症一类的精神疾病中医早有记载，如《素问·阳明脉解》中说："病甚则弃衣而走，登高而歌，或至不食数日，逾垣上屋，所上之处，皆非素所能也。"中医认为，癫狂诸症的病因在于热盛于身故弃衣欲走；阳盛则使人妄言骂詈不避亲揀，不饮食而妄走。如何治疗这类"阳症"呢?《素问·阴阳应象大论》中提出了治则，即"阳病治阴，阴病治阳"。《灵枢·终始》中又说："病在上者，下取之。病在下者，高取之。病在上者，阳也。病在下者，阴也。"可见，"病在上"包括精神疾病等发生在人体上部的病变；"取之下"是指治疗上述病症时可在机体的下部施加针灸或使用下行的、泄热火等釜底抽薪的方法。具体方法：①试用龙胆泻肝汤、生铁落饮等中药方剂。②鼓励患者适当地自慰，宣泄压抑的性欲，所谓"满则泄之"（《灵枢·九针十二原》）。③经评估和康复后允许结婚，但不鼓励生育。④可选用在四肢的敏感穴位针灸。如手太阳小肠经的支正，足太阳膀胱经的络却，通谷，足少阴肾经的筑宾，手厥阴心包经的大陵、劳宫等。通过脑功能磁共振成像技术观察电针刺激志愿者右侧下肢足三里穴，结果显示可引起两侧前额叶和颞叶的神经功能变化，左侧脑部激活较右侧表现明显。此外，左侧脑干有少量激活，其他脑区无明显激活。提示电针刺激足三里穴能激活前额叶和颞叶等与认知功能有关的脑区。

3. 艺术疗法。西班牙画家毕加索（1881—1973）明确地表达了他对艺术与性关系的看法，在他眼中，“艺术和性是一码事”。他说：“艺术不是纯洁的，我们应该禁止它与尚无准备的纯洁者接触。没错，艺术是危险的，但是，如果它纯洁了，就不成其为艺术了。”西班牙另一位杰出的画家萨尔瓦多·达利（Salvador Dali，1904—1989）也表达了自己的体验：“真正把我吸引到绘画上的东西是性欲方面的，特别是安格尔的裸体画和其他同时期的裸体画。在古典作品方面，我对性欲和对死亡的感情要比对所谓的艺术完美更感兴趣。”事实上，毕加索和达利都被认为是具有不同程度精神障碍的画家。弗洛伊德也曾认为，艺术是人类发明的宣泄性欲的一种文明方式。事实上，关于暴露的性材料对人的影响一直存在着两种截然不同的看法，模仿论认为，色情的材料和艺术作品会促发个体的性行为；而宣泄论则认为，适当接触色情作品反而有助于个体释放性冲动而减少异常的性行为。[①] 因此，鼓励精神病患者进行艺术创作将有助于其性妄想在绘画等艺术世界里的文明宣泄。

---

① （美）格雷·F. 凯利. 性心理学［M］. 耿文秀，等，译. 上海：上海人民出版社，2011：465.

10 性的社会文化心理问题

一般来说，我们的文明乃是基于对本能的压制上的。每一个人都要做出一部分牺牲——他人格中的支配欲、好胜心、侵略性以及报复心等倾向，从这种牺牲中积累起文明的素材和精神的财富，供公众所有。①

—— 弗洛伊德

一、卐字符的性文化心理现象

性不仅具有生殖意义，还具有心理和社会文化意义。性不只是一种生物现象，也是一种社会心理和文化现象。如对性行为赋予某种特别的神秘的意义，或力比多成为一种群体仪式化行为的动因等。

文字起源于图画，但文字愈发展就离图画愈远，所以当文字表意出现空白点，书不尽言，言不尽意时，人们又会再一次以图画来抒发不能言而又不可不言的心声。卐（或卍）字符和阴阳鱼就是东西方文化中最具历史渊源和现代意义的性文化符号。

据不少学者的考证，在古印度、古希腊、波斯等民族的岩石画中都可以找到卐字符的原始形状的痕迹。赫塔·海因里希在《钩状十字架，四角三叶草和石榴》一文中考证，在闪米特人古老的一个犹太教堂的废墟中亦可以找

① （奥）弗洛伊德. 性学与爱情心理学［M］. 罗生，译. 南昌：百花洲文艺出版社，1996：199.

到这种符号的原始形状。婆罗门教、佛教和耆那教都曾使用过这个符号作为自己某种教义的象征。在梵文中，卐读 Srivatsa（音译：室利踞磋洛刹那），佛教中传说是释迦牟尼胸部所呈现的“瑞相”，具有“万德吉祥”的含义。中国唐朝的女皇武则天于693年定此字在中文中读“万”（音）。在佛经中，卐亦可写作卍。但佛学者多认为，应以卐字的写法为准。

荣格心理学派认为，“日轮”、卍是最早的曼陀拉（Mandalas，又可译为曼陀罗），这个梵文术语是指凡具有以同心样式排列成或呈辐射状、球形状样式的具有魔力性质的图形。虔诚的佛教徒和印度教徒常会失神地凝视曼陀罗，以祈求信仰的治疗力量。荣格在他的患者的幻觉和梦中观察到曼陀罗的象征现象，他认为，这种幻象可能如梦的语言一样代表了个人内心世界的某种经验原型，“它的显现在难以理解的同时，一般又伴随着一种和谐、平静的强烈情感”。这是患者对出现在自己精神世界中的集体无意识原型状况的无可奈何的一种认可。①

1920年，希特勒以卐字作为纳粹党徽的象征，与他发动第二次世界大战的动机和反动的人种理论有关。他认为雅利安人种的血统比其他种族的血统更为纯正，比其他种族更优越，因此有权比其他民族获取更大的生存空间，而且在历史上，他的民族从来就是征服者。他曾在他的演讲中直接表白过使用卐字作为党徽的用意是为了表征“争取雅利安人胜利的斗争的使命和反犹太人”的寓意。伴随着希特勒发动的第二次世界大战，卐字符几乎成了暴力和血腥恐惧的象征。纳粹使用卐字做党徽的深层意义可以从其“生育工场”的狂想产物窥见一斑。1933年纳粹独裁统治正式确立后，便颁布法令，严禁雅利安族妇女堕胎。在第二次世界大战期间，希特勒的种族主义者在德国及其占领国建立了20多个“生育工场”。规定只要是雅利安族妇女就可以到这些地方将未婚先孕的孩子生下来，并可以享受到很高的待遇。据估计，这些工场共“生产”了2万名孩子。②

美籍奥地利精神分析学家威尔海姆·赖希（1897—1957）在他的成名之作《法西斯主义群众心理学》中对此做过分析，他认为，卐这一象征非常适合用来激发神秘的感情，尽管法西斯主义者本身没有意识到他们对群众进行反动鼓动宣传而使用的这一象征技术。赖希认为，从古代关于卐形饰的刻文和从人们观察的经验来推断，卐形符最初是一种性行为的象征，其中一个象

---

① （瑞士）F. 弗尔达姆. 荣格心理学导论［M］. 刘韵涵，译. 沈阳：辽宁人民出版社，1988：68.

② 广州日报，2000－03－16：B版新闻.

征雄性，一个象征雌性。至于卐和卍的差别，赖希认为，不过是一个象征着躺着的性行为，另一个则象征着站立的性行为，两者均代表一种基本的生活机能。随着时间的推移，卐字符后来才有了各种其他的延伸意义，如作为劳动、水车轮、太阳和火的象征等。赖希说："虽然卐标志对一个人的无意识情感所起的影响，并不足以说明法西斯主义群众宣传的成功，但它肯定有助于这种成功。……这种描绘两个连锁人形的象征对有机体的深层心理起了有力的刺激作用，这种刺激证明能够使一个人更强有力，更不满足，更勃发性欲。"①

历史的发展似乎总是在提示，神秘主义或膜拜团体的成因或信仰与性的问题具有某种直接或间接的联系。精神学派的创始人弗洛伊德就是一个试图要揭示这种联系的学者。他最先提出宗教就其起源与职能而言，乃是一种近似于神经症的偏执性幻觉。宗教像神经症一样，是由于原初的发自本性的欲望受到压抑而产生的。赖希继承并发扬了弗洛伊德的基本观点，认为，一般来说，宗教神秘主义把性活动视为人类的罪恶，有组织的神秘主义都是一种反性的组织。每一种神秘主义都是从这种（信众的）强迫性的性压制中获得了它最积极的能量。②"宗教靠性焦虑来固定"，"靠性压抑来塑造父权制的人的结构。对身体快乐的否定成了宗教观点活生生的根源，是每一种宗教教义的枢纽"③。在对患精神病的僧侣的治疗中得知，在宗教狂热者到达高潮时经常发生遗精现象。可见，在痴迷的信众那里，人的正常的性高潮的满足被宗教狂热时的一种普遍的身体植物神经系统的激动状况所取代。从这种意义上说，"宗教激动不仅是反性的，而且在很大程度上也是性的"，"宗教狂热是性高潮的植物性激动的替代品"，"宗教感情同性感情是同一回事，所不同的是它充满了神秘的心理的内容"。④

根据上述分析，我们再来综观一下世界上的一些邪教组织在性问题上的态度、教义与行为。⑤ 其中持性放纵态度的邪教有美国"人民圣殿教"（The

---

① （美）威尔海姆·赖希．法西斯主义群众心理学［M］．张峰，译．重庆：重庆出版社，1990：93.

② （美）威尔海姆·赖希．法西斯主义群众心理学［M］．张峰，译．重庆：重庆出版社，1990：49.

③ （美）威尔海姆·赖希．法西斯主义群众心理学［M］．张峰，译．重庆：重庆出版社，1990：141.

④ （美）威尔海姆·赖希．法西斯主义群众心理学［M］．张峰，译．重庆：重庆出版社，1990：136.

⑤ 戴康生．当代新兴宗教［M］．北京：东方出版社，1999.

People Temple），其教主吉姆·琼斯不仅经常向女信徒提出性要求，还与同性发生性关系，并叫女性在一旁观看。他声称性具有神奇的力量，他与任何人上床的唯一原因都是为了帮助别人。法国的“太阳圣殿教”（The Order of the Solar Temple）教主吕克·茹雷不结婚，但每次举行仪式之前都要挑选一位女性同他发生性关系，声称是为了给他增加精神力量。邪教“（奥修）静修会”也主张性交自由，男女双修，通过性交得到神秘的体验。“大卫支派”（Branch Davidian）的教主大卫·考雷什在布道的时候经常大讲性的问题，他拥有 19 个“妻子”，还扬言要与 14.4 万童贞女结合。“上帝之子”（Children of God）的教主大卫·伯格用“色情钓鱼法”招募成员，将组织改名为“爱情之家”，他歪曲《圣经》中对爱的解释，宣扬世界末日前的性乱，他在家里就一直与女性乱伦。

与上述邪教性取向相反的另一类邪教对正常的性行为则采取极端仇视的态度。如美国的“天堂之门”（Heaven's Gate）的教主马歇尔·赫夫·阿普尔怀特是一个同性恋者，并曾住进精神病医院治疗其性变态。这个教派主张放弃世俗的生活，取消性别差异，压抑性欲，绝对禁止性行为，不仅男女信徒无衣着区别，甚至用性激素使自己成为中性人，教主还带头做了生殖器的阉割术，其后有 5 名信徒效仿教主也做了阉割术。由此可见，凡邪教都是一种反性和性滥的矛盾体。①

邪教组织对与性有关的活动或研究尤其关注。如 1973 年一个名叫克劳德·沃利霍恩的法国男子自称在一个火山口遇到“外星人”，并从其了解到人类起源的真相，于是创建“雷利安运动”，声称人类和其他所有生命形式都是由外星人依照自己的形象在实验室通过 DNA 技术“制造”出来的。这是一个总部设在加拿大，其活动遍布世界各地的邪教。该组织的教义之一就是主张教徒参加群交的“性实验”，以建立一个教派内所有成员的 DNA 银行。据悉，凡“雷利安运动”所有成员必须将自己税后净收入的 10% 上缴，仅这一项该组织每年约有 500 万英镑的进账。法国科学家布里吉里特·布瓦瑟利耶也是该组织成员，以他为总裁的“克隆援助”公司宣称能帮那些有需要的人克隆自己，收费标准是每人 14 万英镑，这一组织的行为被舆论谴责为诈骗敛财。

在 1886 年克拉夫特－艾宾出版的《性病态》一书中就指出：“当爱很脆弱时，常会逸离其真正的目标，转向不同的管道，诸如淫逸的诗，怪异的美

① 广州市人民政府防范和处理邪教问题办公室. 世界邪教面面观. 2002.

学或宗教。一旦转向宗教，则很容易成为神秘主义、狂热主义、宗派主义或宗教狂等的牺牲品。”“在精神病症之中可以观察到宗教错觉与性错觉的多种混合。”他指出：宗教与性爱的关系是神秘的和超越的，在其无法达到所企图达到的真正目标这一点上，宗教与性爱都是形而上学的过程，为想象力提供了无止境的空间。因此，“宗教、色欲与（受虐狂）残酷的表现三者之间的关系可以浓缩成一个公式：宗教与性的过度知觉一旦发展到了极致，就显出同样强度与同样特性的刺激力量，因此，在某种情况下可能彼此互换。两者在某些病态的情况中会沦为残酷的表现”①。

根据神秘主义反性或性滥的这个特点，以及性意识和神秘情感不能共存的规律，赖希提出：“自然的性意识和自然的性生活的调节注定着每一种神秘主义的破产；换言之，自然的性生活是神秘宗教的大敌。”② 由此可见，加强家庭精神文明的建设，提高与改善夫妻之间的性生活质量，是一个文明社会抵制邪教的基础性的群众工作。可谓：“正气存内，邪不可干。”

二、阴阳鱼图案的性文化心理现象

正像卐字符的起源一样，中国古代的阴阳图，亦称为“阴阳鱼”亦具有明显的生殖崇拜和性的含义，有趣的是，弗洛依德在梦的解析中也将“鱼”视为男性生殖器的象征。

道家和道教以老子思想为渊源，首先是对性器官和性活动的无限崇拜。《道德经》曰：“玄牝之门，是谓天地之根。绵绵若存，用之不勤。”宋代著名道教学者陈抟解释：元牝之门，乃气之所生的地方，是为祖气。道家对待男女性生活既没有回避，羞于启齿，也没有只说不做，认为“万物负阴而抱阳，冲气以为和”，即人应效仿大自然，顺应阴阳交合之道。至道教祖师张道陵以汉末房中术解《老子》以降，道家房中派渐兴。东晋著名道家葛洪在其《抱朴子·释滞篇》中就记载了当时这一教派的情形：“房中之术十余家，或以补救伤损，或以攻治众病，或以采阴益阳，或以增年延寿，其大要在于还精补脑之一事耳。”并提出了积精成神、神成仙寿的理论，即“精结为神，欲令神不死，当结精自守”，“阴阳之道，以若结精为生。年少之时，

---

① （奥）克拉夫特-艾宾．性病态［M］．陈苍多，译．台北：左岸文化事业有限公司，2005：25-29.

② （美）威尔海姆·赖希．法西斯主义群众心理学［M］．张峰，译．重庆：重庆出版社，1990：165.

虽有，当闲省之。绵绵者微也，从其微少，若少年则长存矣"。[①] 可见，道家内修的基本方法是：保精行气，积精成神。而保精的方法就是还精补脑的房中术。《黄帝内经·素问》中说："阴阳者，血气之男女也。""凡阴阳之要，阳密乃固，两者不和，若春无秋，若冬无夏，因而和之，是谓圣度。故阳强不能密，阴气乃绝，阴平阳秘，精神乃治，阴阳离决，精气乃绝。"[②] 说的都是男女（阴阳）性事的规则，可见道家思想在《黄帝内经》中一脉相承。

其次，道教大致在南北朝宋齐之间仿效佛教僧律，弃妻求道，独身出家，[③] 对性事亦逐渐采取高深莫测的神秘态度，其中必存在有深层的性心理情结。

古人认为阳为男、女为阴，称男女性交为合阴阳。太极图如同两条头尾相互连接，在性爱追逐中欢娱的鱼，故被称之为阴阳鱼。中国的阴阳哲学认为，"太阳中有少阴，太阴中有少阳"。男并非纯阳，女也并非纯阴，即使是最柔弱的女性身上也有"阳"的成分，而刚强的男性身上也有"阴"的成分。图中黑中含一点白，像阴中含阳；白中含一点黑，像阳中有阴。阴阳鱼象征着男女相拥、相互依存和二气交精，流液相通，相互转化的关系。图中阴阳状况一边从小到大，一边从大到小，象征阳从生到极盛，再动极而静，向阴转化；阴从弱到强，静极复动。阴阳动静，互为其根，此衰彼盛，彼消此长，从而象征着性生活的行为和新生命产生与发展的过程。

中国古人有模拟动物性交方式来丰富性生活的习俗。古籍简书《合阴阳》《玄女经》《洞玄子》等就记载了多种模拟动物性交的仿生学体态。其中鱼嘬、鱼接鳞、鱼比目是常被提到的性爱模仿动作。因此，太极图或阴阳鱼是道家和道教试图通过性生活的途径和技巧达到延年益寿，超越死亡的独家密法的一个象征。

道家方士和中医还将男女之间的性事视为一种回春还阳的治疗之术。中医《黄帝内经》中提到的"七损八益"就是指房事不当所致的疾病和训练方法。《玉房秘诀》中认为，凡因性生活所致损伤之病亦应以性交方式的调整而治疗，所谓"既以斯病，亦以斯愈"，与现代性医学中的性疗颇为相似。

根据道家经典记载，有不少传说中的人物因为采取了采阴补阳或采阳补阴的房中术进行修炼而获益。既有御女千人的黄帝、彭祖等男性列仙；也有好与童男交而保持颜如桃花，光彩照人，虽有百岁却视之如十七八的妙龄少

① 刘国梁. 道教精粹［M］. 长春：吉林文史出版社，1991：31.

② 《素问·生气通天论》。

③ 刘国梁. 道教精粹［M］. 长春：吉林文史出版社，1991：1 061.

女的朱翼、李修等女仙。

临床咨询案例证实，对鱼的原型的爱好与性生活之间可能存在着一定的联系。笔者曾接受过一名对鱼形图案和饰物独有钟情的中年女性的咨询。当事人主诉数年来有一种自己都道不清缘由的爱好，即特爱收集具有鱼形图案的各种饰物，如鱼形花瓶、印有鱼形图案的手帕等。经精神分析得知，其症状乃由当事人缺乏性爱或性爱不尽满足的婚姻所造成。

三、宗教之爱与信仰的矛盾现象

德国著名的唯物主义哲学家费尔巴哈（1804—1872）在《基督教的本质》一书中很透彻地分析了宗教之爱的本质。虽然费尔巴哈当时没有使用意识和潜意识这一对范畴来表述他的思想，但他已经很清楚地看透了宗教信仰与爱之间的深刻矛盾，对其分析可谓入木三分。他说："宗教之秘密的本质，是属神的本质与属人的本质的统一。但是，宗教之形式，或者说，宗教之公开的、被意识到的本质，却是上帝与人的区别。""爱显示了宗教之隐蔽的本质，而信仰却形成宗教之被意识到的形式。"① 在"上帝就是爱"这个基督教最高的命题中，就已经包含了爱与信仰的矛盾。"爱只不过是一个宾词，而上帝乃是主词。"② 这种处于信仰统治下的、派生的爱为信仰所玷污和受到信仰的限制，是一个不真实的爱。"为信仰所束缚的爱，乃是胸襟狭窄的、虚伪的、跟爱之概念相矛盾的，也即跟自己相矛盾的爱，是一种假装神圣的爱。"③ 费尔巴哈认为，凡那种蔑视理性和知性的爱在理论上是错误的爱，而在实践上，则是一种有危险性的爱。因为爱被信仰所限制，首先，教徒们因此不会觉得那种没有爱心的行动跟自己有什么矛盾；其次，反而将那种处于恨心的行为解释成为出于爱心的行为。爱被信仰所操纵、指使和断送。

费尔巴哈所理解的"真实的爱，乃是自己满足于自己的；它决不需要什么特殊的称号，决不需要什么特殊的权威。爱是知性与自然之普遍法则，它决不外意味着循着意念的道路来实现类之统一"，"爱应该是直接的爱；而且可以说只用作为直接的爱，它才是爱"，"我们应当为了人的缘故而爱人"，"对人的爱，决不可是派生的爱；它必须成为原本的爱。只有这样，爱才成

① （德）费尔巴哈．基督教的本质［M］．荣震华，译．北京：商务印书馆，1994：321.
② （德）费尔巴哈．基督教的本质［M］．荣震华，译．北京：商务印书馆，1994：342－343.
③ （德）费尔巴哈．基督教的本质［M］．荣震华，译．北京：商务印书馆，1994：343.

为一种真正的、神圣的、可靠的威力”。[①] 可是，基督教宣称的爱实质上却是抽象的类之意识，宗教里爱的对象只具有影像之意义，即超自然的、神圣化的爱，意味着人跟人分离和解除了人类的合乎自然的纽带的情感和行为。米歇尔·福柯也曾指出：“自从基督教忏悔出现之后，直到今天，性是忏悔的首要材料。”[②] 宗教信仰无疑扼杀了人类自然的爱和性，或者说将信徒的爱与性都献给了上帝，而上帝就是信徒他（她）自恋的自己。尽管如此，信仰和爱对于宗教徒来说都是缺一不可的东西。“信仰在内部使人跟自己分离，从而，在外部也是如此；而爱却医好了信仰所造成的人的内心创伤。”

尼采也说：“上帝爱世人有一个先决条件，这就是世人要相信他；谁不相信这爱，他就给谁投去凶神恶煞似的眼神，以示威胁！”[③] 尼采用比喻正确地指出，宗教只产生于乌云密布、阳光极为罕见的特殊社会环境中，因为在那里阳光才被视为是爱的奇迹。假设人一出生就有原罪，人必须有罪恶感，而只有你悔罪时，上帝才会宽佑你。这就是一些宗教之爱的逻辑。

四、食物与药物文化中的性心理现象

在全世界各种文化类型中，似乎都存在一些与性观念有关的食疗文化和药物文化现象。法国著名的人类文化学家的列维－布留尔对原始部落的田野调查的基础上写成《原始思维》一书，他说，在原始部落，在人与人之间、人与物之间，充满着神秘的互渗思维。就食物而言，“人们食用一种生物，就意味着在某种意义上与它互渗，与它相通，与它同一：这就是为什么有一些食物必须去寻找，而另一些则应当弃绝”[④]。原始部落的食人风俗也源出同样的信念，以为吞吃了人的心、肝、脑髓就可以吸收被食者的勇敢和智慧；同样，一些部落禁忌吃鸡、蛋、绵羊、鱼、龟等某些食物则是害怕这些柔软细嫩的食物会将怠惰和虚弱带进自己的身体里。而却贪婪地大吃老虎、公牛、雄鹿、野猪的肉，以为这样能增强人的体力、胆量和勇气。

就治疗方法而言，在原始部落“我们见到的几乎无处不采用的‘感应’疗法，也是300年前欧洲医生们一直采用的疗法。我们只举例子来看看。在英属哥伦比亚，‘给不孕的妇女喝黄蜂窝或者苍蝇熬的汤汁能使她们生孩子，

---

① （德）费尔巴哈．基督教的本质［M］．荣震华，译．北京：商务印书馆，1994：347－350.

② （法）米歇尔·福柯．性经验史［M］．佘碧平，译．上海：上海人民出版社，2003：45.

③ （德）尼采．快乐的知识［M］．黄明嘉，译．北京：中央编译出版社，2001：137.

④ （法）列维－布留尔．原始思维［M］．丁由，译．北京：商务印书馆，1994：287.

因为这些昆虫能以巨大数量繁殖'"①。

在中国民俗社会里也存在着列维－布留尔所发现的互渗思维的痕迹。其中以形补形的不孕症治疗、补肾壮阳的食物与药物疗法特别引人注目。例如，古人认为，"龟首常藏向腹，以通任脉。鹿鼻常反向尾，以通督脉，故皆灵而寿"②。又如认为硫黄、钟乳石，因皆生与石，阳气溶液，凝结而就，故为神仙上药，久服可以长生。一些中药的药名和方剂的取名亦表现出互渗的思维特征，如出自明代（1602）王肯堂《证治准绳》的"五子衍生丸"有菟丝子、五味子、枸杞子、覆盆子、车前子五味药，其意为同物可以相感，繁殖力强的植物果实亦可治人阳痿、早泄，久不生育。在中医疗法中，下述现象几乎成为一种规律：即取植物上部的枝叶治疗人头部的疾病，以植物的根块治疗人下半身的疾病，以植物的树皮治疗人的皮肤疾病，以动物的内脏治疗人相应的内脏疾病，如以动物脑补人脑，以雄性动物的生殖器治疗男性的性功能障碍，以雌性动物的生殖器官治疗女性不孕和虚劳。甚至将妇女的胎盘当作补气、养血、温肾、益精的上品药物，可以治疗遗精、阳痿、不孕、月经不调诸症。由于在中医理论中，生殖与性的功能都包括在"肾"的概念中，因此，"补肾"就意味着对性功能的扶助与保健。随手打开当代中国的各种报纸"补肾滋阴壮阳"一类的药物或保健食品广告，可谓琳琅满目、铺天盖地。这无疑是一种根源于古代原始思维，却滥觞于今日的性文化心理现象，值得反思，亦值得关注。

五、生育控制

生育控制是人类的一大发明，生育工作之"本"是促进民众生育观念的转变，而生育观念的转变，是长期稳定低生育率的必要基础。在社会养老保障制度还尚未完善之时，家庭与个人自觉的生育控制行为的普及还需时日。在进入低生育水平的20世纪90年代后，农村的计划生育工作又面临着新一轮以生育的性别为焦点而引发的一系列问题的严峻挑战。"生一个男孩"体现了现阶段大多数中国农民在生育问题上最基本的价值性需求，是他们暂时还难以逾越的文化边界，有着深刻的文化心理基础。③ 避孕等生殖技术的普及运用也带来了年轻人性观念的变化和对婚前性行为的宽容性上升。一项对

① （法）列维－布留尔．原始思维［M］．丁由，译．北京：商务印书馆，1994：266.

② 湖北省中医药研究院．经史百家医录［M］．广州：广东科技出版社，1986：464.

③ 陈震，等．农民生育的文化边际性［J］．人口研究，1997，21（6）：18－25.

3 307 名 15 ~ 22 岁未婚男女的问卷调查显示，50% 的被调查者赞成未婚者使用避孕措施，11.6% 的青年有过婚前性行为，70% 以上的人认为社会向未婚者提供的服务不足，生殖健康需求未得到很好满足。① 调查也显示，农村未婚年轻人婚前性行为和人工流产的普遍，与其自身文化水平和科学知识不足，家庭观念落后，如父母、教师和社会相关人员生殖健康知识水平不高及社会未予足够重视有关。② 广东的一项调查研究结果表明，种种原因使城市外来未婚女青年的婚恋和性行为的观念发生了巨大变化，导致这一人群的性行为相当活跃。③

其次，生育控制技术的普及运用带来了育龄夫妇的一些新的心理问题，同时也反映出男尊女卑的社会文化心理。一项对 500 对夫妇的调查显示，丈夫的文化程度普遍高于妻子，但男女双方均缺乏男性避孕节育知识，多数妇女并没把男性作为避孕节育的参与者，宁愿自己使用避孕方法而不愿男性使用。④ 目前中国输精管结扎人数为 2 300 万，约相当于全世界同类手术者总数的一半。近 10 年来，尽管全中国同类手术者人数逐年增加，但总的来讲，现用率变化不大，一直保持在 10% 左右，20 世纪至 90 年代初达峰值，随后又略呈下降趋势。

对使用不同的生育控制技术，当事人有不同的心理负担。如对施行输卵管结扎术如妇女与放置宫内节育器、口服或外用避孕药具的妇女做比较分析。结果显示，在生命质量总体水平、各维度水平及主观感受总体水平上，三种节育措施者之间均无区别，而输卵管结扎者比其他两组对节育措施有较多的精神负担。⑤ 男性节扎术后诱发的精神障碍者并非少见。如输精管结扎后阳痿、心理适应障碍、癔症样精神障碍、心身疾病等就是较为常见的问题。临床调查表明，男性结扎并发症患者的 SCL - 90 的各因子分、总分和心身症状发生率均显著高于正常男性。这提示男性结扎手术的确给其并发症患者造成了明显的心身刺激，并且社会、心理及躯体因素将会明显地影响临床

---

① 崔念，等. 成都地区未婚青年生殖健康需求调查［J］. 中国计划生育学杂志，2000，8（5）：208 - 212.

② 童琦，等. 重庆市农村未婚年轻成人父母对给未婚青年提供生殖健康服务的态度调查［J］. 中国计划生育学杂志，2002，10（7）：407 - 409.

③ 郑立新，等. 广州外来未婚年轻女工性行为状况及影响因素［J］. 中国计划生育学杂志，2000，8（4）：162 - 164.

④ 吴玉，等. 已婚男性计划生育知识状况调查［J］. 中华男科学，2000，6（3）：180 - 183.

⑤ 赵日敏，等. 用生命质量测定方法评价输卵管结扎手术质量［J］. 中国计划生育学杂志，1998，6（2）：61 - 64.

症状的程度。[①] 另一项对18年间就诊者发病诱因为“结扎术后”者的资料的统计分析显示，就诊率随着计划生育政策的延续而逐年减少，文化程度低者患病率高，多数慢性起病，临床表现以神经症症状居多。作者认为，结扎术后精神障碍为一种术后不良心理反应，与社会因素的变化有关。[②] 对751例输卵管结扎妇女采用简式艾森克问卷、暗示性测查、心身症状自评量表进行检测，结果显示，其中69例有明显心身症状，患病率为9.19%，30～39岁年龄段最高。各相关因素中，情绪稳定性与暗示性强弱不同的受术者患病率有显著差异，社会与家庭支持不同的患病率有显著差异，平时输卵管结扎术者患病率大大低于“计划生育运动”中的输精管结扎术者，这提示心理和生理素质差是患病的潜在易感因子，不良的心理，生理应激状态和负性情绪是心身疾病的促发条件。[③] 女性结扎手术者因受传统生育观念、文化素质、妇女地位、思想意识、医疗保健等条件的影响而具有非常复杂的心理冲突。其一，多数育龄夫妇想多生、早生、生男孩等生育意愿与国家控制人口政策、法律法规在执行过程中产生的心理冲突。其二，受术者在节育手术时缺乏心理准备而诱发心理应激障碍。用临床症状自评量表（SCL－90）测评中期妊娠引产和人工流产的201例，结果显示，阳性症状项目数比常模高，躯体化、抑郁、恐惧、焦虑因子分明显高于常模。提示中期妊娠引产、人工流产者存在着明显的心身障碍。[④] 一些研究提示，生育控制手术后伴发精神障碍的多数患者，术前有个性缺陷、文化程度低和缺乏对生育手术的科学认识，计划生育手术作为生活事件，对上述那些心理素质较差的人可能有诱发精神障碍的作用。[⑤] 有研究证实，行为类型（如A型行为）可影响输卵管结扎术者应激的焦虑情绪及血皮质醇和血液流变学指标。[⑥]

随着生育知识和亲子鉴定技术的普及，与生育诚信有关的家庭问题的案

---

① 王焕起，等. 农村输精管结扎术并发症患者临床症状与心身因素的相关性研究［J］. 中国行为医学科学，1997，6（3）：207－209.

② 王志义，等. 结扎术后精神障碍18年就诊者临床分析［J］. 河北精神卫生，2000，13（1）：36－37.

③ 程祥光，等. 输卵管结扎术后患者心身反应对照研究［J］. 健康心理学杂志，1999，7（3）：243－246.

④ 周郁秋，等. 中期妊娠引产和人工流产心理健康状况调查研究［J］. 中国全科医学，2000，3（5）：386－387.

⑤ 宝继英，等. 计划生育手术后伴发精神障碍临床资料分析［J］. 健康心理学，1997，5（3）：186－187.

⑥ 宋汝峰，等. 行为类型对输卵管结扎者情绪与生理反应的影响［J］. 中国行为医学科学，2001，10（4）：315－316.

件呈逐年上升趋势。有报告对1994年1月至1999年12月610例亲子鉴定进行回顾性分析，结果表明：案例数1998年142例，比1997年上升67.06%，1999年185例，上升39.6%。案件来源以自诉为主，占67.7%。被鉴定人男性平均年龄36.6岁，女性为30.8岁，孩子为4.6岁。鉴定事由中，以怀疑婚外性关系为主，占48.69%。610例中，认定亲生关系539例占71.97%，排除亲生关系占28.03%。亲子关系排除率最低的是怀疑婚外恋，占9.43%，排除率最高为超计划生育，占92.54%。①

此外，人工授精和捐卵等生殖技术和代理母亲现象也引发了不少新的性心理问题和社会伦理道德问题。

六、性骚扰的社会问题

所谓性骚扰（sexual harassment in the workplace）是指通过言词、图片、有寓意的行为和身体语言实现的一种冒犯性的性侵害。"性骚扰"一词最早源于美国，20世纪80年代开始在西方国家流行，现在性骚扰已经成为一种世界性的社会公害。

性骚扰的发生率究竟有多高？据报道，在美国约有42%的职业妇女受到同事和上司的性骚扰，但只有10%的受害者向警方投诉。据日本性歧视问题委员会的调查，发现有七成的职业妇女受到不同程度和方式的性骚扰。据国际劳动组织在全球23个工业化国家进行的调查，结果表明性骚扰普遍存在，如西班牙有84%的职业妇女、丹麦34%的职业妇女曾受到过性骚扰。据英国内务部对1 802名女警察的调查报告，有6%的女警察遭受过严重的性骚扰，30%被男同事用手拧或触摸，20%被纠缠去她们不愿意去的约会。性骚扰严重的地方还有各类学校。据英国牛津大学的一项调查，60%的女生曾受到过来自男生或教师的性骚扰。美国大学妇女联合会对79所中学的1 600名13~17岁的男女学生的调查，约有4/5的学生曾遭受过性骚扰。其中语言骚扰、手势骚扰最为常见，其次是性姿势触摸、掐拧、抓摸等身体性骚扰。65%的女生遭受过上述性骚扰，1/10的学生在校园内被迫做过接吻以外的性活动，25%的女生和10%的男生遭受的性骚扰是来自教师或学校员工的。在西方国家，政界的性骚扰现象也较为频繁。如美国参议员鲍勃·帕克伍德就

① 杨荣芝，等. 610例亲子鉴定回顾性分析——探讨亲子鉴定与社会家庭问题的微妙关系[J]. 医学与社会，2000，13（5）：10-12.

是一个因性骚扰女性下属而被揭露的人。性骚扰的确已经成为一种社会公害。性骚扰在发展中国家也很严重，据巴西对3 000名妇女的一项调查，有75%的人遭受过性骚扰；据韩国刑事政策研究院对2 290名职业女性的调查，受性骚扰的比例约在80%以上。根据对性骚扰现象的观察，尽管任何环境中的任何女性均可能遭到性骚扰，但它的发生还是和职业、年龄、婚姻状况等因素相关。一般认为，性骚扰在以男性主宰的蓝领职业和军队里更容易出现。如公共安全、消防、保管、技术修理、建筑和运输等职业。一些关于军队的调查显示，有44%～78%的女军人报告曾经被性骚扰。男女相比而言，女性比男性更容易成为性骚扰的目标，而且男女两者的心理反应有所差异。女性更可能感到恐惧和受辱感，而男性更容易感到受宠幸。年轻的和单身女性更容易受到骚扰。对骚扰者的观察认为，这些作恶者通常对女性所持的态度比较负面，认为女性是懦弱的、顺从的，性关系是可以操纵的和利用的。①

性骚扰至少有如下危害：其一，身心伤害。在韩国首尔某医院就诊的女性精神病患者中有相当一部分是性骚扰的受害者，她们的身心受到严重损害，甚至走上自杀的道路，有的怀了孕或患了性病。据报道，美国得克萨斯州达拉斯市的罗马天主教会牧师考斯在11年间对12名男孩实施性骚扰共达数百次，虽然该色狼被判无期徒刑，但给受害者造成的痛苦不会消失，也不能使自杀的受害者复生。美国女权主义者凯瑟琳·A. 麦金农认为，即使是性骚扰的语言也是一种性伤害，因为“性的语词指向真实、但对攻击者与受害人来说，更重要的是，这些语词再次进入、再次刺激身体对真实的记忆，使攻击者在记忆中勃起，而受害人在记忆中尖叫、挣扎、流血、身体不适以致迅速衰老。作恶者获得力量而受害人经受心灵创伤的过程的渊薮不在于言词的通常含义，而在于其蕴涵和表达的体验”②。从某种意义上说，“性骚扰作为性虐待行为实施其伤害，就跟色情文艺那样，有时它就是色情文艺”③。其二，由于性骚扰常发生在自己的家庭、最重要的生活圈子里或社区中，因此受害者会有一种一无所有的荒凉感，因为与其他伤害相比，性伤害是极其私人的事件，几乎没有人和你在一起可以对抗这种伤害，相反，你可能很想逃离这个家和具有亲密关系的圈子。这样一来，很容易造成当事人对生活的

---

① （美）埃托奥·布里奇斯. 女性心理学［M］. 苏彦捷，等，译. 北京：北京大学出版社，2003：218－220.

② （美）凯瑟琳·A. 麦金农. 言词而已［M］. 王笑红，译. 桂林：广西师范大学出版社，2005：80.

③ （美）凯瑟琳·A. 麦金农. 言词而已［M］. 王笑红，译. 桂林：广西师范大学出版社，2005：91.

失意和绝望。其三，性骚扰造成了有威胁的、令人不愉快的工作环境，使不少妇女不得不更换工作，甚至因此而丢掉工作。据《重庆法制报》报道，1997年日本东京地方裁判所判决由中国女性宋某提出的有关受到性骚扰的申诉胜诉。事出就是因为宋某因不甘受日本某公司男性同事的性骚扰而被公司解雇。用性的顺从来交换晋升机会或因性的要求被拒绝就有被解雇或降薪的威胁，被称之为威胁性交换性骚扰（quid pro quo harassment）。

如何解释在工作场所中性骚扰的发生及泛滥成灾呢？其原因主要有三：其一，依据性角色溢出效应理论（sex-role spillover theory），在男女性别分布悬殊，男性体能特征比较突出或占优势的工作场所中，女性容易被男性当作女人而不是平等的工作者。性骚扰其实反映了一个有局限性的性别建构或性别角色分工不明确的工作组织和环境。其二，从女权主义理论（feminist theory）来看，性骚扰的发生与男性掌控更大的社会权力密切相关，一些男性滥用这些权力来寻求性的发泄和满足。尤其在男性占主宰地位的蓝领工作领域，还创设了一种有利于男性的组织氛围，使得性骚扰的负面效应被最小化。其三，被性骚扰的对象以女性为多，这与女性自身的反应也有一定关系。反应可以分为指向内部的和指向外部的反应。所谓指向内部的反应，是指当事人对事件相关的情感和认知进行调整的反应。如试图忘记或说服自己，或者合理化解释等。所谓指向外部的反应，是指试图解决问题的反应。如避开骚扰者或寻求组织或法律的帮助等。但事实上，大多数女性因害怕报复、担心降职、工薪和对前途的影响，对性骚扰多采取了息事宁人、消极躲避、忍气吞声、保持沉默等态度，以致作恶者常肆无忌惮。其四，性骚扰行为有隐蔽性私密性强、主观敏感性强、难以启齿等特点，因而取证难，甚至容易被作恶者倒打一耙。因此，尽管投诉多，但界定难以把握，成功诉讼的少。其五，整个社会对性骚扰的危害的忽视和认识不足，作恶者甚至以为受害者能够与之同乐。长期以来，性骚扰只是被当作不文雅的言词而已，在表达自由的法律下它只是被当作自由言论而对待。

近十几年来，在英、美等国家，随着性骚扰案例诉讼的增加，性骚扰不仅不再是受保护的言论，而且将性骚扰语词第一次被视为一种冒犯的性行为。1991年，巴西率先在世界上颁布了第一部反性骚扰法。欧盟15个成员国，也因性骚扰现象严重而立法实行专治，对那些单位内性骚扰视而不见的企业领导人也将受到惩罚。在中国，惩治性骚扰已经列入《妇女权益保障法》。

七、强奸问题

在人类社会的两性性关系中，还有一种一方不情愿的强迫情形，那就是强奸。所谓强奸（rape），是指“在受害者不情愿的情况下，采用暴力威逼的方式，或者由于受害者有精神疾病、智力衰退、酒精不醒，对其身体进行性侵犯，强迫与之发生性关系”①。据美国联邦调查局的估计，在美国每6分钟就有一位女性被强奸，每4位女性中就有一个可能在某个时期遭受到强奸。性的强暴在世界范围内都很普遍。在工业化社会中，据估计，强奸的发生率在21%～27%，在非工业化社会中，大致估计的各类强奸的发生率在43%～90%。② 可见，强奸是一种世界性的很严重的性社会问题。强奸将给当事人带来很严重的身体和心理上的伤害，如恐惧、焦虑和抑郁等消极情绪，自我责备，无力感，对男性的不信任感，自杀意念与自杀，头痛、背痛等慢性疼痛，睡眠障碍，进食障碍，月经不调，性兴趣降低，性传播疾病等问题。

强奸是一种性别犯罪，即绝大多数强奸是由男性针对女性实施的犯罪，既可能发生在陌生人，更可能发生在熟人之间，即犯罪分子和受害者彼此熟悉，后者被称之为约会强奸（date rape）或熟人强奸（acquaintance rape）。据估计，80%以上的强奸案例属于后一种类型，即强奸犯罪分子多是受害者临时性的或稳定的约会伙伴。尽管如此，但调查显示，女性更害怕和更防备被陌生人强暴，这可能与女性认为被熟人强暴的情境更具有控制感有关。

与强奸相关的风险因素通常有：

1. 由性别角色行为期待所形成的性手册观念。所谓性手册（sexual script），在这里并不是指一本书，而是指社会对男女在性活动情境中的角色行为期待为熟人强奸的发生提供了一种认知性的社会背景。这种传统的性手册观念大致是：男性应该是性行为的发起和推动者，而女性则应该是保守和拒绝的角色。这种潜在的性别角色规则可能导致男性将性行为发起人的角色发挥过度，或将女性的与性无关的行为错误地理解为对她有性兴趣，从而加剧其性行为的攻击性。如男性通常将女性的不同意只是当作一种因为害羞或

① （美）埃托奥·布里奇斯. 女性心理学［M］. 苏彦捷，等，译. 北京：北京大学出版社，2003：251.

② （美）琼·C. 克莱斯勒，卡拉·高尔顿，帕特丽夏·D. 罗泽. 女性心理学［M］. 汤震宇，等，译. 上海：上海社会科学出版社，2007：234.

角色要求而表现出来的性行为的象征性拒绝（token resistance），因此，男性在这时并不理会女性的拒绝。

2. 面对一个持有强奸怪谈信念的男性。强奸怪谈（rape myths）是指那些本来是错误的却又被广泛采纳的有助于使男性对女性的性攻击合理化的信念。[①] 如认为："男性具有不可自主控制的性冲动"，"是女性激发了男性的性欲望，应该对强奸的发生负责"，"女性喜欢被强奸"等，这些强奸怪论都是想使男性的性攻击行为责任最小化。调查显示，通常情况下，男性倾向于比女性更认同这些非理性怪论。

3. 受害者的某些特征。①年龄：虽然任何一名女性都有可能被强暴，但大多数受害者的年龄在15～25岁之间，提示年轻的女性更容易遭受强奸。②有受害经历：研究还显示，成年时被强奸的女性可能在儿童期或青春期有遭受过性虐待的经历，因为早期的经历可能导致后来的反抗无助感和脆弱。③酗酒。女性酗酒常常被男性错误地当作有性兴趣的标志；而与男性一同酗酒时，男性则更可能错误地理解女性的意图。④有多个性伴侣和不安全的交往关系与交往方式。如多个性伴侣之间出于嫉妒、报复、惩罚目的的强奸，与网上结识的男性在人少的地方或家里约会等都容易导致强暴事件的发生。⑤女性的懦弱和对社会舆论的恐惧：女性恐惧强暴，同时也更害怕一旦发生强暴所引起的社会舆论压力。女性经历的社会化使她们面对强暴时显得更为脆弱和恐惧。她们害怕亲人和社会舆论怪罪她们交友不谨慎，行为轻佻之类，所以一旦发生强暴，女性大多也采取沉默和大事化小的策略，这样也可能助长了一些男性更加肆无忌惮，屡教不改。⑥听信错误的媒体报道，接受了女性缺乏反抗能力的观念。一些家庭安全设施公司为了推销自卫武器或产品，或一些新闻媒体为了制造耸人听闻的新闻卖点，给女性制造了一种错误的恐惧印象，即实施强暴的案件远远多于强暴未遂。而事实上恰好相反，女性反抗并逃脱的可能性是被强暴可能性的4倍。[②]夸大了女性反抗的无助可能会增加女性的恐惧感，消极地看待自己的体能和耐力，抵消了女性保护自己的积极反抗的意志和机智行为。

---

① （美）埃托奥·布里奇斯. 女性心理学［M］. 苏彦捷，等，译. 北京：北京大学出版社，2003：253.

② （美）琼·C. 克莱斯勒，卡拉·高尔顿，帕特丽夏·D. 罗泽. 女性心理学［M］. 汤震宇，等，译. 上海：上海社会科学出版社，2007：237.

八、斯德哥尔摩综合征

2011年9月河南洛阳警方破获一起特殊的性犯罪案。犯罪嫌疑人李某将6名歌厅女青年骗至其自挖的地窖内，强迫她们进行网络色情表演。囚禁这6名女性做"性奴"期间，犯罪嫌疑人对她们实施强奸并组织她们外出卖淫，为其牟取钱财。令人匪夷所思的是，被诱骗的6名女子竟然俯首称臣，成为囚禁数月的性奴，没见她们表现出以多胜少的团结反抗，反而是争风吃醋地相互残杀。本案中的罪犯甚至在事情暴露后还向被他囚禁的女子借钱外逃。这种反常的屈服于暴虐的人质弱点被犯罪心理学家称之为"斯德哥尔摩综合征"（Stockholm syndrome），也可称为"人质情结"，这是指被害者对于犯罪者产生某种好感和依赖性情感，甚至反过来帮助犯罪者或协助加害于他人的一种情结。美国联邦调查局的人质数据库显示，大约27%的人质可能会表现出斯德哥尔摩综合征。

（一）斯德哥尔摩综合征的缘起

斯德哥尔摩综合征的命名源于1973年8月23日的一次人质事件。瑞典首都斯德哥尔摩市内最大的一家银行遭受2名有前科的罪犯Jan Erik Olsson与Clark Olofsson的抢劫，劫匪挟持了4名银行职员，在警方与歹徒僵持了130个小时之后，歹徒被警方制服，人质获救，可出人意料的是，这几名遭受挟持的被害人却对绑架她们的人显露出怜悯的情感，拒绝在法院指控绑匪，为他们筹措法律辩护的资金，她们不痛恨歹徒，还表达她们对歹徒非但没有伤害她们却对她们照顾的感激，反而对警察表现出敌对的态度。其中有一名女性人质竟爱上绑匪Olofsson，跑到监狱要与他私订终身。斯德哥尔摩事件激发了犯罪学家和社会科学家的关注，经过研究，学者们认为，在掳人者与遭挟持者之间的这份感情纠葛并非只是一个特例，而是一种令人惊讶的普遍反应，从集中营的囚犯、战俘、受虐妇女与乱伦的受害者，邪教组织中，到处都可能发生斯德哥尔摩综合征现象。

（二）产生斯德哥尔摩综合征的条件

经过研究认为，产生斯德哥尔摩综合症的条件主要有：①外部环境条件：在突发事件中，人质强烈地感觉到绑匪或加害者威胁到自己的生命，受害者感到极端的害怕，产生严重的心理恐惧；受害者感受到要脱逃几乎是不可能的；在遭挟持过程中，人质也许可以感受到绑匪或加害者给予的某些小恩小惠或照顾；受害者最终没有遭受实际的身体上的伤害；在失去自由的期间，人质得不到外界的任何信息；受害者始终不知所措。②个体的心理素质问题。心理学认为，依恋是动物和儿童最早发展起来的一种心理需要，婴儿对哺乳者或其他最靠近的有力的成人形成一种情感上的依附，以保证自己安全生存的可能，斯德哥尔摩综合征可能当人质期间对加害人的角色认同和安全防卫机制有关。

（三）斯德哥尔摩综合征的发展过程

首先是对突如其来的安全胁迫与胁迫产生无所适从感和强烈的恐惧感；其次是出现无法逃脱的无助感；因为和挟持者相处时间较长，逐渐认同加害者自称的其胁迫行为是迫不得已的解释，并开始转而同情加害人，并逐渐给予挟持者以某种配合，不逃脱和精神上的安抚；甚至会协助挟持者逃脱，向法官说情，或一起逃亡等协助加害人的行为。

（四）斯德哥尔摩综合征的心理辅导

首先，要帮助当事人提高法律意识，认识到犯罪嫌疑人违法或侵犯他人行为的本质，认识到劫持人质和犯罪行为对他人和社会的危害，不要为其小恩小惠的关照行为而蒙蔽。其次，要帮助当事人认识自己的态度和行为背后的错误认知，察觉自己童年的心理创伤和自己潜意识中的某些不正常的心理需求；帮助其提高自尊、自爱、自强和自信心，减少对他人的依赖性。

九、老年人性犯罪的特点、原因与防范

根据联合国制定的标准，60 岁及以上人口的比重超过 7%，或 65 岁及以上人口的比重超过 10% 的就属于老龄化社会。据中国第六次人口普查的数据，目前有老龄人口数为 1.3 亿，约占人口总数的 11%，表明中国已经迈入了老龄化社会。长期以来，社会视老年人为弱势群体，却忽视了这一群体中的某些人侵害社会的另一面，统计显示，在性犯罪案件总体数量下降的情况下，老年人性犯罪却呈上升的趋势，甚至几乎和青少年性犯罪的数量相当，老年人性犯罪问题成为犯罪预防的一个盲点，这必须引起全社会的高度关注。

（一）老年人性犯罪的特点

老年人性犯罪是一个世界性现象。根据韩国保健福祉部发布的《老年人的性生活实况调查》显示，2/3 的韩国老人有性生活，35.4% 的老人进行过性交易。又据韩国《朝鲜日报》报道，过去 10 年，61 岁以上老年人犯罪率增加 68.4%，是韩国社会整体犯罪率的 5 倍多，老年人整体犯罪率增高。其中，韩国 2008 年性罪犯中 61 岁以上老人为 710 人，但 2011 年增加到 1 070 人，3 年间增加了 50% 以上。从检察厅整理的 2010 年针对儿童的性犯罪者的年龄分布来看，60～69 岁为 77 人，占总数的 9%；70 岁以上为 27 人，占总数的 3%；60 岁以上为 106 人，比 20～29 岁（95 人）还多，比 50～59 岁（115 人）略少。

在中国，关于老年人性犯罪的案例散见于各地的新闻报道中，未见总体案情的报道。例如 2010 年，中国四川省广安市广安区检察院共办理涉及“空巢”老人性犯罪的案件 15 件 16 人，而涉及未成年人遭受性侵犯案件就有 8 件 9 人。从 2011 年至今，深圳市共有 8 名 75 周岁以上老年人因涉嫌犯罪被审查起诉。其中性犯罪占 37%。

根据案件分析，老年人性犯罪有以下特点：一是老年人性犯罪者绝大多数是丧偶、离异、孤寂、单门独户，与人交往较少，或子女成家立业远离自己，或退休在家的空巢男性老人；二是老年人性犯罪的类型绝大多数为强奸、猥亵妇女儿童，其次是介绍和容留卖淫；三是老人性犯罪大多数是文化程度较低的农民，但也有受教育程度较高的老人；四是老人性犯罪侵害的对象大多数是农村的 10 岁以下幼女和患精神病的妇女，其次是自己的女儿、养女和孙女等亲人；五是老年人性犯罪的手段虽然大多是先对受害者进行金钱或食物的引诱，然后实施性侵犯，但使用暴力并非罕见。韩国性暴力咨询所的金斗娜（音译）说：“不要以为老年人力气衰弱，性犯罪方式就不会残忍。”据西方媒体报道，奥地利一名叫弗莱茨勒 73 岁的老人将亲生女儿伊丽莎白囚禁在不见天日的地窖长达 24 年，甚至和其生下 7 个孩子，并使其中一个孩子不幸夭折。之后法国也爆出另一起乱伦案，一名叫莉迪娅·古阿尔多的女子告诉《巴黎人报》，她在 8 岁那年就开始遭受养父的性侵犯，在 28 年的性奴生活中与其生下 6 名子女。类似的案件还在阿根廷、英国等国被报道。如阿根廷当局逮捕一名 62 岁的男子，该男子强奸亲生女儿长达 30 年，并与其育有 10 个孩子。

（二）老年人性犯罪的原因

造成老年人性犯罪的原因是复杂多样的，既有个人的原因，也有家庭的原因；既有生理的，也有心理的和社会方面的原因。

1. 生理因素：首先，随着营养和生活水平的提高，人类的体质和寿命的普遍提高，人的生理机能衰退减缓，即使60岁的退休老人的性需求和性功能仍可以维持在一定的水平。虽然老年人性满足的方式发生了微妙的变化，但对性的欲望和对满足的需求却没有减少；其次，丧偶、离异、孤寂的生存状况事实上减少和剥夺了老年人性满足的可能，由于受经济条件的限制和传统观念的影响，丧偶、离异的老年人重新缔结婚姻的人很少。

2. 心理因素：农村老年人因子女外出打工，城市老年人退休在家，“出门一把锁，进门一盏灯”，单调空虚的生活，体弱多病的身体，失落郁闷的心境都会令老人的生活质量明显下降。加之，随着增龄的变化，老年人会出现以自我为中心、偏激固执、倚老卖老、道德意识淡化、自控能力下降等心理变化。一些乱伦的老年人还有严重的恋女情结等变态心理和人格障碍。

3. 家庭因素：家庭解体、母亲角色缺位等家庭结构和家庭功能减退是导致老年人性犯罪的重要原因。在一些乱伦案例中，母亲常表现为知情不报的麻木不仁。目前，农村的中青年人进城打工，老年人和儿童留守农村，或子女结婚分家，退休老人身处“空巢”的状况在中国广泛存在，老年人的生活得不到子女的照顾，身心需求得不到满足。

4. 社会因素：有关老年人的各项社会保障制度、文化娱乐设施、养老机构、专门为老年人服务的婚介机构尚不健全，忽视对老年人的心理辅导和法制教育，老年人的正常身心需求得不到合理宣泄。

5. 其他因素：农村留守的儿童和妇女增多，尤其是辨认能力和反抗能力较差的女性精神病患者和幼女，如果监护人照顾不周，保护意识措施不得力，放任自流，将给老年人性犯罪有机可乘。

（三）老年人性犯罪的预防

1. 加强孝道等家庭伦理道德教育的普及。要通过各种教育途径，加强家庭伦理道德的教育，让每个子女都肩负起赡养和照顾好父母的义务和责任，既要在生活上照顾父母，也要在心理上关心父母的需求，在行为上监护父母的正当性，防止性犯罪和上当受骗，尊重父母的婚姻自由，支持丧偶的父母再婚，尊重老年人正当的需求与权益；子女不要因为抚育孩子的需要而

造成父母分居。

2. 加快老年人社会保障体系的建设。各级政府都要将养老保障服务作为重要的公益事业来抓，提高养老金和医疗保险的补偿水平；地方政府要积极举办养老院，对孤寡老年人实施集中管理和照顾；社区和村委会要加强对老年人的日常管理，提高社区服务中心对老年人的服务水平。

3. 充分发挥老年人参与社会义工的作用，做到“老有所学，老有所用”；积极组织老年人开展有益身心的文体活动，组织适合身体状况的旅游，创造更好的条件，让老年人老有所乐；针对老年人的性需求问题进行性知识教育，消除对自慰、使用自慰安慰工具的误区；加强对老年人的道德教育和法制宣传，使老年人知法懂法。

4. 切实加强对儿童和精神病患者的监护责任，对回归家庭和社区的精神病患者要坚持正规的治疗，定期接受专科检查，避免康复期的精神病患者单独外出；加强对青少年的性教育和性健康自我保护的安全教育。

11 性欲的调节与升华

野兽是自己情欲的奴隶，而人处在中间水平，和自己的情欲作斗争，而英雄却凭意志去控制自己的情欲，因此英雄的本性是处在人与神之间的。[①]

——（意）维柯

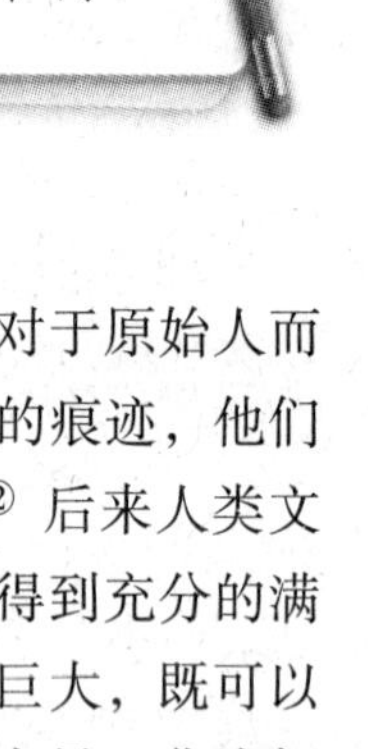

性本能是人类为了保证个体生存和种族繁衍的基本能力。对于原始人而言，性本能表现为野蛮和自由的状况，完全没有洗练或精神化的痕迹，他们的心智还完全沉浸在感觉里，被情欲折磨着，埋葬在躯体里。[②] 后来人类文化的发展和要求使得这种需求既不容易随意得到，也不一定能得到充分的满足，因此，它就变成一种张力或内驱力，这种来自本能的力之巨大，既可以转化为破坏性的力量，也可以升华（sublimation）为建设性的力量。弗洛伊德认为，“那些得不到满足的成分，便要大量升华，创造出文明中最伟大和最奇妙的成就”。在这里着重讨论一下性本能升华的可能、升华的价值和意义等各种相关问题。

一、性本能的特点与性欲的动力性质

弗洛伊德认为，人类进步的真正动力来自性本能或生本能。这是因为本能具有如下的特性而能充当一种永恒不竭的动力。

其一，本能来源于机体的内部，而不是来自外部世界。与外部刺激相

① （意）维柯. 新科学：上［M］. 朱光潜，译. 北京：商务印书馆，1989：265－266.

② （意）维柯. 新科学：上［M］. 朱光潜，译. 北京：商务印书馆，1989：184.

比，外部刺激大多是间断的、单一的、瞬间即逝的冲击力，也总是引起机体与之相应的单一的反射行为，机体可以通过逃避行为免除那些不想要的外部刺激；而本能需求对于机体来说则是一种永恒的、周而复始出现的力量，机体需要什么或欠缺什么，任何逃避行为都不可能将其消除，而只有使其“满足”，才能消除机体的骚动不安。

其二，本能是一种原始冲动和机体活动的内驱力。如果说神经系统的任务就是消除各种刺激的话，那么，本能的需要会迫使神经系统抛弃其避开刺激的最终意图，而去主动接受各种更多的新鲜刺激，结果促进了神经系统的发展，使它达到了现有的高水平。本能甚至按其需要积淀或制造出种种不同的外部刺激形式。正是从这种意义上，说满足本能需要是进步的永恒不竭的动力。

其三，每一种本能都是一种具有冲动性质的活动，本能的动量或力之大小或兴奋的强度因人而异，也因本能的种类、表现的时间和环境条件而异。如饥饿和性饥渴同时都出现时，食欲本能将占上风；“小别胜新婚”说明性本能的动量因夫妻暂时的分离而提高。

其四，本能有目的也有目标。本能的最终目的在任何情况下都是指向“满足”，所谓“满足”就是消除了本能唤起的躁动或张力；而本能的目标则是指本能可以在其中或通过它而达到目的的东西。本能的目的永远不变，而目标却最易变换。目标最初与本能无关，只是由于它特别适合于提供“满足”，所以才附着于或固置于它。导向满足本能终极目标的方式也是千姿百态和多种多样的。正由于性本能具有随时可以改变其性对象的特点，而使其具有远离原始的性行为的功能，即能够被升华。①

性本能是基本的本能之一。在精神分析运动早期，弗洛伊德将本能分为性本能和生本能。第一次世界大战后，弗洛伊德修正了自己的观点，将性本能和生本能合二为一，称之为“生的本能”，它们都是指向生命的生长和增进的原始动力，并增加提出了“死的本能”作为生的本能的对立面。生死本能都是机体活动的无穷无尽的动力，不过一个是促进创造和建设性的，一个是攻击和破坏性的。性本能的动能既可能成为审美的情操，也可能成为偏执的原因。

---

① 车文博. 弗洛伊德文集：二卷［M］. 长春：长春出版社，1998：690.

二、升华的形式、机制与价值

艾宾认为，幻想的世界与性的力量的发展并驾齐驱，性的影响力能够唤醒审美的情操，是造型艺术或诗的唯一基础，它能够启发创造性的心灵，点燃艺术的光辉和热情。①

（一）升华的概念与价值

升华，原指固态（晶体）的物质不经过液态阶段而直接转变为气态的现象。升华只发生于固体的表面，并需要吸收热量。升华实现了物质从一种比较粗糙和比较浑浊的固态向比较精致的和比较清澈的气态的转变，可类比于生理冲动向精神活动转变的过程。弗洛伊德借此指性冲动蜕变的一种心理机制，即改换力比多冲动的目的和对象，而不抑制它的表现，并用社会许可的观念和行为方式表达出来。

升华的理论源自古希腊的亚里士多德和柏拉图，它是指“一般情绪或情欲的转变成为合乎道德的行为意向”或“代表着一种由粗入细、由质入文、由生理的冲动变为心理的力量的过程，而此种力量的消耗大致相当于欲力的消耗，而消耗后所获得的满足亦足以替代性欲的满足”。②

弗洛伊德认为，性欲的升华作用正是科学、文学艺术创造的源泉和动力之一。他甚至认为，艺术家本身就是效率、对错和神经症的混合体。③ 他以文艺复兴时期的巨人达·芬奇为例进行精神分析，他所做的《列奥纳多·达·芬奇和他对童年的一个记忆》的研究工作的目的就是“要解释在达·芬奇的性生活和艺术活动中的抑制”。他认为达·芬奇具有两个显著的特征：即他那十分特殊的压抑本能的倾向以及他升华原始本能的卓越能力。“他非法出生的偶然性和他母亲的过分温存对他的性格的形成以及他后来的命运具有决定性的影响，因为在他儿童时期之后开始的性压抑把力比多升华为求知的欲望，并且造成了自此后全部生活的性静止状况。”他认为，“一个艺术家创造出来的东西同时也是他的性欲的一种发泄”④。

升华是可能的，这已经为许多名著和艺术作品的创作所证明。升华的价

---

① （奥）克拉夫特－艾宾. 性病态［M］. 陈苍多，译. 台北：台湾左岸文化出版，2005：28.
② （英）霭理士. 性心理学［M］. 潘光旦，译. 北京：商务印书馆，1997：505.
③ 车文博. 弗洛伊德文集：二卷［M］. 长春：长春出版社，1998：584.
④ 车文博. 弗洛伊德文集：四卷［M］. 长春：长春出版社，1998：503－506.

值亦是巨大的，这也为众多学者所认同。

霭理士认为，“在性心理学的范围内，所谓升华包括两点：一是生理上的性冲动，或狭义的‘欲’，是可以转变成比较高尚的精神活动的一些动力；二是欲力即经过转变，就不再成为一个急迫的生理上的要求”①。霭理士强调要注意将升华与性冲动改变的其他形式相区别。一是要与欲力的改道相区别。升华以后，性欲应该不复是性欲，而欲力改道后，性欲依然是性欲，不过另换了表现形式罢了。二是要与病态的性象征或代用品相区别，升华是使性冲动进入到一个更高的文化水准，而性的病态则是退缩到更原始的或更低的行为水准。

（二）升华的条件、机制与形式

升华是可能的，但并不容易。一是要消耗许多精力，二是言之匪艰，行之维艰。升华的形式虽然是个体自觉追求的，但升华并非是自我意识的过程。霭理士认为，升华过程是发生在意识的境界以下的，尽管意志可以跟着它走，却不足以控制它并促进它的完成。

一个人要真正获取升华的必要条件有二：一是必须有抑制的存在。弗洛伊德认为，一旦性欲的满足过于容易或畅行无阻时，爱情便再无什么价值可言，人生也会变得空虚起来。这就是说，各种文化习俗和法律中建立起来的某些阻碍或禁欲对于提高爱情的精神价值和文化的创造性是必不可少的。换言之，人类文明要想取得成就，就不得不在某种程度上牺牲性的快乐。② 霭理士也认为，生命的艺术就是一张（或抑制）一弛（或表达）。广义上的抑制，并不是精神分析家所指的那种狭义的压抑，“抑制本身并无坏处，且有好处，因为它是表达的先决条件，不先抑制于前，何来表达于后?”③二是“必须纠正对性的观念，决不能再把它看作是兽性的表现而引为可耻，并因此非力加抑制不可；这种错误的观念存在一日，即一日得不到升华的效果”④。

升华的能力不仅因人而异，其功用也是有限的，即升华的结果至多能消耗个人的一部分的欲力，总有一部分性的力量要散发出去而成为“废弃的”

---

① （英）霭理士. 性心理学［M］. 潘光旦，译. 北京：商务印书馆，1997：505.

② （奥）弗洛伊德. 性学与爱情心理学［M］. 罗生，译. 南昌：百花洲文艺出版社，1996：173－175.

③ （英）霭理士. 性心理学［M］. 潘光旦，译. 北京：商务印书馆，1997：349.

④ （英）霭理士. 性心理学［M］. 潘光旦，译. 北京：商务印书馆，1997：507.

热力。

升华的形式多种多样。经验似乎显示，艺术的创造与性的升华关系最为深切。霭理士借用诗人描写日出的比喻这样生动地描述过性冲动对人美感知觉的影响："在性的太阳在东方初出的时候，一个男青年或女青年所见从天际冉冉上升的并不是一个浑圆的黄色的球，也并不是其他什么物质的现象，而是一群歌唱着的天使。"

在民俗生活中，人民群众创造的通俗情歌、山歌、地方戏剧、舞蹈等大多涉及情爱的题材，亦是升华的大众普及形式。弗洛伊德认为，一切文学艺术都是一种心理上的"弥补"（compensation），即都是作者尝试超越现实的缺陷而制造一种幻想世界以得求情感的安慰。如莎士比亚因失恋于玛丽·菲东而创造出奥菲丽娅、苔丝狄梦发娜和罗萨兰等美女的戏剧角色。人愈是得不到的，文学艺术作品中就愈有丰富多彩的表现和想象力。詹森的小说《格拉迪沃》就是被弗洛伊德分析过的一部文学作品，他认为，这部小说其实是对一个精神病案例的研究。为此，弗洛伊德写了一篇很长的论文。该论文紧紧围绕故事中主人翁的幻觉与梦的关系，揭示了压抑、幻觉与精神错乱的起因、梦的形成与的解释，性欲生活的作用、心理疾病的分析方法等许多重大的临床心理问题。① 弗洛伊德在《作家与白日梦》一文中认为："一篇具有创见性的作品像一场白日梦一样，是童年时代曾经做过的游戏的继续，也是这类游戏的替代物。"②

与弗洛伊德等精神分析学家通过压抑而达到升华的假说所不同，赫伯特·马尔库塞在《爱欲与文明》一书中主张通过一种非压抑性文化来实现升华。这是一种仅仅保持基本压抑，而没有强制性民主的文化，使爱欲在群体的爱和友谊中绽放的愉快合作。他认为，一旦摆脱性，爱欲便具有文化建构的能力。随着性欲转化为爱欲，压抑性将让位于一种新的满足的合理性，在这种合理性中，理性与幸福融为一体，这是一种使幸福、爱和对他人的尊重三者结合成为可能的伦理学。③

（三）关于诙谐、幽默和滑稽

诙谐、幽默和滑稽在人类社会对性能量的调节和压抑的处理中具有十分

① 车文博. 弗洛伊德文集：二卷［M］. 长春：长春出版社，1998：355－423.

② 车文博. 弗洛伊德文集：二卷［M］. 长春：长春出版社，1998：433.

③ （英）安东尼·吉登斯. 亲密关系的变革［M］. 陈永国，等，译. 北京：社会科学文献出版社，2001：232.

重要的和微妙的心理作用，而且是老百姓最广泛使用的调节和释放性压力的文化工具。弗洛伊德在《诙谐及其与潜意识的关系》一文中说："我们应该记住诙谐在我们的社会中所具有的独特的，甚至是激动人心的魅力。"①众所周知，老百姓都喜欢说笑话，也都喜欢听笑话，而且好像更喜欢那些针对异性的诙谐，弗洛伊德将这种服务于某种目的，或带有倾向性的诙谐称之为"倾向性诙谐"（tendence wit）。与此相对，那些为诙谐而诙谐，并无特别目的和倾向的诙谐称之为"抽象性诙谐"或"单纯性诙谐"或称之为"不虐之谑"（harmless wit）。② 俗语说的"黄色笑话"就是常见的典型的"倾向性诙谐"，即淫秽诙谐（obsence joke），这是指那些能满足淫猥心理的诙谐。朱光潜先生在《变态心理学派别》一书中讲述的笑话可以作为这样一个诙谐的例子：某富豪垂涎于某女戏子，并用尽办法去捧场献媚，可那女子明确地告诉他，她的心早已属于别的男子。那富豪听后一语双关地说："小姐，我的希望并没有那样高！"在这里，诙谐的制造者巧妙地从心（脏）的"高"引喻出性（器官）的"低"，以此来攻击垂涎的对象和凌辱女子的身体。可见，诙谐是笑里藏刀，刀可以泄愤，而笑可以欺瞒社会。③

弗洛伊德认为，产生倾向性诙谐的条件首先是至少需要三个人在场：诙谐的制作者、充当敌意或性攻击对象的第二者和使产生快乐这一目的得以实现的第三者。其次，倾向性诙谐的产生还需要有受过较好教育的人们所组成的社会环境，只有在这样的条件下，那些淫言秽语才会变成诙谐，否则就只是些令人感到难堪的粗俗；也正因为只有当淫言秽语变成诙谐时，它才能为社会所容忍。

为什么"倾向性诙谐"会令人发笑？弗洛伊德分析道：诙谐的技巧往往是通过某个微不足道的东西，或某个无关的东西来引喻性器官或性行为，让听众自己在想象中重建一幅完美而直观的淫秽的图像。淫秽语本身直接提供的东西和它在听者头脑中引起的意象之间的差异越大，这个诙谐就可能越精彩和令人发笑，而且为上流社会的人们所接受的可能性就越大。④由此可见，倾向性诙谐通过言语技巧绕开了因为文明教育压抑造成的重重障碍，或规避种种限制，开放或诱导出那些变得难以企及的快乐资源，从而让本能得到某种程度的满足。因为人都具有先天的淫猥的倾向，所以大多数人都会对那些"倾向性诙谐"付之一笑。精神分析学说认为，"诙谐中的快乐产生于禁忌

---

① 车文博．弗洛伊德文集：二卷［M］．长春：长春出版社，1998：251.

②④ 车文博．弗洛伊德文集：二卷［M］．长春：长春出版社，1998：323.

③ 朱光潜．变态心理学派别［M］．北京：商务印书馆，1999：62.

的能量消耗的节省，滑稽快乐产生于观念形成能量消耗的节省，而幽默中的快乐产生于情感的能量消耗的节省。在我们的心理器官活动的三种方式中，快乐都是由节省而产生的"①。按照这一学说，性的快感平时被压抑着，而压抑又必须耗费心力，在诙谐中，压抑为"游戏快感"所战胜，于是退处于无形，而原来压抑所用之心力便被节省，被节省的心力乃得以自由涣散发泄，其结果便成为笑。因为这种快感是从免除压抑所得来，故被称之为"免除性的快感"（removal-pleasure）。也由于听笑话的人不但节省了压抑所费的心力，而且节省了"免除压抑"所费的心力，所以瞬间有许多的心力爆发出来而发于大笑，而诙谐制造者却因要费力免除压抑，所以反而不笑，但是他们可以从成功地诱发出别人的快乐那里得到快乐的回报。

简而言之，诙谐的任务就是要取代淫词秽语的地位，从而再次打开通往已失去的滑稽的快乐和性兴奋源泉的通路，这是文明从对性的压抑，再进行到容许的和解。

三、自慰的形式与作用

自慰并不是成年人的专利，而是从幼儿早期就已经开始出现的性心理和性行为。如幼儿吮吸拇指、肛门区肌肉的收缩、性器官区的触摸和挤压都是自慰的表现。认识到人类手淫自慰起源于幼儿期这一事实，可能有助于我们缓解对自慰的道德自责。

（一）自慰的概念

自慰亦称之为手淫。霭理士将"凡是用手做工具而在本人身上取得性兴奋的行为，叫作手淫"②。在上述定义中，表达了自慰最重要的两个特点：一是用手做工具，二是在自己身上为自己取得性满足，而与别人无关。其实，自慰也可能是不直接用手的方式进行，如完全不用任何物质工具而只用思虑的这种行为，叫作"精神性的手淫"，或作"意淫"。或者是借助一些人造的生殖器模型帮助进行的自慰。霭理士说："手淫是无数自动恋现象中的一种，而凡属自动恋的现象多少都有几分无可避免的性质，手淫当然不能自外于此。我们最聪明的方法，也就是在充分地承认这几分不可避免的性质。"③

---

① 车文博．弗洛伊德文集：二卷［M］．长春：长春出版社，1998：452.

② （英）霭理士．性心理学［M］．潘光旦，译．北京：商务印书馆，1997：149.

③ （英）霭理士．性心理学［M］．潘光旦，译．北京：商务印书馆，1997：164.

希尔弗尔德又创造了一个新名词来表述对自慰的理解，即凡把自己的身体当作一个物质对象，从而取得性满足的行为，叫作自动恋，同样取得满足，而把自己的身体当作一个精神的对象时，叫作自淫（ipsation）。手淫的对象只针对自己，也只是为了释放自己的性压力，因此，也不妨叫作自慰。

（二）关于自慰的工具

从广义上讲，自慰现象也普遍见于哺乳动物世界。人们可以观察到高等动物在驯养或隔离状况下也会自动发生摩擦自己生殖器或阴部的行为。但只有人类才能借助于手或工具作为性欲满足的工具。在人类社会中，手淫现象也普遍见于各类民族文化。在一些少数民族里，甚至可以发现女子手淫时还借助一些艺术性的人造阳具。日本妇女长期使用的一种叫 ben-wa 的传统器具设计匠心独具。这是由一对空心球组成的妇女专用自慰工具。其中一个灌注了一些水银。自慰时，女人采取仰卧位或坐在摇椅上，两球依序放入阴道，空心球先入。当女子摇动臀部时，由于水银在外球内部荡动而不停地撞动内球，进而向内碰及阴道壁和子宫体，向外波及阴蒂和阴唇，从而产生性的快感。对于男子来说，凡开口大小合适的瓶子等容器、柔软的织物都可以作为手淫的辅助工具；而对于女人来说，香蕉、胡萝卜、乒乓球、枕头等也常作为自慰的辅助用具。尽管这些器物可能会带来身体的伤害，或引起女性生殖器炎症，但强烈的性冲动和好奇心常常导致一些不恰当的自慰行为。

自慰并不拒绝可以借助一些卫生的辅助工具。振荡器就是世界上第一个可让医生方便对女性患者性器官进行刺激的治疗辅助设备。据说，第一个电动振荡器是在 19 世纪 80 年代由英国物理学家约瑟夫·莫蒂默·格兰威勒（Joseph Mortimer Granville）发明的。振荡器是继缝纫机、电扇、电热壶、烤箱之后实现电动化的第五件家用装备。这种器具主要用于治疗女性歇斯底里症患者。这种病症的发作被认为与女性的性压抑或性挫折有较大的关系，而通过人工方法让她们体验到性高潮，满足压抑的性欲，症状立刻被“治愈”。雷切尔·P. 梅因斯（Rachel P. Maines）在《性高潮技术：歇斯底里症、振荡器和女性的性满意度》一书中评价道，振荡器的发明对性医学治疗，尤其是为女性带来性高潮做出了贡献。在 1830—1930 年之间，个人用的振荡器就被当作家庭生活的帮手在西方国家的妇女杂志上大做广告。它不仅能给妇女提供性刺激，而且的确还具有搅拌、混合、打鸡蛋等烹调帮手的功能。2000 年，美国食品及药品管理局批准了一种专门用于帮助女性获得对阴蒂刺激的真空装置，即称之为 Eros 性爱系统，曾引起争议，因为一个拥有便携式振荡器或性爱系统的女人不仅能够依靠自己获得性的满足，而且可能不再求助于性治疗医生，或不需要一个男人让她陷于沉迷。[①] 这显然对传统的两性性关系构成了不小的冲击。人类是否可以在没有性伴侣的情况下，借助器具，无需医生处方，就具有自己满足自己的性需求，释放性压力的权力？这是否道德？是否合理？是否有利于健康？即使在发达的美国，Eros 性爱系统也需经医生出的处方才能获得，说明如何以及为何需要获得性刺激也是一个需要谨慎处理的问题。

（三）自慰的合适对象

一般来说，手淫或自慰作为人类性满足的一种方式，是一种性压力的减压阀门，可以适应于任何成年人和性成熟的青少年。但是更适合运用自慰这一性行为方式进行心理涉足或治疗的人群有：①长时间处于分居状况的夫妻。②因为公务或商务或工作的特殊性，长时间独身旅居在外者。③丧偶后的寡妇或鳏夫。④未婚的成年独身者。⑤身体残疾而不能结婚者，如高位截瘫者。⑥精神性疾病且不能结婚者。⑦犯罪服刑人员，尤其是终身囚禁的罪犯。⑧正在服役的独身军人。⑨患传染性疾病，以及其他不宜过性生活的患者。⑩不射精的男性和患性冷淡的女性。⑪对性生活有恐惧的成年男女。⑫严格遵守某些宗教信仰而独身的修行者。⑬严重的早泄者，可将手淫作为一种预先消除焦虑的手段。⑭配偶处于月经期或妊娠期的男性。

（四）自慰的双向作用

就像任何事物具有利与弊两面性一样，适当的自慰有利于健康，而过度的自慰则有害于健康。

1. 自慰的正向作用。

（1）可以减轻性压力，满足性欲的需求。对长期未能过性生活的人，手淫可以释放性的压力，满足对性的渴求，而且其满足的效果与异性间的性交效果基本相同。

（2）可作为治疗性功能障碍的手段。如作为不射精和早泄的男性与患性冷淡的女性的治疗手段。临床经验证明，不射精的患者在结婚前多数不知道何为手淫，或虽知道却从没有过手淫的经验，且肯定没有射精和性高潮的体验。患性冷淡的女性患者则在婚前多数也没有手淫和获得性快感的体验。采

---

① （美）安妮·金斯顿. 妻子是什么［M］. 吴宏凯，译. 北京：中国妇女出版社，2005：146.

取手淫的方式有利于帮助这类患者减缓面对配偶时的焦虑，充分体验性快感和性高潮。对于早泄的患者，性交前的手淫则可以明显地延长性交时间。

（3）可作为心理矫治手段。自慰可以作为对性犯罪者进行性矫治的一种手段。如为性犯罪人制定一个频率逐步增加的手淫时间表，让性犯罪人按照时间表定期进行手淫，使其性驱力不断得到释放，性冲动的强度不断减弱，其目的是帮助犯罪人学会通过手淫来调节和控制自己的性冲动，从而不再进行性犯罪。

（4）可作为心理治疗的手段。根据精神分析理论，一切神经症的发病与迁延都与性压抑有关。事实上，临床上的许多病例亦表明，戒断原来已经习惯的手淫往往会引发或加重神经症的表现。所以，手淫对缓解神经症的焦虑不安或强迫症状有一定效果。其实，古代罗马医生盖伦早就认为，妇女的手淫有助于她们避免歇斯底里。

（5）治疗失眠。对于不明原因的失眠者常有自觉或不自觉的性压抑，对于男性患者常有遗精后很快可以入睡的体验，因此，适当的手淫可以帮助烦躁不安的神经安静下来，有助于克服失眠。

2. 不恰当的自慰及其负面作用。手淫的负向作用主要由于过度或不恰当的方式所导致。

（1）过度手淫。过度手淫的害处与过度的性生活一样，可能会导致当事人筋疲力尽、腰酸脚软、前列腺充血，过度的神经兴奋后导致的神经抑制。临床上可见，有些过度手淫者每天甚至可以达到数次。过度手淫的后果可能会使其减少对正常性交方式的兴趣，或日后容易出现阳痿或早泄。

（2）强迫性手淫。手淫已经成为一种强迫性的习惯行为。如有人强迫性地每周必须手淫几次，或每次手淫必须达到一定的自认为“吉利”的次数。在这种情况下，手淫的功效已经不再是愉悦的自慰，而只是一种强迫性仪式化行为。

（3）手淫时伴有不恰当的意象或联想。如将手淫与某个崇拜的明星，或异性父母、姐妹等不合适的对象的意象联系在一起，或怀拥某些恋物或与变态的恋物癖行为联系在一起，此时，手淫已经成为一种向依恋或爱慕者发泄性欲的手段。在这种情况下，手淫成了变态行为的一个症候，但手淫并不是变态的原因。

（4）手淫时使用的辅助器物不当。某些女性手淫时，滥用香蕉、各种笔杆、瓶塞、棉纱卷、细长的瓶子、小球、发夹等物塞入阴道；而某些男性手淫时则常借助瓶口等容器。使用这些物品不当常造成生殖器的损伤。

（5）道德焦虑和疑病焦虑。早有学者注意到，手淫真正的恶果是社会偏见所造成的，“手淫的主要害处是不断地自怨自艾与对性冲动的心劳日掘的挣扎”①。无论在东方，还是西方社会，人们对手淫的传统态度一直是将其视为是罪恶的和不道德的行为，因此，手淫者一方面不能抵挡体内性冲动的涌动，另一方面又因社会评价而感到羞愧、内疚、自责。加上一些庸医唯利是图的不正确的医学宣传，使手淫者更以为手淫会使身体受损，是前列腺炎、“肾虚”、歇斯底里、癫痫等疾病的罪魁祸首，从而使手淫者产生强烈的道德焦虑和疑病心理。

（6）在工作场所、公共场所（如公园内、电影院）等不合适的场所内进行手淫。某些性亢奋者因受性刺激而兴奋不已，急不可待地在不合适的场所内自慰或情侣之间的相互手淫。

（五）对待自慰的评价

社会对待自慰的态度如何，不仅关系家庭、学校对青少年的教育内容，自慰者的心身压力之大小，也影响到手淫者是否会有过度的求医行为。根据以上分析，我们对待自慰的态度与评价是：

1. 自慰既无须提倡和鼓励，但也不要反对和指责。自慰行为是人类性行为的一种方式，并非变态，也非个别，其发动与体内性激素的自然的生理周期变化相关，是一种与性交有同样效果的性能量释放方式。

2. 自慰是婚前或婚外唯一不伤害他人、不触犯法律、不违反道德准则的性欲满足形式。对于未婚者、已婚单身者、性生活不满足者来说，适度的自慰乃是唯一合理的性欲满足的补偿方式。人的性欲望是随着体内性激素的周期性变化而自然升高的，性欲和性冲动会逐渐变得很强烈，满足性的欲望的自慰行为就成为不可避免的了。

3. 合适的自慰行为应该是顺其自然、有节制的自限性行为。通过它所获得的应该是强烈的性欲望、性冲动的解脱感，身心满足的愉悦感，而不是犯罪感、焦虑、抑郁或内疚感。

4. 可使用手或适宜的辅助工具（如人体润滑油等）作为性刺激的手段。在性活动中有手的参与被认为是人类性行为的一个特点。用自己的手作为自慰的工具，不仅柔软合适，而且控制自如，不易伤害生殖器，对女性来说，更不会出现器物掉入阴道或尿道的危险情形，而且任何时候都无须事先准

---

① （英）霭理士．性心理学［M］．潘光旦，译．北京：商务印书馆，1997：157．

备。那些借助其他工具的人不仅器具携带不便，往往还可能产生对工具的依赖性。

5. 手淫的动机应该合理。手淫仅仅是为了满足自己的性欲望，或在特殊情况下有必要借助手淫的方式帮助性伴侣满足性要求，或听从医生的要求作为早泄、阳痿的辅助治疗手段。不应该将手淫当作消除烦恼或引发性兴奋的一种习惯性手段。

6. 手淫不要成为仪式化的或强迫性的行为。手淫不是刻意追求刺激的结果。手淫没有成为其他变态性行为的伴发行为。

7. 手淫的环境是隐秘的、排外的、独自进行的和自我愉悦的。手淫的目的是自我安慰的，而不是作为利益交换的。个体之间的手淫一般不被人们所接受。

根据弗洛伊德的预见，性的本能与人类文明对性的压抑总是一对矛盾，但人类决不会因此而窒息自己的生命冲动和割断掉情爱之根，人类是顽劣而聪明的，人类总会设计出形形色色的与性本能和性快感和解的途径与方法！因为性，人类才能万岁！

 12 性心理咨询

病之上者下取之，病在下者高取之。

——《灵枢·终始》

性心理咨询虽然是临床心理咨询中最常见的主题之一，但是却往往采用最后暴露的或遮遮掩掩的方式才被当事人提出来，或者是掩盖在强迫症、癔症等神经症、躯体化表现之后的问题被心理医生察觉出来。性心理咨询中常常涉及的心理学理论与技术介绍如下。

一、精神分析取向的性心理咨询

精神分析学（Psychoanalysis）是20世纪初由奥地利精神病学家西格蒙德·弗洛伊德所创立的一个心理学派，尤其适合于与性创伤有关的神经症、躯体形式障碍等精神障碍的心理治疗和择偶、婚姻、性爱等问题的心理咨询。弗洛伊德认为，神经症的症候不是性的满足就是性的制止的代替物，一切神经症均具有性的起源，并且其症候具有性的意义。所以，他认为："我们应当将破坏性生活、压制性活动、歪曲性目标的因素视为精神神经症的病因学原因。"由此可见，精神分析理论和技术与性心理咨询与心理治疗的关系十分密切。

（一）基本理论

1885年年轻的弗洛伊德到法国巴黎拜著名的神经学家、现代神经病学的奠基人沙可（Charcot，1825—1893）为师，沙可当时创办了一个当时在欧洲独一无二的神经疾病诊所，他运用催眠方法研究歇斯底里症（hysteria）。弗

洛伊德发现，催眠虽然有助于发现患者在过去创伤经历的片断，但却没法治愈患者。受沙可研究方法的影响，弗洛伊德与约瑟夫·布洛伊尔（Josef Breuer，1842—1925）一起开始了关于患者童年性创伤经历和情绪病关系的研究。他们首个完整研究的个案是一个化名为安娜（ Anna. O）的女性歇斯底里的性恐惧症患者。他们尝试利用催眠和谈话疗法（talking cure）了解患者心灵困扰的原因，治愈其因为压抑而导致的心理疾病。在这个研究报告中，弗洛伊德在医学史和心理学史上第一次使用了“精神分析学”这个概念。经过若干年对临床案例的研究，弗洛伊德建立了一整套关于精神分析的理论。

1. 潜意识与人格理论。为了解决癔症发病机理的解释问题，弗洛伊德以临床现象观察为基础，以催眠为手段，以自我分析和梦的解析为途径，努力还原着癔症发病过程中的每一个细节，他根据癔症患者记忆缺失的特点猜想症状的背后存在着某种潜意识的心理活动，认为神经症的背后是某种正常的受压抑的精神力量在反常的条件下转化为变态心理的结果。研究之始，弗洛伊德以为癔症源自孩童时期之性逾矩（sexual abuse），但后来他在许多案例中发现，患者关于孩童时期性逾矩的记忆，并非出自事实，而多源自于患者的想象，转而重视俄狄浦斯潜意识的解释。所谓潜意识（unconscious）是指原始的冲动和各种本能、通过遗传得到的人类早期经验以及个人遗忘了的童年时期的经验和创伤性经验、不合伦理的各种欲望和感情。弗洛伊德认为，人首先是生物体，人的一切活动的根本动力必然是生物性的本能冲动，而本能冲动中最核心的冲动为性本能，由于潜意识具有原始性、动物性和野蛮性，为社会理性所不容许，所以被压抑在意识阈之下，但并未被消灭，它无时不在暗中活动，要求直接或间接地得到满足，或以艺术等社会允许的形式下发泄出来，或转化为癔症等各种各样的神经症和其他的心身障碍。按照潜意识理论来理解癔症等精神障碍的发病机理，精神分析治疗的基本思路就是协助当事人恢复缺失的记忆，让压抑在潜意识中的东西变为可以意识的东西。

基于潜意识学说在1923年弗洛伊德在《自我与本我》这本书中发展成为三分法的人格结构理论，认为潜意识构成了人格的本我（id）部分，意识（ego）构成了自我部分，而社会意识则构成了超我（superego）部分。本我是人格结构中最原始部分，所谓“食色，性也”，指的正是本我的基本内容，支配本我的是唯乐原则。超我是个体接受社会文化和道德规范的教养而逐渐形成的。超我中既有符合自己价值观的自我理想，也有符合社会道德要求的标准，支配超我的是道德或完美原则。自我是介于本我与超我之间，对本我的冲动与超我的管制具有缓冲与调节功能的自我意识。自我是个体在现实环境条件下在本我的冲动和超我的要求相冲突的过程中学习而来，自我的作用是在社会环境允许的条件下，如何最大限度地实现本我的需求，可见，支配自我的是现实原则。

弗洛伊德相信个体原欲的发展，会不断转换爱欲的客体，而且任何客体都可能成为快感之源。以个体心理发展过程中性冲动所倾泻在身体的不同部位为标准，弗洛伊德将人格发展划分为口唇期、肛门期、性器期、潜伏期、生殖期五个阶段，孩童接着经历固著性欲于母亲或父亲的时期，即所谓恋母情结或恋父情结。由于这些欲望有着禁忌的本质，所以通常处于压抑的状况。一般情况下，大多数个体的性心理经历所有阶段的发展，本我、自我和超我处于平衡协调状态，如果三者关系失调，或者任何一个发展阶段受阻或出现停滞就会导致产生神经症和人格发展障碍。潜意识既是左右个体思想、情绪和行为的原始内驱力，也是产生各种精神症状和躯体化形式障碍的渊薮。

2. 心理防御机制理论。弗洛伊德认为，自我为解决超我与本我之间产生的冲突，潜意识会自动地使用心理防御机制，而使用这个机制需要消耗爱欲（Eros，为希腊爱神之名）的能量。防御机制若使用适当，可减缓超我与本我之间的冲突，而使用不当，则会产生焦虑感或罪疚感，导致精神失衡。弗洛伊德的女儿安娜·弗洛伊德，将防御机制概括为以下几种：即否认（denial）、转移（displacement）、压抑/抑制（repression/suppression）、投射（projection）、合理化（rationalization）、补偿（compensation）、升华（sublimation）及退化情感（regressive emotionality）等。例如一些性心理障碍者往往采取某种与潜意识的欲望完全相反的表现，宣称性爱猥琐、肮脏，但潜意识中却是性能力的自卑和对性欲的自我否定；又如强迫症患者常压抑自己对性爱的强烈需求，而用洁癖等强迫性行为来消耗自己的力比多；露阴癖者则通常表现为退缩到童年幼稚的“退化情感”的防御方式。

弗洛伊德认为，从防御机制来看任何精神障碍都是一种对生活压力和困境的逃避方式，患者可能“因病获益”。他说：“一切神经症都有性的起源，神经症的症状都具有性的含义。”精神分析治疗的主要任务之一就是识别和处理患者的防御机制，揭示其被压抑的性的正当需求，让患者呈现、认识和接受真实的自我。

3. 梦的解析理论。因为潜意识所遵循的“非理性的逻辑”与意识层次

的理性思维的逻辑迥然不同，因此，如何进入潜意识和了解潜意识就成了精神分析学派着力要解决的最大的难题。弗洛伊德从催眠方法入手转而进行自我梦的分析，他称梦是心理医生“通往潜意识之王道”，提供参与潜意识生活的最佳途径，有助于说明潜意识“逻辑”之佳例。1899 年，弗洛伊德出版了《梦的解析》一书。在这本书中他提出了如何解释梦与现实的生活关系和梦者愿望的关系的一种心理拓扑学。他认为：“梦，它不是空穴来风、不是毫无意义的、不是荒谬的、也不是一部分意识昏睡，而只有少部分乍睡少醒的产物。它完全是有意义的精神现象。实际上，是一种愿望的达成，它可以算是一种清醒状态精神活动的延续。它是由高度错综复杂的智慧活动所产生的。”所有梦的共同点是：“梦的内容在于愿望的达成，其动机在于某种愿望。”“由于愿望的达成是梦唯一的目标，其内容很可能是完全自私的。”梦就是梦者愿望的满足形式，当然是通过变形、伪装和象征性地表现出来的形式。

弗洛伊德坚信：“梦一定有某种意义的，即使那是一种晦涩的‘隐意’用以取代某种思想的过程。因此我们只要能正确地找出此‘取代物’，即可正确地找出梦的‘隐意’。”弗洛伊德将梦境分为两个层次：当事人所能回忆的称为显性梦境（manifest dream-content），显性梦境大多只是一些象征；另一为当事人所不能回忆的为隐性梦境（latent dream-thought），隐性梦境才隐含有某种与生活相关的心理的意义。被压抑的潜意识经过凝缩、移植、象征化、润饰等梦的工作机制，将不能直接表达的隐意转化为显梦而曲折地表现出来。因此，梦的解析（dream interpretation）就是分析和揭示梦的隐匿的意义和发现当事人被压抑的潜意识，而一旦帮助当事人将压抑的潜意识还原为意识的，或者说将缺失的记忆找回来，症状就会消失。梦解析的目的即在于根据患者的显梦去解析其隐梦的含义，从而找出当事人潜意识中被压抑的心理问题。

（二）基本技术

1. 自由联想与谈疗法。弗洛伊德认为浮现在脑海中的任何东西都不是无缘无故的，都是具有一定因果关系的，借此可挖掘出潜意识中的症结。自由联想（free association）就是让患者自由诉说心中想到的任何东西，鼓励患者尽量回忆童年时期所遭受的精神创伤和经历的重大事件。弗洛伊德在治疗安娜案例时发现自由联想不仅可以帮助心理医生经由患者所提供的素材发现其压抑在潜意识中的情结，而且只要在患者叙述每一个症状的第一次发生的情况后，该症状就可以消失。换言之，症状可以被说掉（talked away）。因此，自由联想是一种“以说话消除症状”的谈话疗法（talking cure）。操作要领如下：①让患者舒适地躺在长沙发上，放松自己，或给予患者以简单的浅的催眠。②要求患者将思想集中在拟治疗的症状上，让其针对每一个症状，采取倒叙的方式重现第一次出现这个问题或回到引起症状的意外事件；心理医生快速地做好速记。③患者自主叙述结束后，心理医生可以将所记录的内容提示患者，请其就提示再做详细的解释。④“回忆并不总是一件容易的事，有时患者定会费力。”为了越过这个障碍使治疗获得进展，弗洛伊德曾让安娜再次访问了第一次症状发作时的同一个地方。弗洛伊德认为，患者的许多极端顽固的怪念头在自己描述其引起的经历后，就奇迹般地消失了。这是因为自由联想过程中将内心一些可怕的意象用言语叙述出来，曾缺失的记忆被弥补，深藏的潜意识被揭示了出来，症状的潜意识根源就不复存在，患者的心理自然会变得完全地轻松。

弗洛伊德特别提醒，做自由联想时尤其要注意与“反省”的区别，自由联想是一种当事人自己观察自己的心理运作过程，而“自我反省”是全神贯注地做“自我观察”，当一个人在反省时，往往愁眉深锁、神色凝重，而做自我观察时则表现出一种悠闲飘逸的轻松状况。虽然在自由联想和反省时都要集中注意力，但正在反省的人必须用他的批判能力来拒斥某些浮现到意识中而会使他感到不虞的意念，阻止它继续在其心理中的活动，而“自我联想的”“自我观察”的工作恰好是放弃意识对自己任何意念的批判力。

自由联想技术的运用必须遵循结构化的要求，即心理医生必须遵守严格的时间设置和患者躺在分析椅上的空间要求。规定的时间一到，自由联想即刻暂时中止。

作为性心理咨询和性心理治疗，自由联想可能会遇到当事人对性问题的害羞、自责、内疚、羞耻和道德批判等阻抗，在自由联想过程中，医生的主要任务就是倾听，及时消除阻抗和解决移情问题。

2. 梦的解析方法。在弗洛伊德提出的释梦方法之前，有两种流行的释梦方法：第一种方法是“符号性的释梦”，认为“梦是预言未来的观念”。这种释梦的方法是将整个梦境当作一个整体来进行解释，利用“相似性”原则，尝试以另一个相似的内容来取而代之进行解释。如《圣经》中约瑟夫对法老的梦所提出的解释就是一个典型。释梦者将“七只健硕的牛被后来七只瘦弱的牛吞噬掉”的梦解释为暗示着“埃及将有七个饥荒的年头，并且预言这七年会将以前丰收的七年盈余一律耗光”。

第二种释梦的方法可称之为“密码法”，因为这种方法视梦为一大堆片段的组合，而每片段就是一种密码，其中每一个符号，均可按密码册一般，用另一已具有意义的内容，一个个予以解释。然后再寻求那些风马牛不相及的片段之间的联系，编织出对未来的预测。这种释梦方法不仅注重梦的内容，连做梦者的人格和社会地位均列入考虑范围，所以，即使是同一个梦的内容，对富人或穷人、已婚的或独身者，解释的意义可能是完全不同意义的。

弗洛伊德承认是倾听了约瑟夫·布洛伊尔那段意义深长的报道后才开始研究新的释梦方法的。布洛伊尔说：“视此种病态观念为一种症状，而尽其可能地在病人的以往精神生活中，找出其根源，则症状即可消失，而病人可得复原。”基于歇斯底里症精神病态所显示的神秘性和以往其他各种疗法的失败，促使弗洛伊德不顾重重困难，开始走上布洛伊尔所创的这条道路。弗洛伊德意识到，梦应该可以作为由某种病态意念追溯至昔日记忆间的一座桥梁，进而可以将梦本身当作一种症状，而利用梦的解释来追溯梦的病源，而加以治疗。

释梦方法的操作要领如下：①使患者轻松地休息于长形卧榻上，闭上双眼（也可以不闭上眼睛）；要求患者注意自己心理上的感受，轻松随意地自由联想，将所有涌上心头的感受，完全托盘说出，而不因为自己觉得那是不重要，毫不相干，甚至是愚蠢的而不说出。②要再三地叮嘱患者，尽量减少心理上习惯地对任何心理上的感受所做的批判；必须严格地遵守，决不容许任何心中所浮现出来的批判来抹杀自己一丝一毫的感受，并且使他了解到精神分析的成功与否，将取决于他本身是能否对自己的各种意念保持绝对公平，毫无偏倚。如果其强迫意念或其他病状无法理想地被解决时，那是因为患者仍容许自己内心的批判阻滞了潜意识的道白。③先让患者自由地回忆和讲述一个梦，然后将梦境分解为一个个片段，请患者讲述围绕这些特别的梦像片段联想到什么事和人，之后，心理医生再逐渐抽丝剥茧地进行解析探究。④解析梦之前，心理医生一定要先了解组成梦内容材料的来源。一般而言，这些材料均来自当事人在入睡以前的经验，或者说来源于做梦前一天的生活经历较为常见，当然，只要是那些早期的印象与做梦当天的某种刺激（最近的印象）能有所连带关系的话，那么梦的内容是可以涵盖一生中各时期所发生过的印象。

3. 移情。所谓移情（transference）是指患者把自己对父母或其他人的态度、情感和关系无意识转移到咨询师身上，并对咨询师抱有超出咨询关系之外的幻想和某种情感，且表现出相应行为反应的现象。移情有正移情（positive transference）和负移情（negative transference），正移情是患者将积极的情感转移到医生身上，负移情是患者将消极的情感转移到医生身上。

弗洛伊德认为，移情的意义在于：一是因为移情几乎等于来访者“旧症的新版”，所以移情现象有助于咨询师发现来访者原有的神经症的起点，观察到它的起源和发展，能够找到治愈患者的出路。二是移情将有助于神经症的治疗。尤其是对于癔症、焦虑性癔症以及强迫性神经症等的治疗来说处于核心地位。由于这个原因，甚至可以把这些神经症一并归属于“移情性神经症”。弗洛伊德认为，只有当神经症者有能力使力比多贯注于外在的客体对象时（例如心理医生），才有受到咨询影响的可能。因为在移情时，患者所有的症状都已经抛开了它们原来的意义，并且适应于新近的意义，从这种意义上看，如果咨询师能够把握这种新的“人为的神经症”，就相当于除去了原有的疾病，而这正是精神分析的核心。相反，对于那些具有自恋倾向的患者，由于没有移情能力，或者只有很不充分的移情能力，他们拒绝医生，对医生不时怀有敌意，或者是不感兴趣，对医生的话反应冷淡，因此，即使是最好的精神分析技术对于自恋神经症都是难以奏效的。

（三）案例分析

案例 12－1：一位中年妇女的爱好和奇怪的梦

一位已婚中年妇女，自述特别喜爱买有鱼形图案的各种饰物，包括台布、花瓶、墙画等，自己也说不明白为什么这么偏爱这些工艺品，几乎见到就非买回来不可。她还说有一天做了一个很令人害羞的梦，梦境中自己在午睡，摆了一个大字形的姿势，突然，房门被打开，一个好像穿着白大褂的男子朝自己走过来。自己吓出一身冷汗，就惊醒了。她还经常做一个同样意境的梦：自己没饭吃，拿着一个破碗，爬着楼梯到处找饭吃。

经了解，来访者有过两次婚姻史，第一次婚姻因为不孕而离婚，后经检查才知，因为年轻无知，竟然将肚脐当成了生孩子“播种”的地方。妇科医生在给当事人检查之后，说了一句：“喔，原来你的门都没打开过，怎么会生孩子呢?”当事人后来再婚，但现在的丈夫对性生活没有什么兴趣，性生活极少。当事人对此也很不满意。

心理医生认为，在精神分析理论中，鱼被假定为生殖器和性的象征物；无独有偶，在中国传统文化中，最知名的阴阳图或太极图即称为阴阳鱼，最初的含义即是关于雌性和雄性性交的象征。因此，本案例中的当事人对鱼形

图案饰物的莫名的钟情与其现实生活中性爱的缺乏有关，暗示着她对性爱的渴望。碗，在精神分析中也象征着女性的生殖器，而爬楼梯象征着性的活动；处女膜则代表着女性阴户的门，所以穿白大褂的妇产科医生在梦境中摇身一变为高大的男性，男人破门而入，则是性交的象征。

案例 12－2：一个爱上医生的女患者

刘女士是一个已经年过 60 岁的妇女，自述 4 岁时父亲因病去世，母亲带着她再嫁到外地农村，她也随后父改了姓名，后父是一个脾气暴躁的男人，常常对母女动粗。母女受不了这般对待，母亲带她离家出走，从此没有再回过这个家。早熟的她 17 岁就报名参加了当时的知识青年上山下乡运动，不久，寂寞的她与一男青年相好，未婚先孕，出于当时的舆论压力，她选择了流产，但从此她患上了妇科炎症，最后丧失了生育能力，那位男青年也因车祸意外死亡。她自叹自己的命不好，上山下乡结束回到城市就业后不久又嫁给了现在的丈夫。后夫也是第二婚的，两人重新组建家庭之后，大多数时间分房睡觉，也未生育，夫妻感情一般。半年前因为刘女士例行体检时发现患有子宫肌瘤，于是住进了某医院妇科。给刘女士做手术的是一位中年男性外科医生。工作认真负责，态度和蔼，手术做得很成功。刘女士康复出院后，正逢自己过生日，执意要请主刀的医生吃一顿饭。医生问清缘由，出于礼节也买了一束鲜花送给刘女士，为此，刘女士异常感动，彻夜未眠，认为这是自己有生以来感受到的第一份如父如夫的爱。

然而，出院后不久，刘女士却走进了心理咨询室，因为她深深地为主治医生的眼神和言谈举止所吸引，她觉得男医生弥补了过去她所缺乏的父爱，脑海里常常想念着他而不可自拔，她不断打电话或发些暧昧的感激内容的信息给那位医生，医生渐渐不再理睬她，因此，她非常痛苦而难以摆脱情绪的困扰。

心理医生接诊本案例后，向当事人解释了她对比自己还年轻十几岁的异性医生产生了暧昧之情，既不能用治疗情境，也不能通过医生的行为和治疗关系所能解释的移情现象。经过心理医生的耐心解释和精神分析，刘女士终于明白自己对外科医生的那份情感困扰是因为自己早年缺乏父爱，后因婚姻失败之后的一种“张冠李戴”，她需要的是现实的和真实的爱，而不是错位的爱。根据精神分析理论，一旦被压抑的不为当事人自我察觉的潜意识被揭示出来成为意识的东西，神经症的动力就被消除，因而症状就失去存在的意义了。

二、行为主义取向的性心理咨询

行为主义疗法（behavior therapy）兴起于20世纪五六十年代，是指运用行为主义心理学的制约学习、操作学习和认知学习原理指导矫治行为失常的一系列心理治疗方法。

（一）基本理论

中国古人认为，人生而知之的只有呼吸和觅食，而性行为是需要学习的。有趣的是，行为主义心理学与中国古代性学的观点非常相似，行为主义否认性行为的遗传和本能的作用，认为，只有结构上的遗传而没有功能上的遗传。从行为主义的视角来看性心理，性心理的研究对象不应是内隐的心理或主观的意识，而是性行为。因为心理不仅难以捉摸，而且又不能加以证实。受进化论思想的影响，行为主义注意到动物心理与人心理发展的连续性，认为心理学的研究目的就是确定或解释刺激（S）与反应（R）之间联系的规律，以便预测行为和控制行为。所谓刺激是指引起机体行为的外部和内部的变化，而反应则是指机体的肌肉收缩、腺体分泌和机体的活动。如在人的性生活中，手的爱抚、暴露的身体和温柔的言语都是性刺激，而女性阴道性腺的分泌，男性阴茎的勃起都是性反应。

行为主义的创始人华生（John Broadus Watson，1878—1958）认为，动物和人类的反应只有4种类型：①外显的遗传反应，如异性性交时的行为。②内隐的遗传反应，如性冲动时性腺的分泌。③外显的习惯反应，如不同民族的不同亲吻方式。④内隐的习惯反应，如性的态度。

行为主义认为，人的绝大多数的复杂行为都是通过经典条件学习、操作条件学习、模仿学习和改变认知等4个途径和方式习得的。作为行为治疗理论基础的学习理论主要有：①由生理学家巴甫洛夫通过动物实验，建立了经典条件学习的理论，这一理论认为，动物与人的行为学习遵循习得律、消退律和泛化律。经典条件学习理论不仅可以较好地解释焦虑症、恐惧症的形成；同时也是系统脱敏疗法等行为疗法的理论基础。②由美国心理学家桑代克和斯金纳通过动物实验，建立了操作条件学习理论。这一理论认为，个体行为表现的频率随该行为所造成的结果而改变（效果律）。取消强化物可使原已习得的操作行为消退（消退律）。支配内脏的自主神经系统的某些反应或症状也可能通过操作条件反应而习得，变成一种习惯性的内脏反应。操作

条件学习不仅可以较好地解释个体变态等不良行为的形成，也是行为塑造的理论基础。③由20世纪60年代美国心理学家班都拉（Alber Bandura）所建立的社会学习理论。社会学习，又称为观察学习，是指个体通过观察和模仿他人而习得复杂行为的过程。模仿学习的特点在于学习可以不依赖强化而进行。这种理论认为，学习者可以通过观察示范者而习得一种新的行为（示范效应）；通过观察示范者因某种行为受到惩罚或奖励而抑制或解除抑制自己想从事类似行为的动机（抑制—去抑制效应）；还可以通过观察示范者行为之后，表现出与示范者不同的，但是有联系的其他行为（诱发效应）。模仿学习原理可以较好地解释父母、伙伴、学校、社会文化等环境因素对个体性别角色和性行为的影响，运用模仿学习可以帮助当事人习得或表现出某种期待的新的行为模式。④认知行为学习方式。在班都拉将认知因素引入行为治疗思想的基础上，一些学者在刺激与反应之间引入了中间变量、诱因动机等认知因素来解释人的复杂反应，发展了新的行为主义。至70年代时行为主义已经成为心理学界的一大支柱，被称为第二大势力。

将行为主义原理运用于临床心理问题的解决归功于南非心理医生阿诺尔·拉扎陆斯（Arnold A. Lazarus，1932—　）等一批心理医生的实践推进。行为治疗理论认为，所谓变态行为和正常行为之间并没有质的区别，而只是数量上的差异，即过剩和不足。例如，易装癖、易性癖和同性恋可以认为是与生物性别相一致的性别角色社会化不足，而异性性别角色扮演则过剩。行为主义认为变态行为和所谓正常的行为都是后天习得的，人格是一切动作的总和，是各种习惯系统的最后产物，认为环境和教育决定人的一切。所以，心理治疗应以学习原理为基础，矫治变态行为也概莫能外，它既然可以被习得，当然也可以被放弃。

行为疗法的基本特点有：心理治疗目标明确、具体和可测量，治疗方法相对简洁有力，治疗程序均按照实验中得到的学习原理制定，并用规范的测量方法评估治疗的效果。所谓行为治疗就是：就目前的问题与造成这些问题的环境因素就事论事，以行动改变为导向，当事人必须通过从事特定的行动而促进改变的发生和问题的解决。治疗就是针对靶行为，“去其有余，补其不足”。所谓治愈就是不良行为得到矫正，或者说学会了一种新的行为习惯。行为疗法具有鲜明的指导性和教育性，行为疗法的实施必须以当事人和心理治疗师之间的协同合作关系为基础，由当事人自己参与行动才可以取得疗效。

（二）基本技术

无论是学习新的行为，还是矫正某些变态的行为，实施行为治疗之前，都必须首先要找出需要治疗的不适应的靶行为，并进行行为功能分析。所谓靶行为是指需要改变的问题行为中的具体目标。围绕靶行为的功能分析包括如下几个方面：①确定问题的性质是过剩的还是不足的，或是两者兼而有之。例如，过度手淫属于行为过剩，而性冷淡属于行为不足。②分析问题出现的情境，包括问题出现的频率、表现的强度，持续的时间以及影响其行为出现的因素。例如，诊断阳痿时需要评估性生活的频率、阳痿出现的时间和环境特点，阴茎勃起的强度与持续的时间等。③动机分析，即评估患者产生和维持某种行为的动机或找出强化行为的愉快刺激或逃避的厌恶刺激。例如，分析恋物癖、窥阴癖和露阴癖产生和维持这些性偏好行为的强化刺激和环境因素是什么？④分析影响行为表现和发展变化的因素，包括家庭、工作、生活等因素，确定能够操纵靶行为的潜在因素。例如，不少性功能障碍与夫妻关系不良有密切的关系。⑤分析患者对行为的自我控制能力和效果。例如，强迫症患者既有控制自己行为的强烈愿望，但又无力控制其无效耗时的无聊行为。⑥分析患者周围人对问题行为的态度。例如，同性恋者的父母对子女异常的性取向大多持难以接受的态度。⑦确定多个靶行为及其与先行刺激的因果关系。例如，夫妻沟通障碍、亲子关系、婆媳关系等复杂的家庭矛盾的分析需要厘清前因后果。⑧评估问题行为对工作、学习和生活影响的程度或靶行为所带来的后果或“因病获益”的情况。例如，洁癖可能因性的压抑而起，但也可因此而回避讨厌的丈夫。

针对性心理问题有如下行为治疗技术可以应用：

1. 系统脱敏疗法（systematic desensitzation）。依据经典条件反射理论，南非心理学家沃尔普医生（Dr. Joseph Wolpe）通过动物实验发现了交互抑制和消退现象，即一个不良反应通常是由某种特定的刺激引发的，如果设法用这一特定刺激诱发出一个正常反应，那么原来的不良反应便会被抑制。因为正常反应与不良反应是互不相容的，所以正常反应的产生和强化就会削弱这一特定刺激与不良反应之间的联结。例如人的肌肉放松状况与焦虑状况就是一个对抗的过程。利用交互抑制作用，配合肌肉松弛技术，可以通过由小到大、由远至近的刺激过程，使机体对某种刺激的过敏性反应逐渐递减直至消除。系统脱敏疗法尤其适合于社交恐惧等各类恐惧症、强迫性行为、心因性阳痿、性交前焦虑的治疗。

系统脱敏疗法的基本工作程序是：①学习肌肉深度放松技术，通过医生示范或专门录制的音碟教授患者学习如何放松全身肌肉，肌肉是否放松的指标是：练习者感到肢体沉重、肢体温暖感。②与患者一道制定焦虑等级表，根据当事人在与异性或性伴侣交往情境中的焦虑程度，从引起最小的焦虑到最大的焦虑，划分出循序渐进的等级并给出相应的主观分值（SUD）。如果0分代表完全放松，100分就代表高度焦虑，各等级之间的级差要均匀、相等；如果引发求助者焦虑或恐惧的情境不止一种，就应针对不同情境建立几个不同的焦虑等级表，治疗时要针对每个焦虑等级表分别实施脱敏治疗。③实施系统脱敏训练。根据脱敏刺激的性质和来源，可以将脱敏治疗分为想象系统脱敏和现实系统脱敏治疗两种。一般实施程序是：按照设计的焦虑等级表，由小到大依次逐级脱敏，首先从想象最低等级的刺激事件或情境开始，例如想象性生活开始前的准备阶段，当其感到焦虑紧张时令其停止想象，并用肌肉放松对抗这种紧张，直到全身放松，情绪平静下来，立即评估其主观焦虑分等级；如此循环多次治疗，直到这一级的刺激不能再引起焦虑为止，即为这一级脱敏成功。如此渐进，直到对最高等级的刺激脱敏成功。

2. 冲击疗法（implosive therapy），又称为满灌疗法。依据经典条件反射原理中的超限制抑制现象而设计，即如果条件刺激重复多次而无强化，条件反应便会逐渐减弱并消失，如刺激足够强烈，反应则会钝化或反应因自行耗尽（exhausts itself）而降低。正如中医理论所说："惊者平之。"冲击疗法主要用于治疗恐惧症，也可用于某些强迫症。如性神经症章节里介绍的那样，各种恐惧症和强迫症的后面常有性压抑的问题存在，治疗神经症与恢复健康的性之间具有互为因果的关系。

冲击疗法的治疗程序一般为：①向患者认真地介绍冲击疗法的原理和过程，尤其要如实地告诉患者在治疗中必须付出的"痛苦"的代价。患者和其家属同意后签订协议，进行必要的体格检查和详细的精神状态检查，排除心血管疾病、内分泌疾病及癫痫等重大躯体疾患；排除重性精神病。②选择刺激物，确定想象或者是现实刺激物，根据刺激物的性质再决定治疗的场地，房门应由治疗师把持，求助者无法随意夺路而逃。③实施冲击治疗，治疗师突然向患者呈现刺激，患者一般会出现明显的惊叫、气促、心悸、出汗等植物神经反应和情绪反应，治疗师要鼓励患者坚持不逃避，当反应逐渐减轻后，可视情况再呈现一次刺激，如此循环，直到患者对刺激视而不见，漠然置之。一般一次治疗时间为30～60分钟。一天一次，2～4次即可。

3. 厌恶疗法（aversion therapy）。依据经典条件反应原理，将某种不愉快的刺激（如电刺激、催吐药物刺激、想象中的羞辱等厌恶刺激）与对患者有吸引力的，但不受社会欢迎的不良行为（如酗酒、不合适的性冲动等）联系起来，使得当事人最终因感到厌恶而放弃这种不良的身体反应或行为。厌恶疗法主要适用于易装癖、露阴癖、窥阴癖、恋物癖、同性恋，对酒瘾、强迫症亦有一定效果。

厌恶疗法的工作程序是：①确定需要放弃的不良行为靶症状。②选用合适的厌恶刺激，例如用专用仪器发出的电刺激。③把握时机施加厌恶刺激。例如向患者手腕上的合谷穴给予电刺激。当不良行为出现时，立即施加厌恶刺激，不良行为停止，厌恶刺激也即停止。

4. 阳性强化法（positive reinforcement），亦称为正强化法。是基于操作条件学习原理而设计的，即一种行为得以持续，一定是在被它的结果所强化。因此，要提高某种期望的行为，就得强化它的结果；要改变某种行为，就得改变或削弱它的结果。在性心理治疗领域，阳性强化法可用于提高各种性变态矫正者和男女性别角色社会化不足者的适应性期望行为。

阳性强化法的基本治疗程序是：①确定希望改变的靶行为，例如某自愿矫正同性恋行为的一位男青年，希望改变自己不经意表现出来且常遭他人嘲笑的女性化行为。②观察靶行为发生的频率、程度和后果，尤其是要确定靶行为的直接后果对不良行为的强化作用。例如上述这位境遇性同性恋男性，他的女性化行为得到了另一位素质性同性恋者的欣赏和物质奖励。③设计一个新的结果并用于取代原来不良行为产生的结果。例如模仿学习某种典型的男性角色行为。④实施强化，即当患者出现期望的行为时及时给予强化。例如给予口头表扬。代币管制法是正强化技术的一种形式，尤其适合于在病房的环境中矫正患者不良行为习惯，增加对象过少的期望行为。

代币阳性强化法的基本治疗程序是：①确定用做代币的项目，如硬币、票证、卡片、盖戳等。②确定后援强化物：零食、玩具、游戏等。③确定适当的强化计划，从连续的强化开始，目标行为出现规律后改为间歇强化。④建立代币的兑换率，确定代币兑换强化物的比率；建立兑换代币的时间与地点。

5. 自我管理技术（self control）。它是指鼓励患者学会运用行为矫正技术控制和管理自己某些不良行为的方法，即要用一种自觉控制的行为去影响另一种被控制的不良行为，例如鼓励窥阴癖者用与异性公开文明的交往代替独处孤寂时的性冲动。

自我管理的工作程序是：①鼓励当事人做出采用自我管理的决定。②确

定要改变的性变态和性别角色目标行为及与目标行为相竞争的正常行为；确定要达到的适宜程度的生活目标。③鼓励当事人记录和监督自我的目标行为，建立目标行为的基准线，促进目标行为朝向期望的方向改变；例如过度手淫每周有多少次？手淫是在什么情况下容易诱发？与精神压力有关还是与社会交际有关？④选择和实施适宜的自我强化物或惩罚。如因为沟通不良而冷战的夫妻可以因为本周减少了冲突次数，而一起吃一顿美味佳肴。⑤对行为变化进行动态的评估。⑥实施保持目标行为的方法，如可请伴侣为自己的期望行为提供精神鼓励和情感支持。

6. 模仿法（modelling），又称示范法。是指向当事人提供某种行为的榜样，让其观察示范者如何行动以及其行为将会得到了什么样的后果，以引发当事人学习表现出相似行为。模仿法可用于帮助当事人学习某些健康的性别角色行为和性行为。

模仿训练的工作程序是：①根据治疗的目的，设计示范行为和具体的示范方式。包括生活示范（即观察生活中的示范者的适当行为）、象征性示范（如电影、录像、图画等）、角色示范（如由治疗师扮演）、参与示范（如一起参与某种活动）、内隐示范（如通过描述而进行的想象示范）。②强化正确的模仿行为，模仿要从易到难，由简到繁，循序渐进，要及时给予正确的模仿行为予以适时的和恰当的强化和鼓励。

7. 认知行为治疗（cognitive therapy，CT）。它是指通过改变当事人非理性的思维方式，来达到消除不良情绪和不良行为的心理治疗方法。包括艾利斯（A. Ellis）的合理情绪行为疗法（Rational-Emotive Therapy，RET），贝克（A. T. Beck）和雷米（V. C. Raimy）的认知疗法，梅肯鲍姆（D. Meichenbaum）的认知行为疗法（Cognitive Behavior Therapy，CBT）。如何改变个体的不合理的认知和图式加工过程，不同的学者提出了各具特色的技术。

（1）产婆辩论技术。这是合理情绪疗法治疗师与来访者的不合理信念进行辩论的方法，它源于古希腊哲学家苏格拉底的辩论术。尤其适合于性态度偏差、恋爱、婚姻问题的处理。其工作要点是：通过提问和面质，让来访者说出其非理性的观点，然后针对其非理性的信念或思维方式进行归谬推理，或展开辩论，或因势利导，直至使来访者变得理屈词穷，自愿放弃原来的错误信念和改变非理性的思维方式，学习以合理的信念代替那些不合理的信念。

（2）合理情绪想象技术。通过引导来访者主动想象进入一个引起不适情

绪的情境，并体验自己过度的情绪反应，再通过认识这种不恰当的情绪反应来改变自己对情绪反应的夸大或过度担心。例如，一个女性常想象因喝酒回家太晚的丈夫可能会发生哪些令她不愉快的事情，治疗师鼓励当事人体验自己不让丈夫进家门时的过度的情绪反应，启发来访者认识观念与想象之间的关系，想象的恐惧并不等于现实，改变不合理的认知，可以消除对消极情绪反应的自我暗示。

（3）认知性家庭作业（cognitive homework）。即要求来访者结束咨询回家后对自己的不合理信念继续进行自我观察和自我分析，以延续和巩固在咨询室所取得的治疗效果。主要形式有大同小异的 RET 自助表（Self-Help Form）和自我分析报告（Rational Self-Analysis）。基本做法是：让来访者根据自己在实际生活中所遇到的问题，先写出引发消极情绪的刺激事件（A）及其情绪和行为的结果（C），再找出与此相关的不合理信念和自动思维（B）。尝试找出可以一些新的合理信念（D）来替代原来的（B），按照新的信念和思维方式再来看事件（A），看看情绪和行为可能会发生什么变化（E），即 A－B－C－D－E 治疗模式。阅读疗法也经常被作为认知家庭作业中的有机组成部分介绍给来访者。

（4）识别负性自动式思维。识别出来访者不良情绪和反应背后的负性自动思维是认知治疗最首要的问题。那么，如何才能找出负性的自动式思维呢？认知治疗师发现，错误的认知思维方式常表现为一些具有特征的语句："如果……怎么办?"这是焦虑图式的人总是问自己的一种自动思维，结果使自己处于持续的紧张之中。如果心理医生使用"垂直下降技术"，将有助于探索引发对某种后果的害怕情绪的潜在信念，并有助于削弱这一想法。具体做法是：咨询师不断地询问："如果那是真的，那会发生什么结果呢?"如此递进询问，可以挖掘出当事人最底层的而原来又意识不清楚的不合理信念或潜在的担心。例如对于那些失恋的女性，她们常这样自我对话："如果他不要我了，我该怎么办?""如果他爱上了别人，那怎么办?"这种负性的思维只会越来越使自己陷于失恋的恐惧之中。

（5）语义分析技术（semantic technique）。当来访者给自己贴上一个"失败者"的标签时，咨询师应该了解"失败"对于当事人的含义具体指什么，当事人是如何定义失败的。事实上，深层的错误观念往往表现为一些抽象的与自我概念有关的命题，如"我是一个毫无价值的人"等。咨询师需要针对求助者错误自我概念的"主—谓—表"句式进行语义分析，帮助当事人分析对句中主语（如"我"）和表语（如"一个毫无价值的人"）不恰当的

表述所导致的错误结论。事实上，主语“我”是多方面的、具体的，如果将抽象的“我”换成与“我”有关的具体的事件和行为，将表语换成可以依据标准进行评价的词，那么就发现原来的句子“我是一个毫无价值的人”是多么的不合逻辑和没有任何实际的意义。

（6）想法的真实性验证技术。针对来访者的负性想法我们可以引导其寻找支持和反对这种想法的真实性的证据，以挑战其想法的可靠性。具体做法是：选择一个想评估的核心信念（如“我很不讨人喜欢”等），制作一张左右对称的两栏表格，在表格的左边写上所有能找到的“支持的证据”，表格的右边则写上所有能找到的“反对的证据”。请来访者花几周的时间将与消极的核心信念不符的证据和相对抗的经验全部记录下来，即使是这些证据看起来微不足道，也不要忽视。引导其努力寻找哪怕是一些微不足道的显示原来那些信念并非在任何时候都100%正确的经验。随着时间的推移，他开始可能只找到一些小的证据，但后来发现得越来越多。当将那些抽象的信念转换为关于证据事实的陈述时，常常我们可以惊奇地发现，那些反对错误信念的证据条目数远远多于支持的证据。

（7）角色扮演和互换。为了矫正负性想法，治疗师可以和来访者交替扮演正性和负性想法的两个方面的角色。一般治疗师先扮演有正性或理性想法的角色，让来访者扮演负性自动思维的角色。然后互换角色，让来访者尝试用理性的想法来辩驳和说服治疗师。通过几轮扮演训练，可以促进来访者对自己负性想法的察觉，以及学习理性思维。

（8）鼓励用行为来改变想法。治疗师询问来访者：如果你的想法是真的，那么我们可以做些什么使事情变得更好一些呢？鼓励当事人“做点事”比“什么都不做”强，鼓励当事人制定出替代的观点和行动方案，活动由易到难，由简单到复杂，并要求当事人记录支持新的信念的证据。工作程序是：先将原先的核心信念反向转换为另一个新的信念；连续每天记录支持新信念的细微事件和经验；使用情绪评估的量表来评估当事人对新信念的可信程度及其实践经验；综合练习替代或平衡思维方式。

（三）案例分析

案例12-3：阿方是一位20岁的男大学生，入大学以来一直闷闷不乐，他之所以要寻求心理医生的帮助，是因为他一直为性的问题苦恼。故事要从刚进大学时说起。阿方来自一个小城镇的单亲家庭，姐弟四个，只有他一个男孩，父亲因在外打工意外死亡，那年阿方才上初中。阿方逐渐变得性格内向，不爱与人交谈。阿方，个子不高，瓜子脸，文静少话。从小城镇来大城市读书不仅有些不适应，而且还有些孤独和恐慌感。此时班上有一位穿着时髦的高个子男生每天傍晚主动前来邀他出去散步，靠着高个子一起走，阿方感到一丝温暖和惊喜，一来二往，两人关系逐渐变得亲密起来。高个子还常喜欢用手臂搭在阿方肩上，或者要阿方搂着他的腰。时间一长，班上逐渐有人叫阿方为“阿芳姐”。阿方意识到，别人将他与高个子当成“同志”的关系了。他内心十分讨厌这种看法，自己也不愿意继续让别人误会下去，他想证明给别人看，自己是完全正常的男子汉，可是阿方不知如何通过自己的改变来影响别人的看法，于是走进了心理咨询室。

心理医生了解到阿方的需求之后，首先对阿方进行了性取向的评估，确认阿方只是因为从小与姐妹一起生活，无意模仿到不少女性化的行为举止，内心并没有想易性和爱慕同性的想法。于是，心理医生与阿方一起界定了需要解决的性别角色问题和协商制定了以下心理治疗的目标。

问　题	需要减少的行为	需要增加的行为
说话有点娘娘腔	减少多余的女人腔	学习男人的话语方式
走路时臀部有点扭	减少扭捏的女人步态	学习男人粗犷的步态
胆子小，从不敢说不	减少退缩腼腆的行为	学习表达拒绝和批评
说话声音特别小	减少害羞的行为	重塑男人的自信心

心理医生在诊室里用实际示范的方法教授阿方练习典型的男人步态，并作为第一周的家庭训练作业。一周时间不到，阿方急着来告诉医生：因为他故意在同学面前夸张地模仿新学来的步态，惹得同学们惊叹起来：“阿方怎么啦！”在校道上，阿方偶尔见到一些空的矿泉水瓶，还不由自主地踢上一脚，似乎更显得有点男子汉的粗野。为了帮助阿方说话大声一点，心理医生还建议他戴着耳机大声练习唱歌，当唱得得意忘形之时突然拔掉耳机，他会惊奇地发现原来自己是可以发出很大的声音的。心理医生每周见阿方一次，检查其行为训练的情况，指导矫正不合适的行为，强化做得好的行为。

以前在食堂吃饭，常见有同学插队，阿方只是心里抱怨这种现象而已，在心理医生的鼓励下，他学会了大声去维护秩序，当然他还不忘邀请他那位“相好”的高个子站在身后撑腰，实际上那些插队的同学也没有不心虚还敢争辩的，于是乎，阿方顿感自己虽然个子小，但只要声音够大，还是蛮有力量的。通过一系列的行为训练，阿方变得越来越有自信了。他甚至留了一点点小胡须，头发剃短了，还参加了长跑运动和交谊舞训练，经过不到一年的

行为训练，阿方终于以自己的行动重新塑造了自己的形象和性格，还与一位心仪的女生建立了恋爱关系，从此笑容常挂在阿方的脸上。

三、人本主义取向的性心理咨询

人本主义心理学是20世纪50年代兴起于美国的一种心理学思潮和革新运动，近年也称为现象学心理学（phenomenological psychology），这是指一种由许多观点相近的心理学家和哲学家所组成的松散的学术联盟和新的价值取向，被称之为心理学的第三势力。

人本主义心理学的产生具有特定的社会背景。第二次世界大战后，一方面是物质文明的发达，另一方面是大量的失业、犯罪、吸毒、精神疾病、道德堕落，以及人受物役等社会问题所导致的人性的萎缩、孤独而忧伤、空虚而颓废、绝望而自杀，引起了社会对人的尊严、内在价值和人生意义的重视，解放个性，使个人得到充分的自由发展，成为一种时代的呼声。

人本主义心理学不仅继承了文艺复兴时期的人道主义和人性论的精神，而且以20世纪存在主义哲学和现象学为思想基础。人本主义也是在批判行为主义心理学的不足和批评精神分析的过程中建立起自己的观点和方法的。人本主义心理学主要代表人物有马斯洛（A. Maslow，1908—1970）、罗杰斯（C. R. Rogers，1902—1987）和罗洛·梅（Rollo May，1909—1994）。本节主要介绍与爱情、婚姻与性心理咨询和性心理治疗有关的人本主义的观点、理论与技术。

（一）基本理论

人本主义主张心理学应该以健康人的心理为研究对象，而不是像行为主义那样以动物和幼儿的简单行为为研究对象或者像精神分析那样以患者为研究对象；强调研究整体的人或人的整体，强调人的内在意识经验作为心理学研究对象的重要性，恢复了意识经验在心理学研究中的地位，强调研究人的本性、潜能、价值和经验。人本主义认为，人是一种成长中的存在，只要提供适当的成长和自我实现的环境和机会，人的本性便是善良的，至少是中性的，恶则是由环境影响造成的；人性的特点是持续不断地成长，自我实现是人生永恒的追求；心理学必须研究价值观，因为正是价值给人的生活提供意义和目的。

从人本主义的视角来看性心理咨询，相关的理论观点有：

1. 性与爱的需求与动机观。马斯洛认为，人既具有性的生理需要，也有归属与爱的需要。需要是动机产生的基础和源泉，而动机是人类生存与发展的内在动力。与精神分析将性看成是阴暗的和破坏性的力量不一样，人本主义承认人对性的需求的正当性，以及最需优先满足的自然属性。罗洛·梅认为，原始生命力（the diamonic）、爱、焦虑和勇气是常见的几个存在主题。性与爱是一种强烈的原始生命力，具有统摄性、驱动性、整合性、两重性、被引导性等属性。心理治疗师的任务就是要帮助来访者借助于爱的形式来增强自身生命的价值，用意识和意志来整合和促进原始生命力发挥积极的建设性作用，将原始的生命力与健康的人类的爱融合为一体，减少原始生命力的破坏性和升华其创造性，正确引导原始生命力的释放和自我实现。

马斯洛将能对现实采取客观态度，能理解并接受自然、他人和自己，能发展与他人深刻的关系，行为自然，对生活美有欣赏感和持续的新鲜感，经常产生高峰体验，保持经验的开放性，拥有存在主义的生活方式等作为自我实现者的人格特征，由此可见，人本主义将发展与他人深刻关系的具有欢乐情绪感的性爱作为健康的自我实现者人格的重要内涵。

2. 爱的存在分析观。法国作家、哲学家、社会活动家让－保罗·萨特（Jean Paul Sartre，1905—1980）在《存在与虚无》一书第三章“与他人的具体关系”中详细阐述了存在主义对爱情的理解。他认为，爱情作为自己的身体与他人的身体的原始关系是实现某种价值的一种事业，即通过恋爱的过程向着如何使我置于与他人自由的直接联系之中的谋划。爱情并不只是一种肉体的简单占有，而是一种对意识的征服，想把别人划归己有，即“想占有一个作为自由的自由”，希望自己对被爱者来说就是“世界上的一切”，处处欲求成为限制他人自由的圆圈和迫使他人永远把你作为屈服了的和介入的自由的条件；而具有悖论性的却是想被爱的人又不愿意奴役被爱的存在，因为被爱的存在若完全处于被奴役的地位就会扼杀恋爱者的爱情。从某种意义上说，“如果我想被别人爱，我就应该自由地被选择作为被爱”。但恋爱者又要求被爱者把他变成为绝对的选择，并完全地处在他的意识之中。希望我就是他的绝对价值。由此可见，爱情必然包含着一种希望自由和奴役自由的冲突。

在存在主义眼里，“爱就其本质来说就是使自己被爱的谋划”。因此，恋爱者的甜言蜜语就是恋爱者对被爱者的诱惑，并且他的爱情与诱惑的事业就是一回事。爱情的话语并不是附加在它之上的现象，它本身就是爱的存在形式。在爱的诱惑中，“语言不追求使人认识，而追求使人体验”。萨特还认

为，“爱情作为为他的存在的基本样式，其解体的根源在于其为他的存在之中”。爱情具有三重可毁灭性，导致恋爱者对爱的诱惑的永远的不满足，永远的不安全感和永远的羞耻。

罗洛·梅认为，人是一种具有存在感的独特的存在。所谓存在感是指个体对自身存在的一种体验。存在感是通向内心世界的核心线索，因为只有人的自我存在意识才能够使人的各种经验，以及身与心、人与自然、人与社会、人与他人得以连接和整合。从这种意义上说，性身份认同障碍、性对象指向障碍是个体丧失了对自身的存在感、价值感和责任感。

罗洛·梅认为，爱具有善和恶的两面性，既能创造美妙的爱情与和谐的婚姻，也能造成人际间的嫉妒、仇恨与冲突。爱具有如下特征：爱以个体的自由为前提，爱是实现人的存在价值的一种欢愉；爱需要勇气，爱是一种设身处地的移情，爱指向人与自然、人与自己的潜能、自己与他人的统一，在爱中，不仅自己向他人敞开，而且自己也为他人所接受，因此，爱可以让人更深刻地感受到自己的存在和肯定自己的价值。罗洛·梅不仅区分出四种不同类型的爱，即生理上的性爱、厄洛斯（Eros）精神之爱、菲利亚（Philia）的友情之爱和不图回报的博爱，而且认为完美的爱是这四种爱的结合。现代人用技术将性成功地从生殖行为中分离出来，从而带来了性的放纵，以及性与爱的背离，性成为可以交换的商品。罗洛·梅认为，心理健康的人还需要身体的勇气、道德勇气、社会勇气和创造的勇气。但现代社会中的一些人缺乏与异性建立亲密关系的社会勇气，而使性爱退化为留下空虚和孤独的机械化行为，那些没有亲密关系的性行为是通往自由的错误道路。

3. 性与爱的异化观。基于对爱的存在主义的分析，萨特认为，受虐色情狂和性虐待狂等性变态都是性与爱异化的结果。与正常的恋爱者谋划吞并别人和用自己诱惑别人相反，受虐色情狂者而是谋划着使自己被别人吞并，并且抛弃自己的主观性和自由。萨特认为，受虐色情狂，像性虐待狂一样是有罪假定的。一方面，“对我本身是有罪的，因为我同意了我的绝对异化；对他人是有罪的，因为我提供给他一个犯罪的机会。就是说完全失去我的作为自由的自由”。可见，“受虐狂表现出一种眩晕的特性，这眩晕不是在石崖或土崖面前，而是在他人的主观性这深渊面前所表现出来的眩晕”。另一方面，从某种意义上说，受虐狂者所要追求的最终目的就是希望用他人的主观性隐没或同化掉自己失败的主观性。

与受虐狂相反的对待他人的另一种态度是性虐待狂。萨特认为，与正常恋人之间的相互爱抚和相互使用的快乐不同，性虐待狂则是将别人的身体作

为工具来使用，使别人的身体成为化为己有的肉身化的存在，通过粗暴和强制的痛苦征服别人的自由，通过摧毁衣服装饰的优雅使别人的肉体暴露无遗并为自己所吞没，使性关系成为非相互性的他手中揉搓的工具。萨特认为，虽然爱情和性虐待者都不要求取消别人的自由，但区别在于爱情只是要求被爱作为自己的自由的奴役，而性虐待狂则还要求自由与被折磨的肉体同一。所以，从这种意义上说，性虐待狂是爱的另一种异化。

（二）基本技术

人本主义心理治疗技术取向的基本特点是：第一，是对来访者的一系列态度和治疗思想原则不同于精神分析。将来访者当成是潜意识的或过去的牺牲品，或不同于行为主义将来访者当作环境的牺牲品，而是将来访者当作具有自由选择、自我肯定和自我实现潜能的主体，不是只想到要纠正来访者的症状，而是努力去探究当事人的经验和存在感。第二，不像精神分析那样将焦虑和死亡恐惧看作为异常，而是重视利用焦虑和死亡意识促进人的积极改变。第三，依照当事人的具体情况而采取灵活多样的，兼收并蓄的各种通用技术，这些技术的基点都在于调动来访者的自主性，唤起其改变和选择的责任，帮助来访者重新获得支配自己自由的能力。

具有人本主义取向特征的治疗技术有：

1. 以人为中心疗法。以当事人为中心的疗法（person-centered therapy）由美国心理学家罗杰斯于20世纪40年代创立。这是一种要求咨询师以平等伙伴的身份去理解当事人的问题与情绪，为其提供一种无所顾忌地自由表达和宣泄的机会，并帮助其体验其自我价值，实现其人格成长的治疗技术。罗杰斯认为，个人中心疗法主要是一种存在的观点，寻找适当的态度和行为的表达，而这些态度和行为乃是能够创造出促进成长的气氛，与其说是一种技术，还不如说是一种重要的生活哲学。

罗杰斯认为，在心理咨询或心理治疗中，心理医生应表现出如下三种态度，甚至认为这是促进来访者发生积极变化的条件：这三种态度是：①真诚一致（congruence），即心理医生所表达的内容与他自己内在的体验是一致的，不说言不由衷的话，不摆专家的架子和说教者的姿态，而是与来访者进行坦诚的交流。②无条件的积极关注（unconditional positive regard），即对来访者的整个人表现为积极的非批判性的接纳态度。③同理心（empathic understanding），即能够准确地感受到当事人所体验的情感和个人意义。

以当事人为中心疗法的治疗原则在于：促进当事人从缺乏信任、封闭和

畏惧人际关系，转变为对别人更具开放性和愿意探索改变的可能性；鼓励当事人放弃排斥别人或固执己见的想法，对经验和外在的世界的可能性采取更加开放的态度，愿意探索改变的可能性。在治疗过程中的技术要点是：双方的完全投入与积极互动。治疗师如何评价或诊断当事人并不重要，当事人如何评价自己才是最重要的。给当事人做心理测量等评估反而不利于当事人主动积极地参与治疗过程，因为他以为治疗师对他的问题能提供一套现成的解决的办法；事实上，促使当事人完全地投入治疗历程才是最重要的；治疗过程就是咨询者与当事人共同参与的探险，是双方显露人性，一起追求成长经验的过程。本疗法不排斥任何其他治疗学派，心理医生可以综合运用多种兼容的实务方法，只要你始终遵守治疗的核心条件即可。

2. 存在心理治疗方法。存在心理治疗（existential psychotherapy）由美国心理学家罗洛·梅首创。这种心理治疗方法的特色尤其适合处理与人生许多重大问题相关的心理困惑。

存在心理治疗的基本假设是：人是自由的，人并不是环境的牺牲品，我们大多是自身选择的结果，因此，我们对自己的选择和行为负有责任。心理治疗的任务就是帮助发展中认识个体体验自己的存在为目标，以加强来访者的自我意识，帮助来访者自我发展、自我选择为己任，强调提高当事人面对现实的勇气和责任感；引导当事人自我察觉，帮助其充分地认识自己的存在和实现自己的潜能。治疗的目的就是：激励当事人去发现各种替代方法并从中选择，要成为自己生活的建筑师。

存在心理治疗的技术要点有：咨询师以自己为治疗工具，与来访者一道探寻人生的重大问题。①解析存在的焦虑。最常见的和最根本的存在的焦虑是：死亡、自由、孤独和无意义感。焦虑毕竟是令人不舒服的，为了逃避焦虑，当事人会放弃对自己的认同和个性，使自己淹没于团体之中，或趋于“团体化”，毫不抗争地屈服于生活的情境，以及试图靠实现他人的期望而生存。一个人如果找不到生活目标，或因某种挫折失去了生活目标，或因环境巨变，感到生活迷惘，就会有存在挫折（existential frutration）和存在空虚（existential vacuum）的心理困惑。在存在焦虑解析的基础之上，面质当事人自我设限的生活方式，协助其了解自己在这种困境中所扮演的角色和责任。②鼓励来访者以积极的态度看待焦虑。存在主义认为焦虑是人类的一种基本特征，并不一定是病态的，而是成长的催化剂。自由和焦虑是一体的两面，有自由时就会出现焦虑，焦虑源于“自由的眩晕”，即源于在指导不明、结果不清的情况下又不得不做出决策并要对自己行为的结果负责。焦虑具有积极的心理作用：它有助于鼓励当事人采取行动对了无生趣的存在做出改变。如果一个人对存在的焦虑麻木不仁，那么就束缚了生活并限制了自己的选择。③提高自我察觉的能力。存在主义认为，人之所以能做出决定及反应，是因为人拥有自我察觉的能力。察觉能力愈强，自由的可能性也就越大，拓展人的察觉能力也就能增进一个人充分体验生活的能力。察觉是个体对生命意义、自我发展的能力、人的情绪控制与行为选择自由的自我意识。促进当事人察觉能力提高的具体技术有空椅子对话、角色扮演等。存在心理治疗中常表达的关于自我察觉的命题有："死亡使人生更具有意义。""人的生命是有限的，我们无法拥有无限的时间去完成生活中想要做的一切事情。""人有采取行动或不行动的潜能，即使不行动也是一种选择。""人能通过选择自己的行动而左右自己的命运。""人生的意义来自个体的追求和创造，并不会自动出现。""在某种意义上，每一个人都是孤独的，但又有与他人建立关系的机会。"④鼓励当事人直面自己存在和死亡的勇气，提高生存的意志力，提高人的尊严和价值感，探寻生活的意义，鼓励自主选择和自我实现。具体技术有完型疗法意义疗法等。

3. 完型疗法。完型疗法（gestalt therapy）是由德籍美国心理学家弗里兹·佩尔斯（Fritz Perls，1893—1970）所创立。完型疗法以现象学和存在主义哲学为基础，认为，除了"此时此刻"，没有东西是存在的。因为往者已逝，来者尚未来临。留恋过去或担忧未来都是逃避体验现在。力量存在于现在，可是如果沉迷于过去的悲哀或幻想于未来的计划中的人，都会使现在的力量丧失殆尽。人如果要达到成熟，就必须寻找在本身现实的生活方式中，自己所应担负起的选择行动的责任。完型治疗的重点是将当事人过去的未竟事业和未来的担忧都带进现在的此时此刻来加以体验，提高对现实环境、对自己在做什么和如何做的方式方法的自我察觉，并通过这种察觉促使当事人看到自己具有选择的自由和做其他选择的可能性，重新整合曾经被否定的东西，促使当事人继续成长，使生活变得更有意义。

察觉包括：了解环境、了解自己、接纳自己，以及能与别人会心接触。完型疗法促进当事人提高察觉能力的具体技术有：对话练习、空椅（empty chair）技术、倒转技术（the reversal technique）、预演技术（the rehearsal exercise）、夸张练习（the exaggeration exercise）、感觉留置（staying with feeling）、完型梦境治疗（the gestalt approach to dream work）等。

4. 意义疗法。意义疗法（logotherapy）是由奥地利心理学家维克多·弗兰克（Viktor Emil Frankl，1905—1997）所创立。意义治疗以尼采和叔本华

的哲学为思想基础，是一种以人的意志、意义和自由为核心概念的存在主义心理学取向的心理治疗方法。弗兰克认为，人虽不能免于在生理、心理与社会的世界中的限制，但人却总有选择态度、追求意义的自由，自由决定屈服或是抵抗这些限制，人可以超越这些限制而获得意志的自由（the freedom of will），当然，精神病患者和那些迷信者不能获得这种自由。人有追求意义的意志（the will to meaning）并且是人类的基本动力，当一个人追求意义的意志遭受挫败后，才会转向追求快乐、权力作为补偿。其中生命的意义（the meaning of life）是每个人都会思考的基本意义。生命的意义因人而异，因时而异。当一个人觉得对自己的生命或生活感到无意义时，其行为就失去依据，就会感受到“存在的空虚”的困扰和追求意志遭受失败的“存在的挫折”。

意义治疗的目标是协助当事人重新获得意志的自由，树立追求意义的意志和从生活中领悟自己生命的意义，促进改变其人生观，进而勇敢地面对现实，积极乐观地活下去，努力追求生命的意义。

意义治疗的技术要点是：①帮助当事人认识自己在生活中的自由与责任。人的意志是自由的，责任重于自由。人的首要责任是良知。人有责任去实现个人生命的独特意义，也要对社会、家庭等其他事物负责；人类存在的特征是自我超越（self-transcendence），而不是自我实现，人的特征是“追求意义”而不是“追求自己”。②协助当事人发现一个可给予个人忍受任何情境而可坚持下去的理由，并希望借此使个人的生活更充实，且能提供个人的存在是有意义且有价值的一种认同；咨询师并不在于告诉当事人生活中的特殊意义是什么，而在于鼓励他们为自己发现意义。当然，意义并非凭空产生，而是来自投入创造后的副产品。意义疗法奉行的箴言有：“只要拥有一项生存的理由，就能忍受任何生存的痛苦。”（尼采）“那些没有将我置于死地的事物，将使我更加坚强。”“要真实地活着，意味着去做一切能证明我们自己的事。”“你是谁，是上帝给你的礼物；你使自己成为谁，是你给上帝的礼物。”③鼓励当事人体验孤独和认识关联。意义疗法认为人的处境是一种矛盾的存在：既是一种孤独的存在又是与他人相关联的存在，但我们必须在我们能真正与别人站在一起之前，先自立起来。具体方法是：鼓励当事人努力建立自己的认同感，我们不能在别人身上找到有关生活的意义和目的的答案，我们是自我决定的存在，只要我们活着，就必须继续做出选择。④寻找和提升生命的意义。尽管生命的意义会改变，但永远不失其为意义，发现生命意义有三种途径：即从事某种类型的活动或工作以实现个人的创造价值

(creative values)；经由体验某种事物（如大自然）或经由体验爱情等事件来发现生命的经验价值（experiential values）；或经由濒临死亡、遭受重大灾难性事件和罹患重大疾病等苦难事件所获得的态度价值（attitudinal values）。他认为人类最原始的动机力量是追求意义的意志，当人觉得对自己的生命感到无意义，他的行为就失去依据，也就受到“存在的空虚”的困扰，也就是追求意义的意志遭受挫折，这是意义治疗学所说的“存在的挫折”。许多有关的心理症状或疾病乃由此而丛生，有此情况的人，可借意义治疗者的协助或经由自我探索，找到或寻回生活目标，一个人生活有了目标后就会感到生命是有意义的。⑤以死亡的意识作为治疗工具。存在主义认为，人是向死而生的存在，死亡事件是揭示生活的意义和目的的有用的工具。因为死亡，所以现有的时光才具有格外重要的价值，生活才是有意义的，现实是宝贵的，因为它们是我们所真正拥有的一切。面对自己不可避免的死亡，我们就应不再做历史的牺牲品，而应该有一种急迫感，激发前所未有的力量，让生活有所作为。

（三）案例分析

案例 12－4：一位女性受虐狂

40 岁的凯伦是一位受虐狂，她无法从“正直”的男友那里得到性的乐趣，忧郁、懒散，入睡前常有幻觉，噩梦多。她因为多种原因而愿意接受心理治疗，在治疗中她很快就出现了对医生的正向移情现象，很享受心理医生的照顾和关怀，故意延长待在医生办公室的时间，主动去听医生的讲课，希望吸引医生的目光，她总是设法去激怒医生，希望医生严厉地对待她，如果医生表现出被激怒的话，她就会在医生的办公室里出现性的兴奋。

医生了解到，凯伦童年时常装病卧床数周试图以病来获得父母的关注，寻求以躯体的痛苦来得到心理上的救助和慰藉。青春期时患了厌食症，以身体的饥饿来换取关心和怜悯。后来，当性欲开始涌现时，她用接受性的虐待和暴力、捆绑（当然同样是一种躯体上的痛苦）、屈服来获得另一个强大的人的解救，通过受苦的象征求得自己心灵的生存和安全感。

在移情作用的推动下，对凯伦的心理治疗效果奇好奇快，似乎其忧郁和自杀意念一扫而光。心理医生发现，凯伦对自己形成了依赖，她因害怕失去医生这个“终极拯救者”而继续牺牲自己，于是，医生果断地宣布采取倒数计时法终止与凯伦的咨询关系。当凯伦知晓医生的这一决定之后，情绪又经历了狂风暴雨的起伏，所有症状都严重复发。她还在日记里记述了自己缺少

了医生这个终极关怀的无所适从的恐惧。由于医生坚持原来终止咨询关系的时间表不能改变，结果，凯伦逐渐放弃了让心理医生永远“在场”的期望，她终于看到了自己的潜能，获得了意志的自由，认识到工作的意义，她彻底改变了自己的举止打扮，成长为一名成熟的美女。①

在本案例中，心理医生只是通过营造温暖、积极关注、共情和真诚一致的态度，巧妙地利用了来访者的正向移情作用的动力，帮助她从原来的性变态的迷惘中走出来，将爱指向了新的对象，而且当来访者发生了实质性的改变之后，心理医生又采取了果断的终止咨询关系的措施，虽然有阵痛，但毕竟最后成功帮助当事人成长为一个成熟自信的女性。

从人本主义的视野来看与性心理相关的案例，有助于解释和处理精神分析和行为主义乏力解决的情况。例如企图通过性的活动来减轻自己的焦虑是生活中很常见的情形。有不少位高权重、阳春白雪和者寡的成功男士也许总有一天会体验到高处不胜寒的孤寂，于是，他们会寻求可以操纵的性爱，但实际上，这些人与性伴侣并没有深入的亲密关系，而只是一场不真诚的装模作样的游戏。接踵而至的内疚和焦虑，只会使其带来更大的孤寂和对性的狂热。临床心理医生观察到当个体面对死亡等重大的存在主题时，个体也可能会用性爱所带来的暂时的快乐来掩盖或缓解自己的恐惧与焦虑。如一位性观念保守的妇女返乡参加父母或近亲葬礼的时候却会与陌生的男人或偶遇的朋友发生性关系；一个因患严重冠心病男子在送往医院途中还不断抚摸妻子的乳房，有想要做爱的意愿等。

对于易性癖和性指向障碍的同性恋可以试用完型疗法中的角色翻转训练进行矫治，当然治疗一定是基于当事人愿意改变的基础之上。例如要求易性癖者或同性恋者用语言和非语言的形式，表演他们自己平时很少或从不表现出来的另一面。如让一位女扮男装的女子试穿一套她平时拒绝穿的女装，佩戴一次女性假长发，并用温柔的语气代替平时直率的粗俗的语言习惯，等等。通过角色反转训练使当事人与潜意识中那些被埋没和拒绝的人格的另一面进行接触，从而实现人格的整合。格式塔理论认为，一个人内在的人格特点常常投射在其习惯的语言表达的模式中，因此，我们可以经由对自己的言语习惯的关注，因此，可以通过当事人做句型替换训练，增进对自我真实人格特征的察觉，如用“我不愿……”取代“我不能……”的句式，因为这

① 欧文·亚隆．存在心理治疗：上［M］．易之新，译．台北：张老师文化事业股份有限公司，2003：39，198－201，211．

些性变态的人常坚定地认为，自己的问题是天生的，不可能改变的；以“我选择……”取代“我知道……但……”的句式；用“我能做些什么……”取代“我为什么这样不幸……”的句式，促进当事人对自我选择的自由与责任的察觉，促进当事人积极行动的主动性。

总之，人本主义心理学第一次把人性、价值、意义、动机、潜能、经验和责任这些原来属于道德、哲学的问题再次纳入到心理学的视野之中，促进了心理学向人性的回归。